LIDERAZGO
ABIERTO

Título original:
OPEN LEADERSHIP
How social technology
can transform the way you lead

Editor original:
JOSSEY-BASS, a Wiley Imprint

Traducción:
FEDERICO VILLEGAS SILVA

Diseño de tapa:
El ojo del huracán®

CHARLENE LI

LIDERAZGO ABIERTO

De qué modo la tecnología social
puede transformar su manera de liderar

GRANICA

BUENOS AIRES - BARCELONA - MÉXICO - SANTIAGO - MONTEVIDEO

© 2010, *by* Charlene Li
© 2010, *by* Jossey-Bass
© 2014, *by* Ediciones Granica S.A.

ARGENTINA
Ediciones Granica S.A.
Lavalle 1634 3º G / C1048AAN Buenos Aires, Argentina
Tel.: +54 (11) 4374-1456 Fax: +54 (11) 4373-0669
granica.ar@granicaeditor.com
atencionaempresas@granicaeditor.com

MÉXICO
Ediciones Granica México S.A. de C.V.
Valle de Bravo N° 21 El Mirador Naucalpan Edo. de Méx.
(53050) Estado de México - México
Tel.: +52 (55) 5360-1010 Fax: +52 (55) 5360-1100
granica.mx@granicaeditor.com

URUGUAY
Ediciones Granica S.A.
Scoseria 2639 Bis
11300 Montevideo, Uruguay
Tel: +59 (82) 712 4857 / +59 (82) 712 4858
granica.uy@granicaeditor.com

CHILE
granica.cl@granicaeditor.com
Tel.: +56 2 8107455

ESPAÑA
granica.es@granicaeditor.com
Tel.: +34 (93) 635 4120

www.granicaeditor.com

GRANICA es una marca registrada

ISBN 978-950-641-797-0

Hecho el depósito que marca la ley 11.723
Impreso en Argentina. *Printed in Argentina*

Li, Charlene
    Liderazgo abierto: de qué modo la tecnología social pue-
de transformar su manera de liderar. - 1ª ed. - Ciudad
Autónoma de Buenos Aires: Granica, 2014.
    384 p.; 22x15 cm.

    ISBN 978-950-641-797-0

    1. Liderazgo. I. Título
    CDD 658.409 2

A mis padres,
Daniel y Janet Li,
por los valores y el amor
que me han transmitido
a lo largo de la vida.

ÍNDICE

INTRODUCCIÓN   13
   El propósito de este libro   17
   Una apertura mayor es inevitable   19
   Qué hay en las páginas siguientes   20
   Comienza el proceso   24

PARTE I. LA VENTAJA DE RENUNCIAR AL CONTROL

CAPÍTULO 1. **POR QUÉ ES INEVITABLE RENUNCIAR AL CONTROL**   29
   La nueva cultura de compartir   32
   Hacer públicas las opiniones   34
   Decir adiós al control   35
   Déjese llevar para desarrollar relaciones   36
   Hacer progresar las nuevas relaciones   38
   Usted lo ha visto a una escala internacional   39
   El dilema del líder   42
   Las nuevas reglas del liderazgo abierto   45

CAPÍTULO 2. **LOS DIEZ ELEMENTOS DE LA APERTURA**   49
   La naturaleza contradictoria de la apertura   50
   Los diez elementos de la apertura   54
   Compartir abiertamente la información   55
   Adopción abierta de decisiones   78

PARTE II. CÓMO ELABORAR SU ESTRATEGIA ABIERTA

CAPÍTULO 3. **OBJETIVOS QUE DETERMINAN HASTA QUÉ PUNTO
SERÁ ABIERTO SU LIDERAZGO**   95
   ¿Qué está intentando lograr?   97
   Aprender involucra a toda la organización   98
   Dialogar: hacer conversar a la gente   102
   El apoyo llega a ser proactivo e integrado   113

Innovar: introducir la innovación social colaborativa en la organización   116
Los objetivos y sus metas estratégicas   120
El factor Apple   122

CAPÍTULO 4. **COMPRENSIÓN Y ESTIMACIÓN
DE LOS BENEFICIOS DE SER ABIERTO**   127
Los beneficios del aprendizaje abierto   130
Estimar los beneficios del aprendizaje   136
Los beneficios del apoyo abierto   147
Los beneficios de la innovación abierta   155

CAPÍTULO 5. **ESTRUCTURACIÓN DE LA APERTURA
CON LOS "PACTOS DEL *SANDBOX*"**   165
Por qué es necesaria la estructura   166
Crear directrices para los empleados sobre los medios sociales   172
Directrices: proporcionar barreras de protección para el compromiso   176
Las mejores prácticas y la forma de establecer las expectativas   181
El descuido y las consecuencias: cuando la gerencia está involucrada   184
Un ejemplo de las directrices para el empleado en la práctica   186
Invite a los clientes a suscribir un pacto   187
Códigos de conducta y políticas de divulgación   191
El trato con el departamento jurídico   195
Algunos últimos consejos   199

CAPÍTULO 6. **CÓMO IMPLEMENTAR SU ESTRATEGIA ABIERTA**   201
Cree el perfil sociográfico   202
Identifique a los participantes y los circuitos de producción clave   205
Los modelos organizacionales para la apertura   215
Elección y transición de los modelos organizacionales   225
Asignar las funciones y responsabilidades   226
La necesidad de formación y los incentivos   229

PARTE III. **LIDERAZGO ABIERTO: REDEFINIR LAS RELACIONES**

CAPÍTULO 7. **LIDERAZGO ABIERTO: MODOS DE PENSAR
Y CARACTERÍSTICAS**   239
Las dimensiones del liderazgo abierto   241
El líder optimista   242
El líder colaborador   249
Los arquetipos del liderazgo abierto   253

CAPÍTULO 8. **CULTIVAR EL LIDERAZGO ABIERTO**   269
La verdad detrás de la autenticidad   269
La transparencia no es mostrar-y-decir todo   275
Apoyar el liderazgo abierto con la tecnología   278
Los líderes abiertos como catalizadores   280

CAPÍTULO 9. **EL IMPERATIVO DEL FRACASO** 305
Desarrollar la confianza que proviene del fracaso 307
Estructurar los sistemas para asumir riesgos y aceptar el fracaso 323

CAPÍTULO 10. **DE QUÉ MODO LA APERTURA TRANSFORMA
LAS ORGANIZACIONES** 339
Banco del Estado de la India: hacer bailar al elefante 342
Cisco: el crecimiento orgánico de la colaboración requiere tiempo 349
Best Buy: liberar la pasión de los "fanáticos" 352
Procter & Gamble: estructurar la apertura 357
Dell: una cultura regida por el modelo directo 363
Departamento de Estado (EE.UU.): transformación de la diplomacia 369

AGRADECIMIENTOS 375

NOTA SOBRE LA AUTORA 379

ÍNDICE DE NOMBRES 381

INTRODUCCIÓN

En el período inmediatamente posterior al huracán Katrina, las personas exigían respuestas a las cuestiones candentes. ¿Por qué la nación no estaba mejor preparada? ¿Por qué los ciudadanos del país más rico del mundo quedaron abandonados durante días, cuando era evidente que había ocurrido una catástrofe? En medio de esta vorágine estaba la Cruz Roja Americana, que afrontaba críticas por su respuesta a la emergencia. El equipo ejecutivo necesitaba ser más transparente acerca del trabajo que estaba haciendo. Además, le preocupaba que los detractores en los blogs, los foros de discusión y los sitios de las redes sociales estuvieran dañando la reputación de una de las organizaciones más respetadas del país. Por consiguiente, en noviembre de 2006 contrataron a Wendy Harman como la primera gerente de medios sociales de la organización. "Fui contratada, en parte, porque los directivos sabían que la gente estaba diciendo cosas realmente negativas acerca de la respuesta de la Cruz Roja al huracán Katrina, y ellos necesitaban a alguien para poner freno a los rumores", recordó Harman. Había mucho que hacer, cuando ella llegó tuvo que presionar al personal de tecnología de la información para obtener acceso a los sitios de medios sociales que se suponía que ella debía manejar. Además, en sus esfuerzos para mantener la seguridad, la Cruz Roja había bloqueado el acceso de los empleados a sitios como MySpace y Facebook.

No obstante, si bien Harman encontró en las redes sociales algunas quejas limitadas y muy específicas contra la Cruz Roja, la mayor parte de la gente era apasionadamente positiva acerca de la organización y quería estar involucrada en los esfuerzos que la institución realizaba para proporcionar un alivio eficaz en el desastre. Ante esto, Wendy Harman cambió rápidamente su enfoque. "Fui a ver a mis jefes y les dije: 'Aquí tenemos una gran oportunidad. Hay personas que quieren ayudar a la Cruz Roja y están conectadas a Internet todos los días'". Para apoyar su argumento, seleccionó las menciones más pertinentes de un promedio de 400 comentarios y las remitió a la gerencia superior a través del correo electrónico. También reunió artículos y opiniones sobre los beneficios de los medios sociales, y los incluyó en una carpeta que hizo circular por toda la organización.

Pero lo más importante, Harman abordó con tenacidad y paciencia cada uno de los temores e inquietudes que tenían sus ejecutivos acerca del compromiso en los medios sociales, desde las descargas de *malware* hasta la confidencialidad de los clientes mostrada en las imágenes cargadas en Flickr. Asimismo, se aseguró de que se usaran los procesos y procedimientos apropiados, antes de entrar en cada nuevo canal de medios[1].

---

1. Además de su principal sitio web en redcross.org, la Cruz Roja Americana tiene las siguientes presencias en Internet: blog.redcross.org; redcrossyouth.org; youtube.com/amredcross; twitter.com/redcross; flickr.com/groups/americanredcross; linkedin.com/static?key=groups_giving_arc, y socialvibe.com/#/causes/38.

Luego empezaron a recibirse llamadas de las agrupaciones locales de la Cruz Roja que procuraban realizar sus propios esfuerzos en los medios sociales. La Cruz Roja Americana está formada por más de 700 agrupaciones locales y regionales, y a Harman le preocupaba que la gente tuviera experiencias desiguales cuando interactuaba en línea con la Cruz Roja. "Teníamos a muchas personas que se llamaban a sí mismas 'Clara Barton', como la fundadora de la Cruz Roja, o escogían algún otro tipo de apodo al azar". En consecuencia, ella redactó un manual que establecía las directrices, los procedimientos y las mejores prácticas sobre cómo la institución debería y podría usar los medios sociales, y luego lo publicó en Internet para que todos lo vieran[2].

Con el equivalente de un manual operativo de fácil acceso, las agrupaciones de la Cruz Roja enseguida empezaron a crear blogs y sus propias páginas en Facebook, e incluso abrieron cuentas en Twitter[3]. La amplia base de colaboradores –personas que eran empleadas, asistentes de emergencias, o simplemente donantes de sangre o contribuyentes– llegó a ser parte del alcance de la Cruz Roja. Cuando la organización dio la alerta del desastre en su página de Facebook, un típico comentario de los voluntarios fue: "Tengo las maletas preparadas y estoy listo para acudir". Facebook reprodujo ese comentario para los amigos de los voluntarios, lo cual amplificó el mensaje de alerta y respuesta de la Cruz Roja.

---

2. El Manual de la estrategia de medios sociales de la Cruz Roja Americana está disponible en: http://sites.google.com/site/wharman/social-media-strategy-handbook.
3. Se puede consultar una lista de los blogs de los capítulos de la Cruz Roja Americana en: http://redcrosschat.org/chapter-blogs, y una lista de las cuentas Twitter del capítulo en: http://redcrosschat.org/twitter.

Un efecto importante de la mayor apertura de esta institución internacional de ayuda humanitaria a los medios sociales fue el concurso realizado en Facebook para la recaudación de fondos de las organizaciones, entre ellas, la filial norteamericana. El resultado: la Cruz Roja recaudó 793.000 dólares solamente de esa campaña. Harman dijo al respecto: "Si no hubiéramos estado en este espacio, no habríamos sido invitados a ser parte del concurso. Fuimos capaces de influir en los miembros de nuestra comunidad y decirles que voten por nosotros".

Lo más interesante acerca de esta historia es que la Cruz Roja Americana empezó a involucrarse en los medios sociales porque trataba de controlarlos, pero con el paso del tiempo comprendió que era mejor ser abierta y comprometerse con aquellos que ya se habían comprometido. Pero aquí hay un punto crítico: la Cruz Roja no abrió las puertas de la noche a la mañana. Solo pudo resistirse al impulso de controlar cuando Harman fue capaz de aplicar las políticas, directivas y procedimientos apropiados, que definieron de qué modo deberían comportarse todos.

Hoy, Harman cuenta con el apoyo total de la organización, empezando en la cúpula por la presidente y CEO, Gail McGovern. Y el impacto de ese apoyo se ha visto durante la respuesta al terremoto ocurrido en Haití, en enero de 2010, cuando la Cruz Roja activó las donaciones y reunió más de 10 millones de dólares en tres días, impulsada en gran parte por personas que compartían este canal de donación en Facebook y Twitter[4]. Por otra parte, la Cruz Roja usó estos nuevos canales para mantener in-

---

4. Más información acerca de cómo la Cruz Roja ha usado las donaciones por medio de móviles, así como Facebook y Twitter, se puede obtener en: http://mashable.com/2010/01/13/haiti-red-cross-donations, y en: http://www.techcrunch.com/2010/01/15/haiti-text-donations.

formada a la gente acerca de los esfuerzos de ayuda que se estaban llevando a cabo, responder a las preguntas sobre cómo se deberían usar las donaciones y cuál era la situación respecto del terreno. Al abrirse y adoptar las tecnologías sociales, la Cruz Roja estuvo en mejores condiciones para cumplir su misión.

El propósito de este libro

Liderazgo abierto aborda cómo deben proceder los líderes para tener éxito. Está dirigido a los líderes, como los de la Cruz Roja, que ven cómo el mundo regulado se desvanece frente a clientes, empleados y socios dotados de nuevas herramientas, las que hace unos quince años eran casi inimaginables. Ellos saben que la mayor transparencia y la autenticidad pueden generar beneficios significativos para las organizaciones, pero tienen un temor visceral de que esta apertura también implique un gran riesgo.

Este libro explica cómo pueden abrirse las organizaciones y sus líderes a través de la adopción de la tecnología social. Retoma el tema de mi obra anterior, *Groundswell*, al mostrar a los lectores cómo pueden usar estas nuevas tecnologías –Facebook, Twitter, YouTube, Yammer, Jive, los nuevos servicios móviles y muchas más– con el fin de mejorar la eficiencia, la comunicación y la adopción de decisiones, tanto para ellos mismos como para sus organizaciones.

He estado hablando casi incesantemente acerca de las ideas de *Groundswell*, desde que Josh Bernoff y yo escribimos el libro en 2008. He disertado para cientos de grupos de todo tamaño, desde decenas hasta miles de oyentes interesados. Y he descubierto que las personas adquirieron originalmente *Groundswell* porque deseaban aprender más acerca de las tecnologías sociales de la Web 2.0. Pero pronto llegué a comprender que el uso del poder de las tecnologías sociales no era suficiente para dominar la tecnología más reciente, había que tener una idea clara de la relación que ellas trataban de establecer.

Con energía y entusiasmo, estas personas destacaron y aplicaron solícitamente los principios de *Groundswell*, y empezaron a usar las tecnologías sociales en sus organizaciones. Tropezaban con algunos reacios: personas que aunque reconocieran y comprendieran los beneficios de las tecnologías sociales, simplemente no podían aceptar la nueva mentalidad ni el nuevo modo de pensar. O se encontraban con un ejecutivo que temía al riesgo que podría significar para la compañía el movimiento espontáneo de la gente que utiliza las herramientas en línea para comunicarse. Esencialmente, comprendieron que sus compañías no tenían la cultura ni la mentalidad apropiadas y, lo más importante, tampoco el liderazgo necesario para comprometerse con las nuevas tecnologías.

Estos empresarios leales y dedicados recurrieron a mí, y me pidieron que escribiera el siguiente libro para respaldar sus esfuerzos. Pero no querían otro tratado sobre las tecnologías sociales. Querían algo que les explicara a sus ejecutivos cómo cambiar y abrir sus organizaciones. No importa en qué medida pueda ser necesaria una tecnología o una relación potencial, cualquier estrategia digital fracasará con una cultura empresarial inmutable, y sin la organización y el liderazgo apropiados.

La apertura no debería ser un mantra ni una filosofía, sino un enfoque riguroso de la estrategia y el liderazgo, que produzca resultados reales. Esto *no* significa la transparencia total y la apertura completa, donde todas las personas, desde los clientes hasta los competidores, tengan acceso a la información y todas estén involucradas en las decisiones. Una apertura extrema tan poco realista es insostenible para una empresa con capacidad de ejecutar y mantener su ventaja competitiva.

En el otro extremo del espectro se encuentra la organización completamente cerrada, en la cual la información y la adopción de decisiones se controlan de manera central, y todos siguen las instrucciones no solo a la perfección, sino también de buen grado. Todas las organizaciones, desde Greenpeace hasta la CIA se encuentran en algún lugar de este espectro, entre cerradas y abiertas.

Por lo tanto, deje a un lado los requerimientos de ser más transparente, más auténtico y –de acuerdo con mi preferencia– más "real". La cuestión no es si usted será transparente, auténtico y real, sino más bien hasta qué punto estará abierto a las nuevas tecnologías. La transparencia, la autenticidad y la sensación de que usted está siendo real son las consecuencias de su decisión de ser abierto.

Una apertura mayor es inevitable

A medida que clientes y empleados estén más dispuestos a usar las tecnologías sociales y otras herramientas emergentes, usted se sentirá obligado a ser más abierto y a adoptar posturas en las cuales quizá no se encuentre cómodo. Su inclinación natural puede llevarlo a luchar contra esta tendencia y a creer que se trata de una moda pasajera que será superada, o que simplemente desaparecerá. Pero eso no ocurrirá. Esta tendencia no solo es inevitable, sino que también va a obligarlo a usted y a su organización a que sean más abiertos de lo que son hoy.

En el pasado, los líderes organizacionales podían darse el lujo de estar cómodamente instalados en sus suites ejecutivas, y de abrir las puertas solamente cuando sentían la necesidad de hacerlo. Hoy existen filtraciones de información por todas partes, y así los desaciertos y los pasos en falso se divulgan por Internet en cuestión de segundos. Y todos los involucrados –desde los empleados y los clientes hasta los socios empresariales– se sienten facultados para dar sus opiniones y expresar su disgusto cuando sus ideas no son implementadas. ¿Qué está ocurriendo, en realidad? Las normas fundamentales que han regido el modo en que funcionan las relaciones han sido reescritas, porque hoy la información se comparte con suma facilidad sin coste alguno.

Por lo tanto, el reto es redefinir cómo funcionarán esas relaciones. Así como la Cruz Roja tuvo que establecer las nuevas reglas para el compromiso social, las organizaciones y sus líderes necesitan desarrollar los compromisos que esperan de estas nuevas relaciones.

Es importante que su organización no establezca estas nuevas relaciones abiertas sin seguir determinadas pautas. El simple hecho de abrirse y entrar en el caos, o, peor aún, de "dejar que siga su curso natural", es una receta segura para el fracaso. Ser abierto requiere más –no menos– rigor y esfuerzo que controlar la situación. Este libro, mediante estudios de casos y ejemplos de muchos países y de diferentes industrias, mostrará cómo aplicar el rigor de esta nueva apertura a sus relaciones, tanto dentro como fuera de la organización.

Qué hay en las páginas siguientes

La Parte I del libro examina qué significa ser abierto. El Capítulo 1 muestra por qué la mayor apertura es inevitable a partir de la creciente adopción de las tecnologías sociales. Aquí abordo el impacto que han tenido los consumidores con su poder recién adquirido sobre compañías como United Airlines, y explico con más detalle cómo Barack Obama fue capaz de manejar a millones de voluntarios en su campaña presidencial. En el Capítulo 2 defino lo que significa ser abierto, con estudios de casos de compañías tan diversas como Mullen Communications y Facebook, Yum! Brands y Cisco. Al final de ese capítulo, lo invito a conducir una auditoría de apertura para considerar si usted es actualmente abierto: este es el punto de partida para comprender en qué medida necesitará de esa apertura.

La tarea difícil se aborda en la Parte II, en la que determinamos su estrategia abierta, sopesamos los beneficios frente al riesgo y, también, comprendemos las implicaciones de ser abiertos. Una compañía con la que conversé recientemente despertó el interés de los "medios sociales" en 2009 y dedicó una cuarta parte de su presupuesto de marketing a desarrollar páginas de Facebook, crear blogs y redes sociales privadas y abrir cuentas en Twitter. Al final del año, tenía una gran cantidad de actividad y "rumores", pero escasa idea de lo que estaba consiguiendo como compañía, más allá de un mayor compromiso con sus clientes. Para colmo de males, se vio obligada a mantener estas nuevas relaciones y conversaciones con un coste significativo. El problema era que el enfoque de apertura de esta compañía carecía de una estrategia coherente. ¡No cometa el mismo error!

En el Capítulo 3 explico cómo crear su estrategia abierta: saber determinar cuándo tiene sentido ser abierto y comprometido, y cuándo no. Organizaciones como Kohl's, la cadena hotelera Ritz-Carlton y el Toronto General Hospital están usando las tecnologías sociales para llegar a ser más abiertas con sus clientes, así como con sus empleados. En el Capítulo 4 abordo el tema de cómo estimar los beneficios de la apertura y muestro de qué modo las organizaciones como SunTrust y Dell están llegando a ser más abiertas, y a ver un impacto significativo sobre sus empresas. En ese capítulo se incluyen detalles sobre cómo estimar y calcular los beneficios de las tecnologías sociales y, además, cómo usar estas estimaciones para manejar el compromiso e incrementar el valor global para el cliente.

Un gran problema que surge en torno al tema de ser abierto es el enorme riesgo involucrado, en especial cuando los empleados tienen la libertad para decir lo que desean en un foro abierto. En el Capítulo 5 expongo con detalle las directrices, las políticas y los procedimientos que han usado compañías como Microsoft y Kaiser Permanente para comprometerse con una mayor confianza. En particular, explico de qué modo la compañía farmacéutica Johnson & Johnson fue capaz de manejar su departamento legal y los reglamentos del gobierno, para empezar a usar las tecnologías sociales en forma de blogs.

La Parte II concluye con el Capítulo 6, que explica los aspectos prácticos del manejo de su estrategia abierta, que van desde la creación de perfiles convincentes de cómo sus clientes y empleados se comprometen, hasta la organización de la apertura. Algunas grandes compañías como Ford, Humana, Hewlett Packard y Wells Fargo compartieron sus fórmulas secretas de cómo implementaron la apertura dentro de sus organizaciones.

Pero no basta con tener una estrategia coherente; usted también necesita líderes abiertos para ejecutarla. Hoy las organizaciones están presionando a los líderes y desafían los estilos de mando-y-control tradicionales. Sin embargo, tienen la obligación de hacer algo más que simplemente abrirse; los líderes están diciendo: "Yo soy el responsable, por lo tanto debo tener control. Pero si usted me dice que sea abierto y renuncie al control, entonces, *¿cuál es mi papel?*". Este es el quid de la cuestión: estas nuevas relaciones están obligando a los líderes a reconsiderar de qué manera liderar y cómo conseguir que la gente los siga.

El liderazgo requiere renovar el enfoque, la mentalidad y las habilidades. No es suficiente ser un buen comunicador. Usted debe sentirse cómodo mientras comparte las perspectivas y los sentimientos personales para desarrollar relaciones más estrechas. Los comentarios negativos en Internet no se pueden evitar ni ignorar. De hecho, usted debe llegar a aceptar cada encuentro permitido por la apertura como una oportunidad para aprender. Y no basta con ser humilde, necesita buscar oportunidades para verse afectado tanto por las personas que se quejan, como por las que le dicen "gracias".

En la Parte III, exploro lo que representa un líder en el contexto de estas nuevas relaciones con más poder. El Capítulo 7 define qué significa ser un líder abierto y detalla las características, competencias y conductas de los líderes abiertos eficaces, como John Chambers, de Cisco, y Jeffrey Hazlett, de Kodak. El Capítulo 8 explica cómo identificar y desarrollar a los líderes abiertos dentro de su organización, y aborda el significado de ser auténtico y transparente. En ese capítulo considero de qué modo las compañías, como United Business Media y Best Buy, desarrollan "fanáticos" entre sus empleados.

Una idea esencial que trato en este libro es cómo fracasar con éxito. De hecho, pienso que "fracasar bien" es tan importante como planear de qué modo tener éxito. La realidad es que usted *fracasará*, en ocasiones, y su manera de recuperarse expresará más acerca de su capacidad como líder que su modo de liderar en los momentos de abundancia.

Esto es muy importante para una organización abierta, ya que es más probable que sus fracasos tengan una repercusión pública. En el Capítulo 9, las mismas organizaciones y líderes, cuyo éxito vimos en los primeros capítulos –Cisco, Facebook, Kodak y Microsoft–, demuestran por qué su capacidad para aprovechar el fracaso los ha conducido al éxito. Un ejemplo esclarecedor es el de una organización como Google, una de las compañías más exitosas e innovadoras del momento, que alienta a su organización a aceptar los riesgos y el fracaso.

El último capítulo del libro examina de qué modo los líderes están transformando sus organizaciones para que sean más abiertas, inspirados en las necesidades económicas y del mercado, y no en la creencia en un ideal. Organizaciones como Procter & Gamble y el State Bank de la India tienen culturas con una adhesión rigurosa a un credo organizacional que, en algunos casos, han sido desarrolladas a través de los siglos. Si usted es un líder que afronta retos organizacionales y gerenciales de grandes proporciones, espero que encuentre la inspiración en estos ejemplos de cómo transformar su organización.

Comienza el proceso

Ser abierto es difícil, aunque si usted es capaz de comprender no solo los beneficios, sino también el proceso, puede resultarle más fácil. Quizá usted se encuentre en una posición de liderazgo, como director o CEO de una empresa que intenta usar las tecnologías sociales para introducir nuevos productos o responder a una reacción negativa del cliente. Tal vez sea un director de recursos humanos o un estratega de la compañía dispuesto a utilizar las ideas de su personal. O quizá sea el líder de una congregación religiosa que busca alentar a los voluntarios apáticos, o un director de escuela que coopera con los padres para promover el cambio.

La lucha por equilibrar la apertura y el control es un problema universal de la humanidad. Como madre de niños en edad escolar, a veces añoro los días en que simplemente podía sujetar al pequeño disgustado en el asiento del automóvil y conducir hacia mi destino. Así como los niños crecen y desarrollan sus propias opiniones, que deben ser oídas, nuestros clientes, empleados y socios también necesitan ser escuchados en la cúpula de la organización. Mi esperanza es que este libro le proporcione orientación y apoyo, mientras usted inicia su proceso en este nuevo mundo de la apertura. *Bon voyage!*

Charlene Li

PARTE I

LA VENTAJA DE RENUNCIAR AL CONTROL

CAPÍTULO 1

POR QUÉ ES INEVITABLE RENUNCIAR AL CONTROL

Quizá usted no sepa quién es Dave Carroll, pero United Airlines habría deseado no oír hablar de él, nunca.

Un día de marzo, no hace mucho tiempo, Carroll era un pasajero de United a la espera del despegue. Miraba a través de la ventanilla del avión y no podía creer lo que estaba viendo. Sobre la pista de aterrizaje del aeropuerto O'Hare de Chicago, vio a los mozos de equipajes tirar las maletas, que a veces caían sobre el asfalto. Entre los equipajes había estuches de guitarra, y el alarmado Carroll, un músico y compositor canadiense independiente, comprendió que eran *sus* guitarras las que estaban siendo arrojadas de un lado a otro.

Carroll llamó a una azafata de United y le pidió que averiguara qué estaba sucediendo afuera. El músico relató en una entrevista: "Ella me ayudó a levantarme del asiento y dijo: 'No hable conmigo, sino con el responsable de embarque en el aeropuerto'. Todas las personas con las que hablé después no tenían autoridad para resolver el problema, o no les importaba"[1].

---

1. "United Breaks Guitars, Dave Carroll Keeps Playing", http://www.petergreenberg.com/2009/08/11/united-breaks-guitars-dave-carroll-keeps-playing/, agosto de 2009.

Cuando Carroll aterrizó en Omaha, su destino final, abrió el estuche y vio que, tal como suponía, su guitarra preferida estaba seriamente dañada. Carroll tenía prisa porque debía preparar su actuación en varios espectáculos, de modo que transcurrieron tres días hasta que se puso en contacto con United para informar el daño. Por su parte, la aerolínea se negó a pagar la compensación de 1.200 dólares, pues tenía como política no aceptar las reclamaciones recibidas una vez que hubieran pasado más de veinticuatro horas del vuelo, porque a medida que pasaba el tiempo era cada vez más difícil determinar la responsabilidad del daño[2]. Dado que Carroll había presentado su reclamación más de tres días después de ocurrido el hecho, United dijo que no pagaría los daños, ya que podrían haber sido causados en cualquier otra parte.

Carroll insistió con el asunto durante meses, pero no logró ningún progreso. En noviembre de 2008, nueve meses después del incidente, por fin consiguió hablar con alguien que tenía algún poder de decisión. Lamentablemente, la conversación no tuvo efecto alguno; el representante de United explicó que tenía las manos atadas debido a la política de la compañía, y con cortesía, pero con firmeza, dijo que no había nada más que United pudiera hacer.

Ahora bien, ¿qué haría usted, si fuera un *músico* frustrado y seriamente perjudicado como Carroll? ¡Escribiría una canción acerca de la experiencia! En realidad, Carroll hizo más que eso: grabó un vídeo musical llamado "United rompe las guitarras", y lo publicó en YouTube[3].

---

2. United explicó que tiene una política para asignar responsabilidades por los daños y para tratar los numerosos reclamos fraudulentos que recibe cada año.

3. "United Breaks Guitars", el primero de una serie de tres vídeos, está disponible en http://www.youtube.com/watch?v=5YGc4zOqozo.

De este modo, se sintió mejor, aunque pensó que no lo verían más que una docena de personas.

Esto sucedió el 7 de julio de 2009. A los tres días, el vídeo había sido visto por un millón de personas, y el tema musical de Carroll se convirtió en un éxito viral. A fines de ese año, más de siete millones de personas ya lo habían visto y surgieron cientos de nuevas historias a partir de la experiencia de Carroll[4].

Naturalmente, United estaba horrorizada. De inmediato, la compañía se comunicó con Carroll, quien explicó que su mayor deseo era conseguir que cambiara la política de la aerolínea ante el equipaje dañado. Tony Cervone, el vicepresidente senior de comunicaciones empresariales de United, me dijo: "Nos comunicamos directamente con Dave tan pronto como esto salió a la luz, y le dije: 'Explíquenos qué ocurrió, para comprender mejor esto'. Lo escuchamos y luego, casi de inmediato, cambiamos un par de políticas". De hecho, la voluntad de United de escuchar y comprender a Dave Carroll contribuyó a mitigar el creciente clamor del público. Carroll publicó un vídeo con una sincera declaración que explicaba el incidente y destacaba los esfuerzos de United Airlines para remediar la situación, e incluso elogiaba el profesionalismo de los empleados de la compañía[5].

United se encontraba en una situación difícil. La mayoría de las veces, las aerolíneas transportaban los equipajes y a las personas a su destino sin dificultades, y cuando ocurrían incidentes, las compañías trataban de remediar la situación. Pero hoy, todo lo que se necesita

---

4. Más información acerca de Dave Carroll se puede obtener en: davecarrollmusic.com.
5. El comentario del vídeo de Dave Carroll está disponible en: http://www.youtube.com/watch?=T_X-Qoh_mw/.

es a una persona (talentosa) para que reemplace el eslogan "Vuele por los cielos amigablemente" por "United rompe las guitarras".

La nueva cultura de compartir

¿Qué está pasando realmente aquí? La respuesta simple y trascendente es que ha habido un cambio fundamental en el poder; ahora las personas tienen la capacidad de transmitir sus opiniones al mundo. Esta modificación ha surgido de tres tendencias:

1. **Hay más personas en línea.** No solo está creciendo la cantidad de individuos que se conectan a través de Internet, sino que también se está multiplicando el tiempo que pasan conectados y el tipo de cosas que hacen en línea. De acuerdo con Internetworldstats.com, hay 1.700 millones de personas globalmente activas en Internet[6]. La penetración va desde el 6,8% en África y el 19,4% en Asia, hasta el 74,2% en Norteamérica.

2. **El uso extendido de los sitios sociales.** Hoy en día es difícil encontrar a algún usuario de Internet que no haya visto al menos un vídeo en YouTube. La adopción ha sido rápida: en septiembre de 2006 solamente el 32% de todos los usuarios activos de Internet en el mundo habían visto un vídeo en lí-

---

6. De acuerdo con Internet World Stats, el 30 de septiembre de 2009 había 1,7 millón de personas en línea, lo cual representa una penetración del 25,6%. Hay más información en: http://www.internetworldstats.com/stats.htm.

nea; en marzo de 2009 esa cifra había crecido hasta el 83%[7]. Del mismo modo, los sitios de redes sociales han aumentado desde el 27% de usuarios globales hasta el 63% de todos los usuarios en edades de 18 a 54 años. Por lo tanto, cuando las personas se conectan en línea, están dedicando una cantidad de tiempo desproporcionada al contenido que ellas mismas han creado.

3. **Se comparte mucho más.** Ante todo, los últimos años han estado dominados por la difusión de una *cultura de compartir*. Esta actividad está profundamente arraigada en la conducta humana, y con cada nuevo avance de la tecnología –la imprenta, el telégrafo, los teléfonos y el correo electrónico– compartir es cada vez más rápido, barato y fácil.

Ahora hay una nueva dimensión para compartir. Hasta hace unos cinco años, a no ser que usted supiera cómo diseñar una página web, compartir estaba limitado a la cantidad de correos electrónicos que pudiera escribir. Y si enviaba demasiados correos, empezaba a perder su credibilidad.

Hoy, la amplia distribución de información en línea es tan fácil como actualizar su perfil para sus amigos en Facebook y Twitter, a los que usted puede acceder desde cualquier dispositivo (el navegador de la web, el teléfono móvil e incluso su televisor)[8]. Y los nuevos servicios hacen

---

7. Universal McCann Social Media Tracker, julio de 2009, disponible en: http://universalmccann.bitecp.com/wave4/Wave4.pdf.

8. Recientemente, Verizon introdujo la capacidad de acceder a sitios como Facebook y Twitter a través de su servicio Verizon FIOS. Más información sobre este artículo está disponible en: http://www.readwriteweb.com/archives/facebook_and_twitter_on_tv_hands-on_with_verizon_fios_widgets.php.

fácil no solo cargar texto, sino muchos tipos de contenido diferentes: una fotografía en Flickr o un vídeo en YouTube directamente de su dispositivo móvil, o crear un archivo de audio digital (*podcast*) mediante una simple llamada a un servicio telefónico[9]. Todos estos nuevos recursos han hecho que compartir no solo sea simple sino también posible en diversas plataformas. Este salto tecnológico ha permitido a alguien provisto de un teléfono móvil la capacidad de compartir cosas con el mundo.

Hacer públicas las opiniones

Los medios sociales no solo han capacitado a sus clientes, sino que también les han dado a los empleados nuevas maneras de colaborar entre sí –algo muy positivo–, y la oportunidad de expresar públicamente sus quejas acerca de su empleo. Los problemas que antes se resolvían a través de canales privados, como las llamadas telefónicas o los correos electrónicos, ahora se discuten en público. Usted nunca podía controlar lo que decía la gente sobre su marca, su compañía o su estilo de gestión, pero hasta hace poco el impacto público solía ser mínimo.

Por ejemplo, consideremos lo que la gente piensa acerca de sus empleos. Quizá usted se haya quejado de su trabajo con sus amigos y familiares, y probablemente haya compartido con ellos sus frustraciones originadas en el ámbito laboral. En el pasado, el efecto de los empleados disgustados estaba generalmente limitado a su círculo inmediato de conocidos.

---

9. Servicios como Gcast.com, Gabcast.com y Hipcast.com permiten a los creadores de podcasts llamar a un número y grabar el podcast; luego tendrán el archivo disponible para su uso.

En cambio hoy, solo se necesita acudir a un sitio como Glassdoor.com para conocer la situación interna de una organización. Los empleados examinan a las compañías y su liderazgo en forma anónima y, además, comparten la información sobre sus cargos y salarios, en un esfuerzo por ayudar a los otros para que puedan negociar un empleo o un ascenso. He aquí un ejemplo:

NO ES UN BUEN LUGAR PARA TRABAJAR

Los pros
- La tecnología es interesante.
- El personal en nuestra área es sobresaliente.

Y los contras
- La gerencia superior (a nivel ejecutivo) no se comunica de una manera constructiva.
- Es obvio que la gerencia superior no valora a los empleados de la compañía.
- Desde que nuestra firma fue adquirida por la Compañía X, la moral y la productividad han disminuido.

Consejo para la gerencia superior
- Permitir que las unidades de negocios sean más autónomas en las operaciones cotidianas. Establecer metas para las unidades de negocios, y dar libertad y recursos para llevar a cabo la tarea.
- Reconocer y premiar a los empleados productivos.

Decir adiós al control

Los líderes empresariales están aterrorizados con el poder de las tecnologías sociales, pero también los intrigan y entusiasman las oportunidades. He hablado con cientos de líderes acerca de su deseo de aprovechar el poder de las tecnologías sociales para transformar sus empresas. Les agrada la idea de ser capaces de oír instantáneamente lo que sus clientes dicen acerca de ellos. Están interesados en la capacidad de obtener nuevas ideas de los clientes, o de reducir sus costes de apoyo técnico con clientes que resuelven mutuamente sus problemas.

De hecho, algunos han dado los primeros pasos para adoptar las tecnologías sociales y lo están haciendo bien; muchos otros empiezan el proceso con entusiasmo pero luego fracasan. No hay una razón típica que explique estos éxitos o fracasos: el tamaño de la compañía, la industria o incluso la experiencia previa con las tecnologías sociales no dictan el resultado. De acuerdo con mi investigación, el principal indicador del éxito ha sido una *mentalidad abierta*: la capacidad de los líderes para renunciar al control *en el momento y lugar apropiados, y en la medida adecuada.*

El primer paso es reconocer que usted no tiene el control; lo tienen sus clientes, empleados y socios. Si usted es uno de los muchos ejecutivos que añoran "los buenos viejos tiempos", cuando las reglas y los papeles eran claros, permítase ese tipo de pensamiento durante algunos minutos más, y luego póngase a trabajar. Esta es una moda que no será efímera, sino que se consolidará, con o sin su participación.

Déjese llevar para desarrollar relaciones

En este momento, usted puede estar pensando que comprometerse con las personas que han adquirido este nuevo poder es demasiado arriesgado, que su organización no está preparada para tratar con multitudes ingobernables. O como comentó un ejecutivo: "Una cosa es que los clientes me estén apuntando con un revólver. Y otra muy distinta invitarlos a mi casa y entregarles yo mismo el revólver".

La razón de ser proactivo con respecto a renunciar al control es que al hacerlo usted puede recuperar algún aspecto del poder. Esto parece ir contra toda lógica, pero comprometerse con las personas y aceptar que tienen poder es lo que le permitirá asumir una actitud opuesta a la conducta negativa. De hecho, esta es realmente la única posibilidad que usted tiene de ser capaz de influir en el resultado.

La clave es pensar en el reto de dejarse llevar como una cuestión de relación. Los expertos en gestión James Kouzes y Barry Posner, autores de *The Leadership Challenge*, escribieron: "El liderazgo es una relación entre aquellos que aspiran a liderar y aquellos que eligen seguirlos"[10]. En un momento en que los clientes y los empleados están redefiniendo cómo cultivar y mantener relaciones con las tecnologías sociales, es oportuno que las organizaciones también reconsideren los fundamentos de las relaciones empresariales.

Para comprender cómo funcionan estas nuevas relaciones, piense en aquellas que le resulten más satisfactorias en su vida personal. ¿Las controla? ¿Impone las condiciones y espera que la otra persona lo siga ciegamente? ¿O invierte tiempo y esfuerzo, y soporta muchas pruebas para crecer y desarrollar esa relación?

La empresa no es diferente, también se construye sobre la base de las relaciones. Hay relaciones entre los

---

10. James M. Kouzes y Barry Z. Posner, *El desafío del liderazgo*, Ediciones Granica, Buenos Aires, 2005.

clientes y la organización, así como con los empleados y los socios. Y el liderazgo se define por la relación creada entre un líder y las personas que deciden seguirlo, acertada o desacertadamente. En el contexto de las relaciones, ¿cuánto control tiene en verdad? Usted no puede hacer que sus clientes compren sus productos (en contra de lo que pueda pensar el departamento de marketing). Tampoco puede hacer que sus empleados apoyen una estrategia; ellos simplemente pueden actuar de un modo pasivo-agresivo y elegir no seguirla.

Acéptelo: usted no tiene el control y probablemente nunca lo haya tenido, aun cuando una conferencia de marketing reciente haya prometido enseñarles a los asistentes cómo "recuperar el control"[11]. Por lo tanto, ¿qué es lo que usted está haciendo? Para ser abierto, usted necesita librarse de la *necesidad* de tener el control. Pero, para llenar ese vacío, debe desarrollar confianza, ser capaz de creer en que, cuando usted renuncie al control, las personas en quienes usted delegue el poder actuarán con responsabilidad.

Hacer progresar las nuevas relaciones

Es evidente que necesitamos pensar de un nuevo modo en las relaciones y el liderazgo. Las compañías están habituadas a transmitirles a los clientes mensajes centrados

---

11. El título de la promoción por correo electrónico de una conferencia sobre marketing decía: "¡Ha llegado el momento de recuperar el control!". Hay más información disponible en el blog "Can you control your customers?", en: http://www.altimetergroup.com/2009/10/can-you-control-your-customers.html.

en una acción o transacción específica. O les dicen a los empleados qué tarea deberían estar haciendo, o les imponen a los socios las condiciones de cómo trabajarán con ellas. Si bien los clientes, empleados y socios siempre han tenido maneras de comunicarse con la compañía, esos canales eran insignificantes en comparación con el volumen e importancia de los mensajes emitidos por la empresa. El resultado: muchas relaciones comerciales tradicionales carecen de profundidad y de un compromiso real. Cuando les pedimos que describan la naturaleza de las relaciones con los clientes, muchos empresarios usan palabras como "corto plazo", "transaccional" e "impersonal".

Ahora imagine una nueva clase de relación, basada en múltiples experiencias compartidas, que desarrolla confianza y prospera. ¿No sería genial si usted pudiera describir sus relaciones empresariales con palabras como "leal", "comprometida", e incluso "apasionada" y "estrecha"?

Esto no solo es posible, sino que ya está sucediendo. Cada vez más compañías comprenden que, en este nuevo mundo abierto, los clientes, los empleados y los socios están desempeñando un papel diferente del que antes cumplían: ser receptores pasivos de las misivas de la compañía. Ahora se sienten capacitados, porque la cultura de compartir les permite difundir sus ideas por todas partes. Gracias a la tecnología, han llegado a estar mutuamente conectados y comprometidos con las organizaciones que desarrollan las relaciones de un modo más profundo y significativo.

Usted lo ha visto a una escala internacional

El ejemplo más esclarecedor de este nuevo tipo de relación y compromiso se ha visto en la campaña de elección presidencial de Barack Obama, en 2008[12]. Desde el principio, estaba dirigida a comprometer a un movimiento de origen popular, el cual era resultado de la experiencia de Obama en la organización de la comunidad. Además, priorizaba la estrategia abierta –para lo cual el director de la campaña, David Plouffe, presentó el plan en múltiples lugares, incluyendo YouTube[13]–. La lógica: la campaña de McCain ya conocía cuál era la estrategia, de modo que el equipo de Obama pensó que el "plan maestro" también podía ser conocido, para que los ciudadanos pudieran apoyarlo a su manera. Desde la importancia de atraer al electorado de Iowa hasta compartir el presupuesto detallado de cómo se gastarían los millones de dólares en Florida, la campaña de Obama fue completamente abierta acerca de lo que se estaba haciendo en el proceso.

Obama y su equipo cedieron cómodamente el control, porque invirtieron una considerable cantidad de tiempo en asegurarse de que la gente estuviera de acuerdo, no solo con el objetivo (conseguir la elección de Obama) sino también, y más importante, con los *valores* fundamentales de la campaña. Michael Slaby, el director de tecnologías de la información de la campaña de Obama, me dijo: "Si usted consigue enseñar sus valores y misión al personal en las bases de su organización, entonces, una vez que les delegue el control, harán lo correcto". Con un candidato relativamente desconocido, el equipo comprendió que necesitaba ayudar a las personas a conocer mejor a Obama como persona, de modo que crearon una red social priva-

---

12. Revelación: fui muy activa como gerente de distrito y voluntaria en la campaña de Obama.
13. El gerente de la campaña de Obama, David Plouffe, comparte la estrategia de la campaña en YouTube, en: http://www.youtube.com/watch?v=a6bp0B6lrNk.

da y usaron sitios como Facebook y MySpace para ampliar la campaña al espacio personal.

Los valores fundamentales de la campaña eran el respeto y la humildad, lo cual significaba que cuando alguien se comprometía como personal o voluntario de la campaña, necesitaba responder. "Estas son cosas básicas que usted hace cuando está en una relación con otra persona", dijo Slaby. "Por lo general, las compañías y las campañas no dialogan bien, pero yo creo que hemos hecho un buen trabajo de participación con las personas en todos los entornos en los que hemos estado trabajando".

Todos hemos sido testigos de los resultados de esta nueva relación personal, ya que la campaña de Obama comprometió a personas que durante décadas habían sido observadoras inactivas de la política presidencial. Algunas compartieron su entusiasmo colocando una etiqueta virtual en sus perfiles de la red social. Otras establecieron perfiles en MyBarackObama.com y les pidieron donaciones a sus amigos y familiares. Y algunas crearon vídeos como su propio testimonio para la campaña, que iban desde temas frívolos (como Obama Girl) y graciosos ("Wassup 2008") hasta conmovedores, como el ejemplificado por el vídeo del rapper Will.i.am, "Yes We Can", que atrajo a millones de interesados en la campaña[14]. La campaña de Obama hizo más que desplegar tecnología de un modo ingenioso, la usó para crear y establecer una relación donde antes no existía, al atraer

---

14. "Crush on Obama" está disponible en: http://www.youtube.com/watch?v=wKsoXHYICqU; "Wassup 2008" puede verse en: http://www.youtube.com/watch?v=Qq8Uc5BFogE, y el vídeo "Yes We Can", en: http://www.youtube.com/watch?v=jjXyqcx-mYY.

a las personas más próximas a las líneas de vanguardia, que en el pasado estaban excluidas del proceso político.

El dilema del líder

Durante la campaña, Obama fue capaz de manejar el equilibrio entre la apertura y el control, pero como lo evidenció desde el primer año en que asumió la presidencia, gobernar un país abiertamente es muy diferente de manejar una campaña. Equilibrar la apertura con estar al mando es un problema que se remonta a los comienzos de la era de la información, cuando los medios impresos permitieron a las personas transferir y compartir la información en gran escala por primera vez. La formación se restringió, porque los líderes religiosos y los aristócratas temieron que, si las clases inferiores aprendían a leer, pudieran llegar a organizarse en caso de que estuvieran insatisfechas con su destino.

Pero una vez que los libros llegaron a ser más populares, las personas con poder veían cada vez más difícil mantener el control absoluto. En su obra *Political Order in Changing Societies* (1968), el profesor Samuel Huntington escribió acerca del "dilema del rey", para ilustrar el reto de gobernar a un pueblo educado y conectado[15]. Un monarca progresista, que otorga derechos y libertad a sus súbditos y los hace ciudadanos, puede terminar abdicando a su trono cuando estos reclamen más y más libertad a través del tiempo. Pero un destino peor les aguarda a aquellos que suprimen las reformas y reprimen al pue-

---

15. Samuel P. Huntington, *Political Order in Changing Societies*, Yale University Press, New Haven, 1968.

blo; la demanda de poder reprimida, combinada con las nuevas maneras de organizarse y comunicarse, conducen a una reacción explosiva, generalmente con el resultado de que el líder no solo pierde su trono, sino también su cabeza.

Hoy muchas compañías afrontan el mismo dilema porque están estructuradas como las organizaciones clásicas de mando-y-control, que se establecieron en la era industrial de la posguerra. Estas jerarquías centralizadas eran apropiadas para organizar procesos complejos de suministro, fabricación y distribución, que dependían de métodos coherentes y de controles precisos para mantener la calidad. Si bien los equipos podían tener alguna libertad sobre cómo llevar a cabo las tareas, la gestión eficaz significaba una adhesión estricta a medidas predeterminadas de éxito. Además, el alto coste de las comunicaciones y la información provocaba que solamente la información más importante y valiosa se transmitía a través de las jerarquías empresariales: los líderes dependían de una "cadena de mando" clara, y toda la información que fluyera fuera de esa cadena estaba absolutamente prohibida.

Dos cosas han ocurrido que acabaron con esta modalidad tradicional. En primer lugar, los parámetros del éxito se han desplazado del control de los procesos a la innovación. Simplemente, usted no puede introducir su método "Seis Sigma" en los nuevos mercados. Ahora las organizaciones necesitan desarrollar flexibilidad organizacional, para adaptarse a las situaciones rápidamente cambiantes. En segundo lugar, hoy las empresas son más propensas a prestar servicios que a fabricar objetos. Una mano de obra calificada y motivada reacciona con violencia bajo limitaciones y jerarquías estrictas, y es incapaz de hacer lo que se considera necesario porque las ideas de la oficina central están desconectadas de lo que en realidad sucede en el mercado.

Un gran número de expertos en administración de empresas han estudiado y reconocido las limitaciones de esta estructura organizacional. En su libro de 1946, *Concept of the Corporation*, Peter Drucker describió los eficaces enfoques de gestión de General Motors, pero también recomendó que la compañía descentralizara la autoridad, porque el personal con más información y competencia no estaba siendo escuchado[16]. El ensayo "The Servant as Leader", escrito por Robert Greenleaf en 1970, cambió el significado del liderazgo, al posicionar a los ejecutivos como los humildes servidores de la corporación, y no como los jefes omnipotentes de las organizaciones[17]. Y en su obra de 1982, *In Search of Excellence*, Tom Peters alentó a las organizaciones a reemplazar la gerencia superior con equipos de empleados orientados al cliente[18].

Pero a pesar de las advertencias de estos respetados expertos en gestión, hasta ahora los requerimientos de cambio han quedado sin respuesta, porque no han sido prácticos. "Yo soy el responsable, por lo tanto debo tener el control... si usted me dice que renuncie al control, ¿cómo puedo manejar la discrepancia entre el control y los resultados?", es la duda que a menudo expresan los ejecutivos. El problema es que estos líderes están formulando la pregunta equivocada. En su lugar, deberían pensar: "¿Cómo

---

16. Peter Drucker, *Concept of the Corporation*, John Day, Nueva York, 1946.

17. Robert K. Greenleaf, "The Servant as Leader", publicado por primera vez en 1970; hay un ejemplar del ensayo disponible en greenleaf.org. Greenleaf publicó *Servant Leadership: A Journey into the Nature of Legitimate Power and Greatness*, Paulist Press, Nueva York, 1977.

18. Thomas J. Peters, *In Search of Excellence: Lessons from America's Best-Run Companies*, HarperCollins, Nueva York, 1982.

desarrollo el tipo de nuevas relaciones abiertas y comprometidas que necesito para llevar a cabo los proyectos?".

Las nuevas reglas del liderazgo abierto

El cambio que hoy han producido las nuevas tecnologías nos permite ceder el control y todavía estar al mando, porque las mejores herramientas de comunicación nos dan la capacidad de estar íntimamente familiarizados con los problemas de los clientes y empleados. El resultado de estas nuevas relaciones es el *liderazgo abierto*, al cual defino como:

tener la confianza y la humildad para renunciar a la necesidad de ejercer el control, mientras inspiramos el compromiso del personal para lograr los objetivos.

El liderazgo abierto fomenta las nuevas relaciones. Y para comprender y saber cómo funcionan estas nuevas relaciones, necesitamos nuevas reglas, como:

1. **Reconocer que sus clientes y empleados tienen poder.** Una vez que usted acepta esto como cierto, puede empezar a tener una relación real más igualitaria con ellos. Sin esta mentalidad, usted seguirá considerándolos como recursos reemplazables y los tratará como tales. Si usted alguna vez necesita recordar cómo es el poder del cliente o del empleado, lea un informe de seguimiento de los medios sociales sobre su compañía, de un vendedor como Radian6, BuzzMetrics o Cymfony, y rápidamente se sentirá apabullado por el poder de estas personas.

2. **Compartir constantemente para desarrollar confianza.** En las bases de cualquier relación exitosa está la confianza. Por lo general, esta se desarrolla cuando las personas hacen lo que prometen hacer. Pero en los entornos actuales cada vez más virtuales, la confianza también proviene de las conversaciones informales diarias. El intercambio frecuente entre personas que comparten ideas, actividades e inquietudes genera una relación. Las nuevas tecnologías, como los blogs, las redes sociales y Twitter, eliminan el coste de compartir, facilitando la creación de estas nuevas relaciones.

3. **Cultivar la curiosidad y la humildad.** A menudo compartir puede convertirse rápidamente en la transmisión de un mensaje, si toda la información de salida no está acompañada de concesiones mutuas. Expresar curiosidad por lo que alguien está haciendo y saber por qué algo es importante para esa persona nos mantiene concentrados en lo que ella desea oír y lo que nosotros queremos decir. El resultado de la curiosidad es la humildad, lo que le da la integridad intelectual para reconocer que usted todavía tiene mucho que aprender y para admitir cuándo está equivocado.

4. **Mantener una apertura responsable.** En las relaciones, la responsabilidad es una calle de doble dirección: establece las expectativas en la relación, así como las consecuencias cuando estas no se cumplen. Por lo tanto, si su producto le causara problemas a alguien, ¿qué es lo primero que usted debería hacer? Disculparse e imaginar cómo resolver el problema. Del mismo modo, si usted le permite a alguien que comente sobre su sitio y esa persona hace

un mal uso del mismo, esta debería comprender que usted le negará un futuro acceso a dicho sitio.

5. **Ser indulgente con el fracaso.** La consecuencia natural de la responsabilidad es la indulgencia. Siempre ocurren incidentes en las relaciones, y las más saludables siguen adelante, dejando atrás los rencores y la culpa. Esto no quiere decir que el fracaso sea aceptable, sino que se reconoce y se comprende.

Usted descubrirá que no está solo en sus inquietudes, ni es el único en creer que hay que superar los reveses. Averigüe cómo respondieron otras personas a estas cuestiones en el sitio web Open-leadership.com. Allí tendrá la oportunidad de compartir sus inquietudes y también sus esperanzas.

WEB

Hemos visto algunas de las oportunidades y los peligros de este nuevo mundo abierto. Pero para comprender mejor las amenazas y oportunidades, en el próximo capítulo definiré con más detalle lo que significa ser abierto.

PLAN DE ACCIÓN: COMPRENDER LOS DESAFÍOS DEL LIDERAZGO ABIERTO

Teniendo en cuenta estas reglas, usted puede formularse las siguientes preguntas. Ellas le darán un punto de partida, así como una hoja de ruta preliminar, para ayudarle a ir a donde usted desea llegar.

- ¿Cuáles son sus mayores retos y temores con respecto al uso que hacen sus clientes o empleados de las tecnologías sociales?
- ¿Cómo describiría la naturaleza de la relación actual con sus clientes?, ¿y con sus empleados?, ¿y con sus socios?
- ¿Cómo le gustaría que fueran esas relaciones dentro de dos años? ¿Cuáles son sus mayores temores acerca de ceder el control?
- ¿Qué es lo que más le preocupa sobre ceder el control?
- ¿Dónde ve las mayores oportunidades para liberarse y ser abierto?

LOS DIEZ ELEMENTOS DE LA APERTURA

Mientras estaba escribiendo este libro, tuve la oportunidad de entrevistar a un grupo de ex alumnos de la Harvard Business School, en Silicon Valley, acerca del concepto de apertura. Les pregunté: "¿Cuántos de ustedes estarían dispuestos a trabajar para una organización que consideran abierta?". Solamente tres del centenar de personas presentes en el salón pensaron que lo harían, las cuales trabajaban para Mozilla, Twitter e IDEO.

Esto pone de relieve un problema fundamental respecto del tema de la apertura: carecemos de un vocabulario y una estructura básicos sobre los cuales sostener las discusiones y decisiones en torno a la apertura, porque hay muchas diferentes maneras de ser abierto. Por ejemplo, Mozilla, Twitter e IDEO consideran la apertura de tres formas muy distintas; dos de ellas se basan en la tecnología. El producto de Mozilla se desarrolla a través de una fuente abierta, de modo que las mejoras de su navegador Firefox pueden provenir de cualquier parte. Twitter tiene interfaces de programación de aplicaciones (API) muy abiertas, lo cual permite a cualquier persona apoyarse en la estructura básica de Twitter y usar sus datos, incluso fuera de su sitio. Por otra parte, IDEO, una firma consultora de diseño e innovación, tiene una cultura laboral notablemente abierta, que alienta el "pensamiento de diseño" innovador.

Para comenzar a definir la apertura, empecemos con el problema fundamental que examinamos en el Capítulo 1: que usted y su organización están ejerciendo cada vez menos control sobre su situación empresarial, en vista del mayor poder de los clientes y empleados. Su enfoque debe cambiar de intentar retener el escaso control que usted tiene a elegir dónde y cuándo ser abierto, de tal modo que pueda atraer a estos nuevos participantes con poder.

En el centro de este problema está la confianza. Cuando usted se abre y delega, debe tener fe en que las personas a quienes les transfiere el poder actuarán con responsabilidad. Esto también requiere una fuerte dosis de humildad, lo cual significa que hay personas igualmente capaces –si no más– que pueden hacer su trabajo.

Con demasiada frecuencia, las personas creen que ser abierto es solo la primera parte de la definición que he dado en el capítulo anterior –*tener la confianza y humildad para renunciar a la necesidad de control*–, y esta es una razón por la cual a menudo fracasan. Sin la segunda parte –*mientras inspiramos el compromiso de las personas para lograr los objetivos*–, que permite que la apertura conduzca a los resultados, sus esfuerzos serán inútiles y desenfocados. Por consiguiente, a medida que defina la apertura en las páginas siguientes, también explicaré lo que ella trata de lograr.

La naturaleza contradictoria de la apertura

Para empezar, quiero hacer una advertencia y destacar que las organizaciones pueden ser abiertas y cerradas al mismo tiempo, y esto se debe dar por sentado. Para que una organización sea abierta y, aun así, logre sus objetivos se requiere algún tipo de control, y este es uno de los mayores misterios de la empresa: ¿cómo ser abierto y, al mismo tiempo, trabajar eficientemente?

Tuve una oportunidad de empezar a responder a esta pregunta cuando pasé 24 horas en el mar a bordo del portaaviones nuclear *Nimitz*, de la Armada de los Estados Unidos. Estaba en el puente conversando con el capitán Michael Manazir sobre las dificultades y retos de conducir semejante nave, cuando este se detuvo, miró la cubierta de aterrizaje y frunció las cejas. Se disculpó, usó un teléfono y habló en voz baja. Después de colgar, retomó la conversación y explicó: "Una persona no hizo las comprobaciones necesarias para asegurarse de que todos estuvieran fuera de la pista antes de que el avión despegara. Yo le dije que tiene que girar la cabeza y observar todo a su alrededor, todo el tiempo".

Sin duda, Manazir sabe trabajar con eficiencia. Debe hacerlo, ya que es el responsable de la seguridad y el bienestar de los 5.000 tripulantes a bordo. Además, el *Nimitz* es la joya de la corona de la Marina de los Estados Unidos, y cuando está completamente armado representa uno de los arsenales militares más poderosos del mundo. Como la mayoría de las joyas, está extremadamente protegido: la Marina mantiene el portaaviones a salvo, con un grupo de destructores, acorazados y submarinos en torno al *Nimitz*, a fin de resguardarlo de las amenazas.

Usted podría pensar que una persona u organización con tantas cosas en juego debería ser reservada y paranoica. Y cuando recibí la invitación para visitar el *Nimitz*, junto a otros quince blogueros, supuse que se trataba de una engañifa, que la Marina probablemente nos necesitaba para difundir algunos mensajes de reclutamiento prescritos. Pero descubrimos lo opuesto: una tripulación que era cautivadora, alentadora y sorprendentemente *abierta*. El capitán nos recibió con una tonificante visión general de cómo operaba la nave. Manazir es un hombre muy accesible, y yo me quedé impresionada por su franqueza, energía y confianza en su tripulación. Además, nos alentaba a conversar con tantas personas como fuera posible, y a formular todas las preguntas que se nos ocurrieran[1]. "Esta es su Marina de Guerra, y tienen el derecho de saber cómo trabaja para ustedes", dijo.

¡Y vimos todo! Desde la torre de observación, por encima de la plataforma de vuelo, observamos despegar y aterrizar a los aviones. Equipados con cascos, protectores para los oídos y chalecos salvavidas blancos (para que nos encontraran más fácil en caso de que cayésemos al mar), fuimos hasta la plataforma de vuelo, donde estuvimos a unos pasos de los rugientes motores de un jet antes del despegue. Usted no solo *oye* acelerar el motor de 0 a 140 millas por hora en menos de dos segundos, también lo siente vibrar en sus propios huesos[2].

No hubo ninguna restricción ni condición previa más que garantizar nuestra seguridad y bienestar (como permanecer fuera de la pista de despegue y aterrizaje). De hecho, lo único que la Marina no nos permitió ver fueron los reactores nucleares, aunque luego consiguió verlos solo un grupo de ingenieros seleccionados.

---

1. Un bloguero preguntó medio en serio si había "Cylons" (la especie alienígena del programa de la televisión *Battlestar Galactica*) a bordo, una pregunta que dejó a todos desconcertados, desde el capitán hasta los funcionarios de asuntos públicos. Y ellos confirmaron que no había "Cylons" en la nave.

2. Un excelente resumen con fotos de esta experiencia en el portaaviones *Nimitz* de los Estados Unidos está disponible en: http://blog.guykawasaki. com/2009/06/24-hours-at-sea-on-the-uss-nimitz.html.

La apertura de la Armada fue más sorprendente para mí cuando visitamos la sala del escuadrón de pilotos del Strike Fighter Squadron 97 (apropiadamente llamados los "Halcones de la Guerra"). Eran seguros y bromistas, como se debería esperar de los "principales artilleros". Los pilotos compartían su pasión por el vuelo, pero también sus temores, especialmente el aterrizaje de un avión de combate sobre un portaaviones en medio de la noche. En una entrevista con otro bloguero, el teniente piloto de la Armada Luis Delgado, que conduce un avión de combate F-18, fue especialmente franco acerca de sus experiencias de vuelo:

> Aterrizar por la noche me llena de terror. A veces, me pongo a gritar debajo de la máscara en los últimos segundos antes de descender. Y uno recuerda ese temor, de modo que es muy difícil dormir. Pero cuando usted despierta al día siguiente se acuerda de lo que hizo. En este trabajo no hay otra opción. Hay una misión que se debe llevar a cabo. Siempre disfruto con lo que hago [mi trabajo], y miro hacia adelante para no tener que privarme de ese placer. Cada vuelo es casi como si muriera un poco.[3]

Esta franqueza es bienvenida en la Armada, porque esa manera de compartir ayuda a la tripulación a conectarse y apoyarse mutuamente durante todo el proceso. El capitán Manazir confiaba en que su tripulación hiciera y dijera lo correcto delante de los extraños, porque su entrenamiento y compromiso con la misión de la Armada aseguraba que ellos sabrían qué podían discutir y qué no.

---

3. Material de una entrevista conducida por Jennifer Jones a bordo del portaaviones *Nimitz*, el 29 de mayo de 2009. Es posible acceder a la entrevista en: http://www.jenniferjones.com/MarketingVoices/5869/a-candid-perspective-from-fighter-pilot-lieutenant-luis-delgado.

Si bien había un tipo de comunicación muy abierta, cada persona a bordo de la nave tenía una tarea prescrita y muy específica (como cargar un misil en el ala izquierda de un avión de combate), que llevaba a cabo en muchas situaciones diferentes. Como expresó Delgado en la cita precedente, él no tiene otra opción, debe volar y hacerlo cuando se le ordena, aun cuando cada fibra de su sistema nervioso le diga que no lo haga.

Entonces, ¿la Armada es abierta? La tripulación del portaaviones *Nimitz* de los Estados Unidos tiene muy poca libertad para tomar decisiones acerca de sus tareas, pero comprende que esto resulta esencial para llevar a cabo su misión y objetivos compartidos. Al mismo tiempo, los miembros del servicio de la Armada son muy abiertos para compartir y comunicar sus experiencias, son poco reticentes y muy francos acerca de sí mismos y sus sentimientos. Por lo tanto, la Armada es abierta en algunos aspectos, y no lo es en otros.

Los diez elementos de la apertura

Para comprender la capacidad aparentemente contradictoria de ser abierto y cerrado al mismo tiempo, consideremos lo que yo veo como los diez elementos de la apertura, que entran en dos amplias categorías: compartir la información y tomar decisiones (véase la Tabla 2.1). En el caso de la Marina, el servicio es abierto en lo que concierne a compartir la información no clasificada. Pero existe una jerarquía estricta en lo que respecta a la adopción de decisiones y a la muy limitada libertad de los miembros del servicio en sus responsabilidades cotidianas.

TABLA 2.1. Definición de la apertura: los diez elementos de la apertura

Compartir información	Tomar decisiones
• Explicar	• En forma centralizada
• Actualizar	• De un modo democrático
• Conversar	• Autogestión
• Micrófono abierto	• En forma distribuida
• Innovación social	
• Plataformas	

Dentro de cada elemento o componente de la apertura, consideraremos lo que significa ser abierto y, además, examinaremos a qué está renunciando usted cuando llega a ser más abierto. En muchos casos, no está *renunciando* al control, sino que lo está *delegando* en alguien en quien tiene confianza. Mientras lee, observe qué tipos de apertura le agradan más y, también, cuáles le crean mayor ansiedad. Al final de este capítulo, tendrá la oportunidad de conducir una autoevaluación para examinar la apertura de su organización. No hay una medida exacta de la apertura, pero usted será capaz de empezar a apreciar dónde se encuentra en la escala de cerrado/abierto. Una vez completado el examen, tendrá un punto de partida para su estrategia de apertura.

Compartir abiertamente la información

La información es el lubricante de cualquier organización. Sin ella, la compañía llega a un límite infranqueable. En la década pasada, el flujo de información en torno a la compañía, dentro y fuera de la organización, se aceleró significativamente con el advenimiento de las nuevas tecnologías, empezando con la amplia adopción del correo electrónico y las tecnologías sociales.

Yo defino los seis elementos de la información compartida de acuerdo con la meta y naturaleza de compartir. En primer lugar, consideraremos la información que se origina dentro de la organización (explicar, actualizar), y luego veremos los casos en que la información proviene de fuentes externas (conversar, micrófono abierto, innovación social). Por último, consideraremos de qué modo la apertura tecnológica puede crear plataformas donde los diferentes grupos y personas logren trabajar juntos mediante el uso de parámetros comunes.

Explicar: crear aceptación

El propósito de compartir este tipo de información es informar a las personas acerca de una decisión, dirección o estrategia con el objetivo de conseguir que los receptores –empleados, asociados, distribuidores y otros– acepten la idea, de tal modo que todos trabajen orientados hacia el mismo objetivo. Esto es típico de la "gestión de libro abierto" (OBM, según sus siglas en inglés), que John Case definió en su bestseller del mismo título como la "filosofía de comprometer a cada empleado para que comparta la información financiera y operativa, a fin de hacer más exitosa a una firma"[4]. Si bien hay muchos libros que explican

---

4. John Case, *Open Book Management: The Coming Business Revolution*, Paperbacks, Nueva York, 1996. Este libro incluye cuatro prácticas básicas: (1) formar a los empleados para que sean expertos en la empresa y puedan comprender los informes financieros; (2) facultarlos para usar esa información en la reducción de costes y el mejoramiento de la calidad; (3) confiar en ellos como socios empresariales en igualdad de

cómo opera la OBM, hasta ahora ha sido una opción que pocas compañías han elegido, concretamente porque es difícil dar suficiente información con un nivel de detalle como para hacer procesable el conocimiento[5]. Además, es difícil considerar a sus empleados como socios comprometidos con el éxito de la compañía, si usted solo los ve una vez al mes, cuando se reúnen para discutir los resultados financieros.

Como sugerí en el Capítulo 1, hoy la diferencia clave es que hay una nueva generación de trabajadores, que han llegado a creer que la "participación" es tan importante o más que la "devoción". Por otra parte, los requerimientos de ser más abierto en la adopción de las decisiones provienen tanto del personal interno como *externo* de la organización.

Un líder que cree sinceramente en esto es Jim Mullen, fundador de Mullen Communications, una firma con sus oficinas centrales en Boston. Jim dice que lo más importante que aprendió en sus treinta años al frente de la compañía es que "cuanto más poder usted cede, más poder tiene finalmente". Por ejemplo, Mullen compartió cada trimestre la información financiera con todos sus empleados, aun cuando la agencia era de propiedad privada. También compartió los datos sobre salarios anuales de la Asociación de Agencias Publicitarias de los Estados Unidos con todos los empleados, y estableció sus compensaciones

---

condiciones, y (4) recompensarlos con equidad por el éxito de la firma. Disponible en: http://www.businessdictionary.com/definition/open-book-management-OBM.html.

5. Véanse, por ejemplo, John Case, *Open Book Management* (citado en nota anterior); Thomas J. McCoy, *Creating an "Open Book" Organization: Where Employees Think and Act Like Business Partners*, Amacom, Nueva York, 1996; y John P. Schuster, Jill Carpenter y M. Patricia Kane, *The Open-Book Management Field Book*, Wiley, Hoboken, Nueva Jersey, 1997.

sobre la base de cifras de rango intercuartil. Esto significaba que todos en la compañía sabían lo que los demás estaban ganando, y también lo que otras agencias publicitarias en la región pagaban a sus empleados.

¿Por qué hizo esto? Sin duda, Mullen estaba enfocado en un objetivo para eliminar las distracciones, como quién cobra qué salario. Pero hizo algo más: desarrolló una relación. "Pienso que, si usted comparte la información, en realidad está creando confianza, y cuanta más información comparte, mayor confianza genera en las personas. Porque la información se basa en hechos reales y, a diferencia de la opinión, es sumamente persuasiva". De este modo, Mullen aplicó dos de las nuevas reglas del liderazgo abierto que mencioné al final del Capítulo 1: reconoció que sus empleados tenían poder, y que él necesitaba compartirlo activamente con ellos para crear y desarrollar la relación.

Manejo de las filtraciones. Por supuesto, este enfoque de compartir la información es contrario a la manera tradicional de hacer negocios. Como recomendó memorablemente Andy Grove, de Intel, "solamente los paranoicos sobreviven"[6]. Si bien el libro de Grove aconseja tener siempre las espaldas cubiertas y rechazar la actitud cómoda de hacer negocios-como-de-costumbre, muchos ejecutivos interpretan el mensaje como: "Si usted quiere sobrevivir, sospeche de todo… incluso de sus empleados, clientes y socios". Esto se relaciona directamente con el principio de "cuanto más reservado, más seguro".

De todos modos, la paranoia tiene su lugar, especialmente en el marco del poroso ambiente de las comuni-

6. Andrew Grove. *Only the Paranoid Survive,* Doubleday Business, Nueva York, 1996.

caciones actuales, en el cual un correo electrónico de un empleado puede causar estragos en la información confidencial de una compañía. Si bien la filosofía del "libro abierto" aboga por compartir tanta información como sea posible, hay límites prácticos. Para examinar esto, echemos una mirada en Facebook, cuya misión es "dar a la gente el poder de compartir y hacer el mundo más abierto y conectado"[7].

La plataforma de Facebook ha pasado de ser una red social limitada a estudiantes universitarios a convertirse en una red que permite a las personas y compañías usar los datos de la organización en sitios fuera de Facebook, y crear negocios que producen millones de dólares[8]. Internamente, Facebook practica la "gestión de libro abierto", y su CEO, Mark Zuckerberg, cada viernes, durante una hora, mantiene una sesión pública de preguntas y respuestas para toda la compañía.

Aunque el problema es que la información reservada podría filtrarse. "Nuestro dilema es que quisiéramos conversar sobre todo", explica Lori Goler, la vicepresidenta de recursos humanos. "Pero también tenemos que dar la cara y decir: 'Hay algunas cosas de las que probablemente no hablamos'". Por ejemplo, Zuckerberg

---

7. La declaración de la misión de Facebook se puede consultar en: http://www. facebook.com/facebook?ref=pf#/facebook?v=info&ref=pf. Un análisis de la evolución de la declaración de Facebook está disponible en: http://www. observer.com/2009/media/evolution-facebooks-mission-statement.
8. Las plataformas de Facebook y Facebook Connect permiten a las compañías ver los activos de Facebook (como los perfiles y las relaciones con amigos), y usarlos en sus propios sitios. Los programadores también pueden crear aplicaciones que se manejan en el mismo Facebook. Algunas compañías, como la creadora de la aplicación de juegos Zynga, están siendo valoradas por los cientos de millones de usuarios que han acumulado en su plataforma de Facebook.

informará a los empleados sobre los progresos en la búsqueda de nuevos espacios para las oficinas, pero será reservado sobre los detalles específicos, y explicará que esta información podría afectar las negociaciones. Evidentemente, esta no solo es una información con respecto a las potenciales medidas estratégicas –como las discusiones en torno a los inversores, las adquisiciones o una oferta pública de venta (IPO, según sus siglas en inglés) de activos financieros–, también es susceptible de compartir, aunque hacerlo puede ser ilegal. En consecuencia, si bien Facebook está dispuesta a compartir ampliamente mucha información, sigue siendo sensible a las realidades empresariales.

Como alguien que ha estado investigando a Facebook durante años, he descubierto que hay una filtración sorprendentemente escasa, dada la cantidad de información accesible. ¿Cómo manejan esto? Goler dice que Facebook ha señalado en repetidas ocasiones que la información es compartida solamente por el personal interno de la compañía. "Hemos tenido un par de situaciones en las que habríamos deseado compartir la información sin que llegara a ser pública. Uno o dos correos electrónicos enviados por Mark a la compañía aparecieron en la prensa en su totalidad, y esta es una mala conducta porque pone en peligro nuestra capacidad para compartir todo internamente. Entonces, dijimos: 'Señores, queremos ser capaces de compartir todo con ustedes, pero si no van a tratar esa información con respeto, entonces están poniendo en riesgo ese privilegio'. Pienso que hay mucha presión de los colegas para no compartir las cosas y tratar la información con respeto". De este modo, Facebook está aplicando una de las cinco reglas del liderazgo abierto: mantener una apertura responsable.

Como muestran estos ejemplos, el beneficio clave de compartir es armonizar los objetivos a través de la lógica, el pensamiento y las decisiones compartidas. Hoy la principal diferencia es que las concesiones mutuas que caracterizan a la gestión de libro abierto (OBM) ocurren con más regularidad, y no solo en forma trimestral cuando los ejecutivos de la compañía están dispuestos a compartir los resultados. El contacto permanente que mantienen los líderes –a través de blogs, archivos multimedia y cuentas en Twitter– es lo que les permite compartir sus ideas y decisiones.

La tecnología también ha hecho posible extender esta forma de compartir fuera de la organización, al ofrecer actualizaciones y servicios al cliente a través de nuevos canales. Los clientes y socios necesitan conocer más detalles con mayor regularidad, especialmente si están haciendo planes a largo plazo basados en los productos o servicios que serán suministrados por las organizaciones socias. Hace poco Facebook publicó su cronograma de desarrollo del producto y anunció las futuras mejoras con el propósito de que los promotores estuvieran mejor preparados para los próximos cambios[9]. Si bien los competidores podían ver fácilmente lo que Facebook iba a hacer en el futuro próximo, para la compañía era más importante infundir confianza y seguridad en las relaciones con sus promotores. Facebook también confía en sus canales de innovación, de modo que los competidores tratarán de estar al día, en lugar de tomar la delantera.

---

9. Los detalles de los planes futuros a corto plazo de Facebook están disponibles en: http://wiki.developers.facebook.com/index.php/Developer_Roadmap.

Actualizar: adquirir conocimiento y experiencia

En el desarrollo normal del trabajo, las personas se ofrecen actualizaciones mutuas sobre lo que están haciendo. Esto incluye la información superflua que con demasiada frecuencia inunda la bandeja de entrada de nuestro correo electrónico: las solicitudes de apoyo en ventas, las actualizaciones del producto y proyecto, los interminables mensajes transcritos literalmente para asegurarse de que todos han sido incluidos.

¡Ha llegado el momento de poner fin a esta locura!

Las nuevas herramientas de divulgación como los blogs, las plataformas de colaboración e incluso Twitter proporcionan actualizaciones, que son fácilmente accesibles cada vez que alguien las necesita. Estas actualizaciones tienen el beneficio añadido de ser archivables, explorables e identificables, lo cual significa que proporcionan conocimiento, destreza y experiencias de lo que ocurre en el desarrollo normal del negocio. Por ejemplo, imagine que usted es un nuevo empleado que participa en un proyecto y necesita hacer una rápida contribución. En ese caso, puede ponerse al día en un instante si ingresa en la plataforma de colaboración, o si lee las actualizaciones de los microblogs internos del personal.

Consideremos con detalle cómo funciona esto con dos ejemplos sobre el proceso de actualización, tanto dentro como fuera de una organización, a través de dos canales específicos: las redes internas y los blogs.

Los blogs proporcionan actualizaciones. Paul Levy, el CEO del Beth Israel Deaconess Medical Center, mantiene un blog público muy activo denominado "Administrar un hospital", que cubre temas que van desde los esfuerzos de la institución para el mejoramiento de los procesos y un premio ganado por su nueva unidad de cuidados intensivos hasta las discusiones sobre los salarios excesivos[10]. Levy empezó a escribir blogs porque deseaba "compartir ideas con el personal acerca de mis experiencias y las suyas en el ámbito médico"[11]. Si bien pocos ejecutivos de la salud se sienten cómodos hablando tan abiertamente de los problemas médicos, la tecnología y el tratamiento, Levy aboga por el intercambio, ya que es mejor establecer un punto de vista y crear un marco para ello.

En el libro *Sticks & Stones,* de Larry Weber, Levy explicó cómo estableció un equilibrio entre la publicación de blogs y su papel de CEO: "Hay muchos aspectos de la tarea de un CEO, pero uno de ellos es –en pocas palabras– posicionar a su compañía de la mejor manera en el ámbito público; entre sus consumidores existentes y potenciales, y entre sus posibles rivales. ¿Qué mejor forma de hacerlo que escribir cuando uno lo desea sobre los temas que le interesan y con sus propias palabras? Usted no va a ser editado por reporteros o alguien más, puede transmitir su mensaje en treinta segundos y todo el mundo es capaz de ver lo que usted ha dicho"[12].

Levy comprende que una parte importante de su tarea como CEO es comunicar la misión de su organización y proporcionar actualizaciones con regularidad sobre cómo funciona su hospital. Esto es algo diferente de la visibilidad

10. El blog de Paul Levy se puede ver en: http://runningahospital.blogspot. com/. Estos artículos específicos están en: http://runningahospital. blogspot.com/2009/10/5s-projects-are-spreading.html; http://running ahospital.blogspot.com/2009/10/icu-i-really-care-for-you-and-your. html, y http://runningahospital.blogspot.com/2007/01/do-i-get-paid-too-much.html.

11. Tomado del primer blog de Paul Levy, el 2 de agosto de 2006, en: http:// runningahospital.blogspot.com/2006/08/running-hospital.html.

12. Larry Weber, *Sticks & Stones: How Digital Reputations are Created over Time and Lost in a Click*, Wiley, Hoboken, Nueva Jersey, 2009, pág. 35.

en las decisiones, que incluye el flujo de información desde arriba hacia abajo. Con las actualizaciones, la información puede provenir de cualquier parte. El propósito de Levy es crear una cultura de la participación, y lo está haciendo al dar el ejemplo desde la cúpula de la organización.

Un problema clave que surge a menudo es que los empleados no saben qué hacer con las herramientas de publicación que se les han dado, y pueden terminar escribiendo o diciendo algo inapropiado que perjudique a la compañía. En el Capítulo 5, consideraremos la necesidad de contar con políticas y procedimientos sobre el uso de estos recursos, pero también veremos que ese tipo de controles es infrecuente hoy en día, así como que no es mucho lo que se puede controlar. La mayoría de los empleados tiene acceso a una serie de herramientas de publicación gratuitas –Facebook, Twitter, blogs, foros de discusión e incluso el simple correo electrónico–, a través de las cuales cualquiera puede compartir los secretos de la compañía y decir cosas inapropiadas. Sin embargo, esto pocas veces ocurre. Hay riesgos inherentes en el hecho de dar al personal una plataforma improvisada desde la cual opinar, pero usted también debería considerar los beneficios que este tipo de participación puede aportar a su relación con los clientes.

Las actualizaciones internas aceleran el desarrollo del producto. En otro ejemplo referido a compartir, el director ejecutivo de marketing de la compañía tecnológica SunGard, Brian Robins, me dijo que los equipos de desarrollo de la firma han empezado a usar Yammer, una versión interna de Twitter, para apoyar las conversaciones y actualizaciones entre los empleados. Cualquiera en una compañía puede iniciar una red Yammer e invitar a los colegas a participar, y Robins dice que los programadores de SunGard empezaron a usarla sin ningún tipo de patrocinio o mandato organizacional. "Ellos la usaban para compartir información acerca de los proyectos en los que estaban trabajando. Yo examiné muchos de los ejemplos, y los programadores hacían preguntas técnicas a otros colegas: '¿alguien sabe cómo hacer esto?', o '¿alguien ha usado esta o aquella herramienta u objeto?'". Esto fue tan eficaz que SunGard facilitó el acceso a Yammer a sus 20.000 empleados en más de 30 países, donde está empezando a influir en todos los aspectos operativos, desde las ventas hasta el servicio al cliente.

Conversar: mejorar las operaciones

Los altos ejecutivos suelen decir que desean tener relaciones más estrechas con los clientes y empleados. Necesitan saber qué piensan los clientes de los productos, servicios y experiencia de la firma, y cómo puede mejorar la compañía. Hoy cualquier persona con un ordenador puede proporcionar información a la organización –comentarios en los blogs, foros de discusión, sitios de evaluación– y, aún mejor, la compañía puede responder. Al conversar abiertamente, una organización se compromete en este intercambio con el propósito de mejorar las operaciones y la eficiencia.

Como vimos en el capítulo anterior, los clientes están dispuestos a expresar sus quejas en público. Por eso, las compañías como Comcast han aceptado el reto al responder en esos mismos canales. Frank Eliason, el director ejecutivo del servicio nacional al cliente de Comcast, estableció una cuenta en Twitter, apropiadamente denominada "Inquietudes de Comcast"[13]. Además de hacer el seguimiento de los blogs, Frank y su equipo seleccionan

---

13. Frank Eliason y la cuenta en Twitter ComcastCares están disponibles en: http://twitter.com/comcastcares.

a los clientes que están teniendo problemas con Comcast, y escriben sobre ellos en los medios sociales como blogs y Twitter. Luego empieza la conversación con una simple pregunta: "¿Puedo ayudarle?". Estas dos únicas palabras han cambiado fundamentalmente la relación.

Si bien esto puede parecer un gran esfuerzo, Eliason explicó que para Comcast es mejor identificar y abordar preventivamente estos problemas, antes de que se agraven. En consecuencia, han ido dotando al equipo de más recursos a medida que crece la demanda. Un beneficio importante ha sido demostrar el deseo de Comcast de prestar un excelente servicio al cliente y cambiar la imagen pública –aunque solo sea en forma gradual, con una persona a la vez– de que tiene un servicio deficiente.

¿Qué fue lo más difícil para Comcast? Tuvo que adaptarse al hecho de que discutir públicamente los problemas y comentarios negativos es algo que todo el mundo puede ver. Pero Eliason adujo que, desde que estos comentarios se han hecho públicos, la compañía está comprometida con esos clientes en una conversación.

Poner a trabajar a la comunidad. El servicio al cliente ha sido históricamente un centro de costes para la mayoría de las organizaciones. Pero muchas compañías, especialmente las tecnológicas con una clientela conocedora, están recurriendo a las redes de clientes y socios expertos para realizar esa tarea de apoyo. Desde su inicio, SolarWinds, un proveedor de programas informáticos de gestión, desarrolló una red comunitaria de usuarios con 25.000 miembros, que se ayudan mutuamente con sus problemas, ya sean pequeños o grandes. Esto le ha permitido prestar un servicio a su base de clientes de 88.000 compañías con solo dos personas de apoyo al cliente, ya que la mayoría de los problemas que surgen se ventilan y abordan dentro de la comunidad de usuarios.

SolarWinds es capaz de hacer esto porque supervisa e invierte constantemente en el bienestar de la comunidad. A menudo, proporciona expertos con contenidos y formación, y usa el reconocimiento para destacar a los mejores expertos. Además, evalúa la aceptación de la comunidad mediante el seguimiento del tiempo de respuesta, la resolución del problema y la satisfacción del usuario. Pero, algo inusual entre las compañías, también da información a su comunidad de usuarios como una ventaja competitiva clave. Cuando la compañía comenzó a cotizar en bolsa en mayo de 2009, dedicó una parte de su valioso tiempo de presentación ante el inversor para explicar la importancia de su comunidad de usuarios. "Aparte de todo lo que hacemos, nuestra comunidad es en muchos aspectos la ventaja competitiva que tenemos a largo plazo", dijo Kenny Van Zant, el vicepresidente y director estratégico del producto. "No solo proporciona apoyo al usuario, sino que también sirve como una caja de resonancia para los nuevos productos y servicios."

Las plataformas de colaboración proporcionan una estructura para las conversaciones. Las conversaciones también pueden ser bastante útiles en el ámbito interno; difieren de las actualizaciones internas discutidas antes en el hecho de que las conversaciones se centran en un tema o problema específico. Por ejemplo, Yum! Brands –la cadena de restaurantes más grande del mundo en cuanto a las unidades del sistema y la compañía matriz de A&W Restaurants, KFC, Long John Silver's, Pizza Hut y Taco Bell– necesitaba desarrollar una base de conocimiento y una red interna que permitiera a sus 336.000 empleados en 110 países interconectarse de un modo que nunca había sido posible. Como expresó Barry Westrum –director del Centro de Innovación y Conocimiento Técnico de Yum!–, el objetivo era conseguir que la compañía "trabajara de un modo diferente", no solo mediante la aplicación de las mejores prácticas de una división o lugar geográfico en otro, sino también a través de la cooperación para resolver los problemas difíciles.

A comienzos de 2009, se lanzó la red llamada ICHING, basada en una plataforma de la comunidad de Jive Software. Al principio, las metas fueron modestas. Tradicionalmente, el hecho de compartir había sido la norma en la cúpula de la organización donde todos los líderes en una función, como marketing, se reunían. Pero esas reuniones se mantenían solamente una vez cada dos o tres años. "Estábamos buscando un lugar donde pudiéramos hablar el mismo idioma durante las 24 horas del día", dijo Westrum. En ICHING, que incluye a unos 6.000 empleados de restaurantes en todo el mundo, usted puede formular una pregunta al final de su jornada empresarial y encontrar 17 respuestas de todo el mundo, que le aguardan cuando usted llega a la mañana siguiente. Los grupos se reúnen para resolver problemas, no porque fueron identificados y priorizados por los ejecutivos y gerentes, sino porque el personal directamente involucrado identifica los problemas y pide ayuda.

Cada vez más, las aplicaciones tradicionales de las empresas se están centrando en las conversaciones. Por ejemplo, cuando este libro fue a la imprenta*, Salesforce. com anunció que su plataforma de colaboración Chatter integraría directamente en la interfaz las actualizaciones y conversaciones del personal en tiempo real, usando las oportunidades de venta o los incidentes en el servicio al cliente como el contexto de las conversaciones. ¿Se trata de una oferta especial, o es un cliente clave que tiene un problema con el servicio? En lugar de mantener la discusión a través del correo electrónico, el personal tendrá

---

* Hace referencia a la edición original en inglés (N. del E.).

estas conversaciones en torno a los procesos laborales que ya existen, donde la información acerca de la cuenta o el cliente es directamente accesible. Incluso las actualizaciones únicas se consideran en la debida perspectiva cuando se identifican y muestran en el contexto de una transacción o de un problema de servicio al cliente.

El "micrófono abierto": alentar la participación

Quizá usted haya asistido a un evento de "micrófono abierto" en un teatro local, donde los actores talentosos están mezclados con muchos poco dotados. Micah Laaker, un director de Yahoo!, ha adoptado la frase "micrófono abierto" porque capta apropiadamente la esencia del próximo tipo de información compartida, en la que todos serán bienvenidos para integrarse y participar sin condiciones previas[14]. El epítome de esto es YouTube, donde usted puede encontrar una mezcolanza: la última conferencia de Randy Pausch, un vídeo de la entrada de los novios a una boda, cómo insertar una línea de acceso vascular con ultrasonido, y para deleite de los niños (jóvenes y viejos), algunos vídeos inocentes como el de un hámster sobre un piano[15].

---

14. Micah Laaker escribió un ensayo denominado "What It Means to Be Open" [Qué significa ser abierto], que aparece en las páginas 443-444 del libro de Christian Crumlish y Erin Malone, *Designing Social Interfaces*, O'Reilly/Yahoo! Press, 2009.

15. La "última conferencia" de Randy Pausch está disponible en: http://www.youtube.com/watch?v=ji5_MqicxSo; el "Vídeo de la entrada de los novios", en: http://www.youtube.com/watch?v=4-94JhLEiN0; "cómo insertar una línea de acceso vascular con ultrasonido", en: http://youtube.com/watch?v=1xsgE7ueaek; y "el hámster sobre un piano", en: http://www.youtube.com/watch?v=rfqNXADl3kU&feature=fvw.

Las cadenas de noticias han alentado a la gente a enviarles información, pero también les piden que presenten segmentos completos de noticias, con su versión de una historia. El canal de noticias iReport.com, de la cadena CNN, es un sitio generado por el usuario y, si bien cualquiera puede cargar un vídeo allí, el personal de la CNN examina y corrige algunos, que luego muestra en el sitio principal. Una reportera, Chris Morrow de San Diego, es periodista independiente y produce vídeos de noticias de alta calidad (completos, con transiciones y gráficos) desde su hogar[16]. El canal iReport llegó a ser una plataforma para promover su trabajo y, para la CNN, es una manera de diversificar la cobertura de sus noticias con un bajo coste.

Otras compañías están siguiendo el ejemplo. Premier Farnell, dedicada a la venta y distribución multinacional de productos electrónicos del Reino Unido, tiene aproximadamente 4.100 empleados en todo el mundo. La firma compró varios miles de cámaras de vídeo, las distribuyó entre los empleados en cada oficina y los alentó a grabar lo que ellos consideraban como sus mejores prácticas, y a cargar el vídeo en su sitio interno de vídeos compartidos, apropiadamente llamado "OurTube". El hecho de permitir al personal compartir sus opiniones con la organización a través de Internet causó cambios profundos en la cultura de la compañía, los cuales discutiremos con más detalle en el Capítulo 8.

Lo más difícil acerca del "micrófono abierto" compartido es filtrar todas las presentaciones para encontrar el contenido mejor y más pertinente. A no ser que usted tenga los recursos de la CNN, necesitará un sistema donde el

---

16. El informe de Chris Morrow está disponible en: http://www.ireport.com/people/ChrisMorrow.

personal clasifique y califique el material, o lo examine para identificar el mejor. La reputación –como la que tiene Chris Morrow en el iReport de CNN– ha llegado a ser esencial, de manera que también debería haber modos de destacar e identificar el buen talento.

Innovación social colaborativa (crowdsourcing): *resolver juntos un problema específico*

El objetivo de la innovación social es desarrollar fuentes de nuevas ideas y obtener puntos de vista innovadores para crear o mejorar un nuevo producto o servicio. Esto siempre ha sido posible (piense en el concurso de cocina de Pillsbury Bake-Off, en el cual los clientes compiten por los premios con las nuevas recetas que crean). Pero ahora la diferencia es que esto está sucediendo en una escala sin precedentes, y está dirigido a alentar una contribución coherente de los individuos hacia una meta específica, como mejorar un aspecto del código de una fuente abierta, presentar una idea para un anuncio de treinta segundos que se emitirá durante el Super Bowl o descargar imágenes de un concierto en el teléfono móvil.

Por ejemplo, Doritos reintrodujo su concurso de anuncios con contenido generado por el usuario (UGC) para la transmisión de Super Bowl 2009. Dos hermanos desempleados, Joe y Dave Herbert, crearon un hilarante spot publicitario, "Free Doritos", que costó menos de 2.000 dólares, dejó fuera de la competencia a las agencias de Madison Avenue y fue calificado como el mejor anuncio en la encuesta de *USA Today* sobre las publicidades más apreciadas durante el partido; también fue votado por las audiencias de YouTube y Hulu como el anuncio favorito del espectáculo[17]. Como resultado, el aviso de los hermanos Herbert ganó el premio de un millón de dólares en el concurso de Doritos. Sin embargo, de más interés para la gerencia de Frito-Lay fue la encuesta comScore sobre el efecto que produjo la iniciativa: Doritos mostró la mayor mejora en la percepción del consumidor entre los anunciantes que participaron en el espectáculo de Super Bowl.

La mayoría de las compañías no puede permitirse conducir un concurso de alto perfil como hace Doritos, lo cual es una razón clave por la que los concursos de contenidos generados por el usuario alcanzaron su punto culminante en 2007. Pero desde entonces la innovación social colaborativa (*crowdsourcing*) ha asumido una función diferente, que es la de resolver los problemas cotidianos. Consideremos, por ejemplo, el diseño de logotipos. Muchas compañías no pueden darse el lujo de gastar más que unos cientos de dólares en un buen logotipo, de modo que recurren a las "fábricas de logotipos" o a una tienda de artículos de oficina con capacidad para el diseño de logos que solo cuestan 99 dólares. Al mismo tiempo, hay muchos diseñadores que querrían tener la posibilidad de crear logotipos, pero carecen de las relaciones y la visibilidad para acceder a los clientes.

Entre en sitios de "innovación social" como Crowdspring y 99designs[18]. Estos sitios crean un mercado donde los clientes pueden solicitar un diseño y los diseñadores presentan sus ideas. En lugar de poner todos los huevos en la misma cesta, el cliente puede elegir entre cientos de op-

---

17. Los resultados de *USA Today* sobre los anuncios publicitarios para el Super Bowl 2009 están disponibles en: http://www.usatoday.com/money/advertising/admeter/2009admeter.htm.
18. Revelación: el logotipo del Altimeter Group, fundado por Charlene Li, fue diseñado y obtenido en crowdspring.com.

ciones potenciales, pero al final solo un diseñador cobrará sus honorarios, y la labor artística será transferida al cliente comprador. El trabajo es muy variable y, a veces, recibe el nombre de "tarea especial"[19]; cuando yo usé Crowdspring para obtener un logotipo, el diseño ganador lo realizó el diseñador creativo de una gran agencia publicitaria. ¿Cuál fue su razón para participar y presentar un diseño? Quería ponerse al día con sus "inspiraciones en el diseño". El coste para mí fue de 800 dólares por dos diseños de logotipo. El valor de poder examinar 146 diseños únicos diferentes no tiene precio.

Hoy las inspiraciones multitudinarias están adquiriendo una posición firme en el diseño de logotipos y membretes, e incluso en el diseño de sitios web. En el futuro, preveo que las plataformas de tecnología y el interés en el *crowdsourcing* conducirán a proyectos más complejos –como diseñar productos o servicios completamente nuevos–, y atraerán la atención de los equipos así como de las personas emprendedoras.

Plataformas: establecer normas y compartir datos

El mercado electrónico eBay es un buen ejemplo de plataforma abierta. Al establecer las normas de cómo se mencionan los artículos y cómo se manejan las transacciones,

---

19. El término "tareas especiales" se aplica a un método inescrupuloso de conseguir un trabajo completo en forma gratuita, bajo la apariencia de una competición. Por lo general, el diseñador cede todos los derechos para el trabajo. Un grupo llamado "¡No a las tareas especiales!" ha abogado por poner fin a estas prácticas. Véase http://www.no-spec. com/. La autora cree que los sitios como Crowdspring.com y 99designs. com sirven a los intereses de los diseñadores al establecer la relación y la propiedad de los diseños al principio del contrato.

la compañía ha permitido a millones de vendedores individuales hacer transacciones en línea. El objetivo que persiguen las plataformas abiertas es crear normas, protocolos y reglas, que rigen cómo deben interactuar mutuamente las organizaciones y las personas[20]. Hay dos tipos principales de plataformas abiertas: (1) arquitecturas abiertas que estructuran y definen las reglas e interacciones, y (2) acceso abierto a los datos, que hace la información accesible para que otras entidades puedan usarla libremente. En el mundo de la tecnología, a menudo estos dos tipos de plataformas abiertas dominan las discusiones acerca de la "apertura", generando largos debates sobre el grado de apertura de una compañía en comparación con otra. A continuación, daré algunos ejemplos de cada tipo de plataforma abierta y luego explicaré cómo cambian las relaciones empresariales.

Arquitectura abierta. Este tipo de apertura consiste en una serie de normas que establecen de qué modo las organizaciones pueden operar mutuamente y, en muchos casos, se basan en la plataforma, sin tener que crear acuerdos detallados con cada socio. Un ejemplo son las capacidades de los "plug-ins" de Firefox, que permiten a cualquier programador ampliar la funcionalidad del navegador. Las especificaciones para hacer esto claramente han sido establecidas por Firefox.

Del mismo modo, las compañías comerciales como Facebook y Apple permiten a los programadores crear aplicaciones que manejan sus respectivos sitios y teléfonos. ¿Cuál es la lógica? Facebook y Apple han limitado los recursos del programador, y posiblemente no podrían

---

20. Un excelente panorama de la apertura en la tecnología aparece en el Capítulo 17 del libro *Designing Social Interfaces*, de Crumlish y Malone.

crear tantas características como los usuarios desearían. Al abrir sus plataformas a los operadores externos, han transformado la experiencia del cliente y la relación con los que no son empleados. Pero en el proceso han ganado mucho más. Han creado una experiencia del usuario más atractiva, asegurando de ese modo la lealtad de esos usuarios y de los programadores. Hoy, iPhone ha lanzado su tienda de aplicaciones, y el medio millón de aplicaciones de Facebook es una barrera de entrada significativa para los competidores.

Algunos se quejan de que las plataformas de iPhone y Facebook no son verdaderamente "abiertas", porque no se ajustan a las especificaciones y normas de la industria. Otros aducen que esas plataformas son patentadas, y exigen una moderación de sus reglas. En eso reside la contradicción. Para que la plataforma funcione y sea adoptada, debe tener reglas claras que definan su apertura[21].

Acceso abierto a los datos. Dentro de cada compañía existe un rico almacén de datos, que podría ser de interés y beneficio para los clientes y socios. Algunas compañías tienen lo que se ha llamado "interfaces de programación de aplicaciones" (API, según sus siglas en inglés), que definen cómo se pueden solicitar los datos de ese almacén. Un programa informático puede precisar datos de otro programa o base de datos. Por ejemplo, Google Maps

---

21. Por ejemplo, la plataforma de Facebook se ha extendido a miles de otros sitios, a través de un programa llamado "Facebook Connect", porque fue capaz de establecer clara y rápidamente sus propias normas. Por el contrario, su rival OpenSocial todavía no ha tenido repercusión, principalmente porque debe llegar a un acuerdo con socios como Google, Yahoo!, Microsoft y MySpace. Más información sobre OpenSocial está disponible en: opensocial.org.

tiene una interfaz API que permite que sus mapas sean integrados en otros sitios: uno de los primeros ejemplos de esto es una "mezcla" de aplicaciones de diferentes fuentes en www.housingmaps.com, que usa las listas de viviendas de Craigslist.org y las añade a Google Maps, de tal modo que pueden ser buscadas y navegadas dentro de una interfaz del mapa.

Muchas organizaciones han llegado a usar las API para conocer nuevos socios y oportunidades. He aquí algunos ejemplos:

- *Twitter.* Esta tecnología social tiene interfaces API muy abiertas, que permiten que todo su servicio y experiencia sean ofrecidos en un entorno completamente diferente. Esto significa que la gente puede experimentar con Twitter fuera de su sitio, en los teléfonos móviles o en el *software* de escritorio de terceras partes, como TweetDeck, Twirl o Seesmic. Con esta amplia dispersión de usuarios, Twitter se beneficia de las interfaces adaptadas y personalizadas del usuario final, pero potencialmente podría perder la oportunidad de beneficiarse directamente de los usuarios fuera de su sitio.

- *Best Buy.* El catálogo completo de productos de Best Buy es accesible, incluye el precio, la disponibilidad, las especificaciones, las descripciones y las imágenes de casi un millón de productos actuales e históricos. El reto para sus promotores es "desarrollar un Best Buy superior" para sus audiencias específicas. Por ejemplo, CamelBuy.com advierte sobre la caída de precios, y ofrece gráficos de la historia de precios de los productos de Best Buy, mientras Milo.com informa sobre la disponibilidad local del producto a través de múltiples minoristas. La interfaz de programación de actividades (API) también tuvo un beneficio involuntario cuando un empleado en Florida decidió desarrollar una mejor herramienta de recomendación para el cine en casa (*home theater*) mediante el uso de las API. Él no tuvo que esperar la aprobación, pedir permiso o aguardar a que se lanzara un proyecto oficial. Con el acceso a los datos y algún conocimiento básico de programación, el empleado fue capaz de desarrollar una mejor experiencia de la que podría haber producido cualquier departamento de marketing empresarial.

- *Periódicos.* Las publicaciones como *The New York Times* y *The Guardian*, un periódico editado en el Reino Unido, ponen a disposición de todas las personas su contenido y sus bases de datos patentados. *The New York Times* permite el acceso a su base de datos sobre las votaciones nominales en el Congreso de los Estados Unidos, así como a todo el contenido a partir del *Times* de 1981. *The Guardian* incluye datos como las respuestas de 5.000 ciudadanos británicos sobre cómo se debería reformar el gobierno; los sueldos de todos los ejecutivos de las 1.000 compañías que figuran en el índice de cotización del *Financial Times* (FTSE); y una base de datos de las 23.574 armas nucleares del mundo y dónde están localizadas. ¿Cuál es el objetivo? Permitir que otras personas accedan y analicen los datos para un uso periodístico posterior. Pero también hay un motivo comercial: *The Guardian* mostrará sus anuncios junto a cualquier dato que sea usado. De este modo cambia esencialmente el modelo comercial, para ofrecer el contenido y los anuncios donde están las personas, en lugar de enviarlas al sitio web del periódico.

Ahora démonos un respiro, y dejemos a un lado la información abierta compartida, para conversar sobre los cuatro elementos finales de la apertura, que se encuentran dentro de la amplia categoría de la adopción de decisiones (véase otra vez la Tabla 2.1). Cabe destacar que estas dos áreas se interrelacionan.

La información abierta compartida está vitalmente conectada con la adopción de decisiones, pero no van necesariamente asidas de la mano. Por ejemplo, recordemos en qué medida la Marina de los Estados Unidos es abierta con su información, pero hasta qué punto está centralizada en su proceso de adopción de decisiones. Sin embargo, aquí hay un punto crítico: los procesos más abiertos de adopción de decisiones en general también requieren compartir de un modo más abierto la información. Si usted va a involucrar a más personas en el proceso, ellas deben tener información correcta sobre la cual basar sus decisiones.

Adopción abierta de decisiones

Como la información compartida, la adopción abierta de decisiones varía significativamente, no solo entre las compañías, sino también dentro de ellas. Usted puede encontrar un tipo de adopción de decisiones en los niveles ejecutivos y otro a nivel de equipo. En las organizaciones actuales, hay cuatro clases de adopción de decisiones: centralizadas, democráticas, consensuadas y distribuidas. Mientras consideramos cada una y examinamos cómo ha surgido y cambiado debido a la apertura, tenga en cuenta que ningún tipo de adopción de decisiones es el mejor. Sin embargo, es necesario comprender que difieren en cuanto al grado de control, la cantidad de información compartida y las opciones de las personas involucradas en cada situación.

Decisiones centralizadas

Un reducido número de personas –por lo general, el CEO y quizá un pequeño equipo en torno a él– tienen el conocimiento y el juicio para tomar decisiones centralizadas. Esto no es necesariamente una microgestión (aunque podría serlo), sino que la idea general es que para ciertos tipos de decisiones, especialmente las muy estratégicas, la persona que está al mando no puede delegar en otras esa responsabilidad.

La ventaja de la adopción centralizada de decisiones es que puede ser rápida y concluyente, y también eficaz, si el líder es una persona de confianza para la organización. Sin embargo, a menudo esto conlleva el estigma de "mando y control", por el cual los empleados sienten que se les imponen órdenes y que tienen escasos recursos, excepto atenerse a las normas y obedecer.

Pero en un mundo donde el mercado se mueve a una velocidad sin precedentes, pocos líderes pueden permitirse actuar dentro de un círculo cerrado de información, o corren el riesgo de no tener un compromiso total con sus decisiones. El reto clave para tomar una decisión centralizada más abierta es no involucrar a más personas en la decisión real, pero compartir la información en ambas direcciones, de tal modo que aquellos que están en el poder tengan la información correcta sobre la cual basar sus decisiones y, además, el compromiso de compartirla con la organización.

Decisiones democráticas

En este tipo de adopción, el grupo tiene una serie limitada de opciones y se utilizan los votos para tomar la decisión. La creación y selección de las opciones podría ser un simple voto positivo o negativo. Por ejemplo, piense en cómo la mayoría de las compañías ratifican a los miembros de la junta directiva. Pero cada vez más la votación se usa para permitir a la gente elegir entre una serie de opciones igualmente viables –por ejemplo, el proveedor del servicio de cafetería de la compañía–. El resultado es que los empleados experimentan un mayor sentido de la propiedad en el proceso.

Esto también está llegando a ser predominante en las decisiones con los clientes. Por ejemplo, la firma Walkers en el Reino Unido organizó una campaña llamada "Proponga un sabor", a fin de reunir ideas para un nuevo sabor de patatas fritas. La compañía limitó las opciones a seis, producidas como un paquete de muestra, y le pidió a la gente que votara en línea por su favorita[22]. Más de un millón de personas eligió la opción ganadora, "Builder's Breakfast", que sabe a huevos, salchicha, tocino y alubias, y ahora es un sabor Walkers permanente. Desde luego, también hay concursos de talento en los programas de televisión, como *American Idol* o *Who's Got Talent?*, donde los televidentes votan por sus participantes favoritos.

---

22. El sitio web Do Us A Flavour ["Háganos un sabor"] es accesible en: http://www.walkers.co.uk/flavours/#/howitworks/.

Si bien es atractiva, la adopción democrática de decisiones no es apropiada en la mayoría de las situaciones. En primer lugar, el coste de adquirir las capacidades para comprometer a los votantes potenciales, incluso dentro de una organización, puede ser sustancial. En segundo lugar, este proceso no es apropiado para las decisiones complejas que tienen matices, y en tales circunstancias se corre el riesgo de que las decisiones sean percibidas como una aprobación automática y rutinaria. Finalmente, la votación es propensa al politiqueo y se basa en la popularidad más que en el mérito, como hemos visto a menudo en programas como *American Idol*. Estas modalidades pueden ser adecuadas para seleccionar al próximo artista de más éxito, pero no si usted está tratando de tomar decisiones estratégicas.

Decisiones consensuadas

En este modelo de adopción de decisiones, todas las personas involucradas y afectadas tienen que estar de acuerdo sobre lo que se va a decidir, lo cual resulta en un tremendo compromiso. Un lugar típico donde se toman este tipo de decisiones es el empleo: todos deben coincidir sobre la incorporación de una persona al equipo. Pero también es un modelo difícil de manejar, ya que requiere una enorme cantidad de tiempo y esfuerzo conseguir el consenso de todos.

W.L. Gore, el fundador de la firma textil Gore-Tex, representa uno de los pocos ejemplos de adopción consensuada de decisiones en el nivel empresarial, y es así por una buena razón: es realmente difícil ponerlo en práctica. Desde el principio, Gore no ha tenido empleados ni gerentes, sino solo asociados. La organización es extremadamente plana y las jerarquías se han suprimido. Las decisiones se toman porque las personas creen que necesitan hacerlo y están de acuerdo con ellas[23]. Si bien el proceso de adopción de decisiones puede ser caótico y lento, al final todos dan su conformidad. Con 8.600 asociados y 2.500 millones de dólares en ventas anuales, Gore es capaz de hacer esto porque su cultura lo ha respaldado desde el principio. Como cita Gary Hamel en su libro *The Future of Management,* un empleado de la firma lo resumió de la siguiente manera: "Nosotros nos expresamos con actos más que con palabras. Si usted convoca a una reunión y las personas acuden, usted es un líder"[24].

Otras compañías, como Whole Foods, Google y el Semco Bank de Brasil, han sido citadas como ejemplos de empresas que permiten a sus empleados la autogestión. El rasgo común de estas compañías es que son propiedad de sus líderes (como Ricardo Semler, del Semco Bank), o empezaron con estas culturas y filosofías desde el principio (como Whole Foods, Google y W.L. Gore). Pero esto también puede ocurrir cuando una pequeña compañía o equipo decide operar de un modo diferente. Scott Heiferman, el CEO de la firma de Internet MeetUp.com planificó una reorganización de su compañía de 40 personas. En realidad, debería ser llamada una "des-organización", porque Heiferman eliminó el organigrama de la empresa.

Desde febrero de 2008, todas las decisiones sobre las características que la compañía añadiría a MeetUp.com

---

23. El *Financial Times* ofrece una visión general de la estructura organizacional y la adopción de decisiones de W.L. Gore en: http://www.ft.com/cms/s/0/32fba7da-bfc9-11dd-9222-0000779fd18c.html.
24. Gary Hamel, *The Future of Management,* Harvard Business School Press, Cambridge, Massachusetts, 2007, pág. 88.

serían autodeterminadas: si alguien podía convencer a un ingeniero de invertir tiempo en un proyecto, este se llevaría a cabo. Un año y medio después del cambio, conversé con Heiferman, que me informó sobre las actualizaciones. "Esto está funcionando hasta el punto en que no podemos imaginarlo de otra manera. El equipo tiene la libertad de controlar su destino laboral. En las primeras seis semanas después de haber implementado el cambio, conseguimos hacer más de lo que habíamos hecho en los seis meses precedentes, y este tipo de productividad no ha terminado."

Heiferman admite que las cosas pasaron por un momento caótico, y que tuvo que redefinir su papel como líder. Él ya no es el principal estratega ni el que decide qué debería hacer el personal, sino que actúa como un constructor de la plataforma. Su función es asegurarse de que se usen los protocolos correctos, la infraestructura y el entorno apropiados, para que el personal pueda desarrollar nuevas funciones y hacer que ocurran cosas asombrosas en MeetUp.com.

La mayoría de las organizaciones no pueden permitirse desechar todo el organigrama, ni tienen la capacidad de hacerlo, pero pueden comprender los beneficios de los equipos autogestionados con una variante que yo llamo la *adopción distribuida de decisiones*.

Decisiones distribuidas

Este modelo es un híbrido de todos los precedentes, ya que desplaza las decisiones del centro, donde actualmente residen la información y el conocimiento para tomar decisiones, hacia abajo, generalmente más cerca del cliente. Una vez que se adoptan estas decisiones, el método real de adopción puede seguir siendo centralizado, pero el mero hecho de desplazarlas más abajo dentro de la organización significa que se logra el compromiso, que generalmente viene con la decisión consensuada. La adopción de decisiones dentro de los modelos distribuidos puede parecer confusa y caótica, pero sucede exactamente lo opuesto: se requiere una enorme cantidad de disciplina y planificación para conseguir que todos trabajen en la misma dirección.

El resultado final: la capacidad para distribuir las tareas complejas, así como la rapidez y la destreza. Consideraremos a Mozilla, el proveedor del navegador de fuente abierta Firefox, como ejemplo del modo en que puede operar la adopción distribuida de decisiones, y también examinaremos la transformación que Cisco está llevando a cabo.

Distribución de las tareas complejas. Mozilla es la organización proveedora del navegador Firefox, que ha sido creado como un proyecto de fuente abierta. Mozilla tiene 170 empleados, pero su papel no es desarrollar el navegador, sino coordinar a los miles de personas que ayudan a desarrollarlo y comercializarlo.

El *modus operandi* de la fuente abierta en Mozilla es que cualquiera tiene la libertad de contribuir con sugerencias. Habitualmente, los voluntarios presentan entre el 50 y 60% de todos los parches y trucos para Firefox. Eso significa que cualquiera (incluyéndonos usted y yo) puede proponer un cambio, comentar sobre una propuesta o, incluso, presentar una modificación para el código (si sabemos cómo hacerlo).

Pero en lo que respecta a la adopción de decisiones, Mozilla sigue un proceso predeterminado, que es abierto y se distribuye a cientos de personas. Como explica la empresa en su sitio web: "El código es amplio y complejo; la cantidad de decisiones diarias que se deben tomar es enorme. El proyecto avanzaría a paso lento, si un pequeño grupo de personas intentara tomar la mayoría de la decisiones con respecto a los aspectos particulares del código"[25]. Esto significa que la tarea real en Mozilla está dividida en aproximadamente un centenar de "módulos" conducidos por "propietarios del módulo", y que estos son los únicos que pueden autorizar cambios en el código. Muchos de estos "propietarios" no son empleados de Mozilla, y existe un proceso detallado y riguroso para elegir y reemplazar a los propietarios del módulo.

Esto significa que, si bien cualquiera puede hacer sugerencias, al final el caos se debe convertir en orden, con solo una persona autorizada a realizar los cambios. Mozilla actúa con una gran transparencia en los procesos de discusión y adopción de decisiones, a fin de asegurar que todos comprendan cómo se toman. Pero al final, solo una persona es la que decide.

En muchas compañías hay una estructura similar, con líderes en puestos superiores de la organización, cuya tarea es decidir. Pero muy a menudo sus decisiones deben ser aprobadas o justificadas en un nivel más alto de la cadena de mando. En Mozilla, es evidente que la decisión del líder del módulo es concluyente. Muchas organizaciones querrían hacer esto, pero carecen de la disciplina que ha demostrado Mozilla en la transferencia y distribución de la adopción real de decisiones dentro de la organización. A continuación, consideraremos de qué modo Cisco –una gran compañía establecida y jerarquizada– está tratando de incorporar esa disciplina.

---

25. Los detalles sobre cómo maneja Mozilla la adopción distribuida de decisiones y la propiedad del módulo están disponibles en: http://www.mozilla.org/hacking/module-ownership.html.

Organizarse para la rapidez. Ante todo, tenemos que comprender lo que el CEO de Cisco John Chambers está tratando de hacer. Después de las dificultades de la fusión tecnológica de 2001, Chambers estaba decidido a lograr que la compañía fuera más rápida y sensible a las demandas cambiantes del cliente y el mercado. Pero Cisco es una empresa de 40.000 millones de dólares, con 65.000 empleados dispersos en todo el mundo y una estructura jerárquica profundamente arraigada. Si bien Chambers es un líder carismático muy respetado por su liderazgo y su adopción de decisiones, ¿cómo conseguir su propósito?

En realidad, se clonó a sí mismo. O al menos su papel en la adopción de decisiones. Cisco veía que su negocio fundamental de las tecnologías relacionadas con las redes de información estaba llegando a ser maduro, de modo que la compañía necesitaba encontrar nuevas oportunidades de mercado para entrar y crecer. Con ese fin, Cisco creó consejos y juntas, y delegó la adopción de decisiones en niveles más bajos. Hoy solo nueve consejos dependen directamente del "comité operativo" superior, formado por altos ejecutivos, incluyendo al CEO Chambers. Por lo general, estos consejos son responsables de los 10.000 millones de dólares de ingreso, y cada uno tiene aproximadamente 16 ejecutivos. De los consejos dependen más de 50 juntas, cada una responsable de 1.000 millones de dólares en negocios, y de estas últimas dependen numerosos grupos de trabajo que respaldan las iniciativas.

En la época que estaba escribiendo este libro, había 750 ejecutivos involucrados en los consejos y juntas, cuando dos años antes solo eran un centenar. Esto significa que las decisiones estratégicas –las adquisiciones, el ingreso a nuevos mercados, la creación de productos– son tomadas por una enorme cantidad de personas. Por otra parte, estos consejos y juntas están casi siempre codirigidos por dos personas, generalmente una de ventas y otra de desarrollo del producto o ingeniería. Aparentemente, Chambers creó un modelo de organización completamente nuevo en el nivel superior de los departamentos funcionales de Cisco (en realidad, se duplicó la burocracia). El consenso requerido en el nivel de liderazgo también parece frustrar el propósito de una mayor rapidez y agilidad.

Pero la evidencia está en las cifras, y estas son impresionantes. En una entrevista conmigo, Chambers declaró que la compañía lo había logrado solamente en los primeros 45 días:

- Anunció cuatro adquisiciones, dos de ellas por un valor de más de 3.000 millones de dólares, y tres de las cuatro fuera de los Estados Unidos.

- Preparó y anunció ingresos trimestrales.

- Mantuvo una conferencia con el director ejecutivo de información (CIO) y una reunión con el socio del servicio.

- Condujo una oferta de financiación de la deuda por 5.000 millones de dólares.

- Anunció una asociación estratégica con EMC y VMware.

Además de esto, Chambers se reunió personalmente con 125 clientes en el mismo período, y no lo hizo en horas de trabajo inapropiadas, sino todo lo contrario. "Estoy trabajando menos que hace dos años", dijo Chambers con una sonrisa. De hecho, la cantidad de tiempo invertida por los ejecutivos superiores en las decisiones estratégicas es de 60 días por año, exactamente la misma que en 2007. Pero el número de prioridades entre empresas aumentó de dos en 2007 a treinta en 2009, quince veces más. La velocidad y la escala de las actividades de Cisco son impresionantes, pero para Chambers, así es como Cisco se debería manejar. Al respecto, expresó: "Este es el *modus operandi* normal en Cisco. Nómbreme cualquier otra organización en el mundo que pueda hacer esto".

¿Cuál es exactamente la fórmula secreta en Cisco? En primer lugar, ha convertido la adopción distribuida de decisiones en un proceso disciplinado y reproducible. En segundo lugar, Cisco utiliza la tecnología en colaboración como el "lubricante" que hace funcionar la adopción y ejecución de decisiones distribuidas. En los capítulos 6 y 10 explicaré con más detalle cómo Cisco realiza esto.

PLAN DE ACCIÓN: REALICE SU EXAMEN DE APERTURA

WEB

¡Vaya! Este ha sido un largo capítulo, y hemos abordado muchos temas y presentado una gran cantidad de información crítica. Ahora que hemos establecido las diferentes maneras de ser abierto, ha llegado el momento de llevar a cabo un examen para determinar hasta qué punto es abierta su organización. Use el siguiente diagrama para realizar este examen en línea en open-leadership.com.

El examen de apertura

Ante todo, califique en qué medida usted es abierto en cada uno de los seis diferentes elementos de la información compartida. Trate de pensar en ejemplos y casos internos, así como externos. Quizá también desee calificar el grado de apertura de sus competidores o de las compa-

ñías que usted admira. Tenga en cuenta que estas calificaciones no se deben usar como una escala absoluta, sino
como una herramienta de diagnóstico para saber dónde
es abierta su organización y dónde no lo es. La meta no
debería ser obtener una calificación más alta, sino comprender por qué usted es más o menos abierto en un área
que en otra.

En segundo lugar, examine de qué modo se toman
las diferentes decisiones en su organización, documente
cuándo y dónde ve que tiene lugar cada tipo de decisión,
quién está involucrado, qué información se comparte, y
si es efectiva o no. Usted puede descubrir que la adopción ineficaz de decisiones no ocurre por el tipo de proceso usado para tomarlas, sino porque la información o
las personas involucradas no son las apropiadas. En este
tipo de situaciones, antes de emprender un cambio significativo en los procesos de adopción de decisiones, usted
debería intentar ver si la apertura del personal o la información compartida pueden mejorar la eficacia.

La información compartida

Para cada declaración acerca de cada tipo de información compartida, califíquese en una escala de 1 a 5 (1 si
está "totalmente en desacuerdo" y 5 si está "totalmente de
acuerdo"). Es importante que proporcione ejemplos tanto
internos como externos.

Interpretación de su calificación: estas calificaciones no
se deben usar como una escala absoluta, sino como una
herramienta de diagnóstico para conocer dónde es abierta su organización y dónde no lo es. Y para comprender
si usted tiene el nivel apropiado de estructura, aliento y
conducta en cada área.

Explicar	Total _____
___ En mi organización se procura mantener la información confidencial dentro de la compañía, de modo que el personal se siente cómodo compartiendo este tipo de información.	Ejemplos:
___ El equipo ejecutivo dedica su tiempo a explicar a los empleados cómo se toman las decisiones.	
___ Los clientes y socios fuera de la organización comprenden cómo y por qué se toman las decisiones en la compañía.	
Actualizar	Total _____
___ La tecnología y los procesos, como las plataformas de la comunidad y las herramientas de colaboración, permiten compartir la información y colaborar.	Ejemplos:
___ Muchos ejecutivos y empleados usan a menudo las tecnologías sociales como los blogs, los videoblogs y el microblogging o las plataformas de colaboración para proporcionar actualizaciones.	
___ Las actualizaciones compartidas se consideran útiles, y no son percibidas como relaciones públicas o retórica.	
Conversar	Total _____
___ Los empleados y ejecutivos tienen libertad para escribir blogs y participar en los medios sociales, tanto interna como externamente, siempre que actúen con responsabilidad.	Ejemplos:
___ La organización se compromete a escuchar y conversar con los clientes y empleados, aun cuando esas conversaciones puedan ser de tono negativo.	
___ Hay herramientas comunitarias que permiten a los clientes y socios conversar entre sí y, además, los comprometen con la organización.	
Micrófono abierto	Total _____
___ Hay canales a través de los cuales los empleados y clientes pueden contribuir con ideas y contenido.	Ejemplos:
___ La organización alienta activamente a los empleados y clientes a contribuir con sus ideas y mejores prácticas.	
___ A menudo, los clientes y/o socios contribuyen con ideas y sugerencias que son adoptadas por la organización.	

Innovación social colaborativa ___ Existe una plataforma para que los grandes grupos de personas sean capaces de contribuir con ideas, innovaciones y soluciones de una manera organizada. ___ Hay un proceso proactivo para buscar y probar nuevas fuentes de ideas e innovación. ___ Las ideas originadas fuera de la organización se incorporan a menudo en los productos, servicios y procesos.	Total ____ Ejemplos:
Plataformas ___ La arquitectura y las plataformas de datos son definidas y abiertas para permitir un amplio acceso. ___ Las plataformas abiertas son consideradas como una ventaja estratégica y competitiva para la organización, y se invierte apropiadamente en ellas. ___ Muchos empleados, promotores y socios utilizan las plataformas abiertas para crear nuevos productos y experiencias para los clientes.	Total ____ Ejemplos:
Calificación total	Suma de los totales de todas las columnas

El proceso de adopción de decisiones

Las decisiones se toman a diario en su organización. Esto es parte del examen, que comprende algunas de las decisiones más comunes de cada organización. Para cada tipo de decisión, identifique el proceso de adopción que se utiliza, quién está involucrado, qué tipo de información compartida se usa para tomar la decisión y hasta qué punto es eficaz el proceso empleado.

A fin de mejorar la eficacia, quizá usted necesite cambiar el proceso de adopción de decisiones, para que sea más abierto, pero tal vez deba considerar quién está involucrado, o si el hecho de compartir mejor información también podría mejorar la eficacia.

Tipo de decisiones	Proceso de adopción de decisiones (centralizado, democrático, consensuado o distribuido)	¿Quién está involucrado?	¿Qué tipo de información compartida se usa para ayudar a tomar la decisión?	Grado de eficacia (en una escala de 1 a 5, con 1 = "muy ineficaz" y 5 = "muy eficaz")
Adquisición				
Asociaciones				
Creación o posicionamiento de la marca				
Desarrollo del producto				
Presupuesto				
Planificación del flujo de trabajo				
Contratación				
Otro				

Una vez completado su examen, téngalo a mano mientras lee el Capítulo 3. A continuación, consideraremos los diferentes objetivos que usted puede lograr con la apertura. Mientras lee, compare su examen de apertura con su estrategia: ¿usted es tan abierto como lo necesita para lograr sus objetivos?

Ahora sigamos adelante. Ha llegado el momento de considerar hasta qué punto usted desea y necesita ser abierto.

PARTE II

CÓMO ELABORAR SU ESTRATEGIA ABIERTA

CAPÍTULO 3

OBJETIVOS QUE DETERMINAN HASTA QUÉ PUNTO SERÁ ABIERTO SU LIDERAZGO

Ahora que ha comprendido los diferentes modos de apertura para usted y su organización, tiene que determinar en qué medida *necesita* ser abierto. Si completó el examen de apertura del final del Capítulo 2, debe tener una idea clara de dónde es abierto y dónde no lo es. En resumen: ¿usted es suficientemente abierto? Esta pregunta no se puede responder en el vacío, y a menudo las organizaciones se comprometen en una conversación semejante a esta:

- **Director ejecutivo de marketing (CMO):** "Necesitamos aproximarnos a nuestros clientes y ser más transparentes con ellos. ¿Por qué no empezamos un blog y abrimos una cuenta en Twitter?".

- **Vicepresidente del servicio al cliente:** "Eso no va a funcionar. Todo lo que conseguiremos son quejas de los clientes iracundos. No podemos tener éxito en ese tipo de situación".

- **Vicepresidente de desarrollo del producto:** "Pero necesitamos estar informados de lo que les gusta y lo que no les gusta a nuestros clientes, de lo contrario nunca crearemos productos mejores que los de nuestros competidores".

- **Director de ventas:** "Nuestros competidores serán capaces de explotar las áreas donde nuestros clientes están insatisfechos, y tratarán de arrebatarnos la venta".

- **CMO:** "Será mejor averiguarlo directamente. Deberíamos tener un lugar en nuestro sitio web, donde los clientes puedan evaluar nuestros productos, para saber cuáles son los defectos y corregirlos".

- **Consejero delegado (CEO):** "Pero el hecho de tener evaluaciones negativas en nuestro sitio web hará caer las ventas".

- **Vicepresidente de desarrollo del producto:** "Otras compañías lo están haciendo. Por ejemplo, Dell".

- **CEO:** "Nosotros no somos Dell".

¿Esto le resulta familiar? Usted no es el único. Muchas compañías están atrapadas en el equivalente estratégico de un nudo gordiano: no pueden encontrar el comienzo de un problema para poder resolverlo. El diálogo sigue dando vueltas en círculos porque todos tienen una razón apremiante para ser abiertos (o no), o para mantener el control (o no). En suma, se necesita una estructura y un proceso comunes, mediante los cuales se puedan tomar algunas decisiones claras acerca de la apertura.

Algo que a menudo se pasa por alto cuando los líderes intentan decidir hasta qué punto ser abiertos es una estrategia coherente, que yo defino como "objetivos orientados a la apertura". Con una estrategia abierta, la decisión cambia: ya no se plantea *si* usted debería ser abierto, sino en qué medida *necesita serlo,* para lograr sus objetivos estratégicos. En este capítulo consideraremos los cuatro objetivos clave que puede lograr una mayor apertura.

¿Qué está intentando lograr?

En mi trabajo con una amplia gama de compañías, comprobé una y otra vez que hay cuatro objetivos fundamentales integrados en casi todos los planes estratégicos de éxito. Los objetivos se aplican tanto a las situaciones internas como externas, a una audiencia principalmente formada por empleados, así como a una de clientes y socios. Estos objetivos son:

- **Aprender.** Ante todo, las organizaciones saben que tienen que aprender de los empleados, los clientes y los socios antes de poder hacer algo más. Como vimos en el Capítulo 1, las organizaciones y sus líderes deben estar constantemente abiertos al aprendizaje. Y usted necesita hacerlo, antes de perseguir cualquier otra meta; de lo contrario, corre el riesgo de actuar en el vacío.

- **Dialogar.** La comunicación, tanto interna como externa, transforma una relación, que pasa del envío de mensajes unilaterales a un diálogo entre iguales. Y en el proceso, los participantes en la conversación llegan a estar cada vez más comprometidos, hasta el punto que mantienen un diálogo sin tener que estar presentes.

97

- **Apoyar.** Las personas dentro y fuera de la organización necesitan ayuda en diferentes momentos, desde la preventa hasta la posventa.

- **Innovar.** La creatividad debe ser fomentada, tanto dentro como fuera de la organización.

Como se puede ver en la Figura 3.1, del primer objetivo (*aprender*) derivan todos los otros. Hagamos un examen más minucioso de los cuatro objetivos fundamentales de la apertura, empezando con *aprender*.

Aprender involucra a toda la organización

Consideremos este primer objetivo a través de la lente de la nueva relación que usted está tratando de formar con los empleados y los clientes capacitados. ¿Hasta qué punto usted los comprende? Es probable que no lo haga tan bien como debería. Tradicionalmente, el departamento de estudio de mercado usa herramientas como los grupos de enfoque y las encuestas, y el departamento de recursos humanos conduce encuestas de los empleados una vez por año. Pero la nueva cultura de compartir ha creado una herramienta adicional: una manera más oportuna de escuchar y, aún más importante, de abrirse a todas las personas en la organización que están dispuestas a aprender.

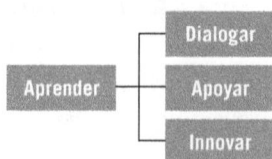

FIGURA 3.1. Cuatro objetivos orientados a la apertura, que apoyan la estrategia abierta.

Por ejemplo, las herramientas básicas de búsqueda de contenidos, como Google Blog Search o Twitter Search, facilitan el seguimiento cuando sus clientes están discutiendo sobre su organización[1]. Mediante un honorario, usted puede hacer el seguimiento en tiempo real del contenido social, a través de proveedores como BuzzMetrics, Cymfony, Radian6, Umbria o Visible Technologies[2]. Además, los nuevos productos de Microsoft, Oracle, Saleforce.com y una serie de nuevas empresas integrarán estas herramientas de seguimiento en su gestión de ventas o en las aplicaciones empresariales del servicio al cliente, lo cual significa que usted será capaz de saber si son sus propios clientes los que están escribiendo sobre usted[3].

Imagínese si usted pudiera dejar el aprendizaje en tiempo real en manos de cada uno de sus empleados. El servicio al cliente podría ser proactivo y abordar los problemas con más rapidez, casi del mismo modo que Comcast llega a las personas a través de Twitter. Un vendedor podría: (1) identificar lo que "Wildman369" comenta sobre el blog de un cliente en perspectiva, (2) incorporar el perfil de esa persona en LinkedIn, y (3) usar esa información como un punto de partida para la siguiente discusión. Al permitir a sus empleados oír y aprender directamente de los clientes, usted los capacita para usar esa información a fin de hacer mejor su trabajo.

---

1. Google Blog Search se encuentra en: blogsearch.google.com; en tanto que Twitter Search está en: search.twitter.com. Ambas herramientas son de uso gratuito.
2. Hay cientos de medios sociales y herramientas de seguimiento de la marca disponibles. Un informe con una lista exhaustiva se puede encontrar en open-leadership.com.
3. Looking Glass de Microsoft y Chatter de Saleforce son solo algunos ejemplos que se anunciaron cuando este libro estaba en imprenta.

Las comunidades complementan los grupos de enfoque

También se pueden obtener discernimientos de las comunidades, tanto privadas como públicas. Las comunidades privadas en línea –como las que congregan proveedores como Communispace, Networked Insights, Passenger y Umbria– reúnen a grupos que van de unos centenares a varios miles de personas, con el propósito de generar ideas e información. Pero estos miembros no solo responden a las encuestas en línea o participan en los foros de discusión, los gerentes de la comunidad también los comprometen a través del chat en línea, los alientan a narrar historias con herramientas de vídeo y les piden que sugieran ideas sobre nuevos productos.

Y esto no se limita solamente a los clientes y participantes externos. En un caso, Communispace manejó una comunidad virtual de 400 empleados para una importante compañía de servicios financieros, lo cual permitió a la institución comprometer a los trabajadores de múltiples lugares. Los ejecutivos de toda la compañía recibieron respuestas sobre iniciativas que iban desde cómo estructurar los beneficios para el empleado hasta de qué manera sería acogido el nuevo plan estratégico. Un aspecto clave del éxito de esta comunidad de empleados fue desarrollar confianza. Los empleados fueron informados por los ejecutivos participantes en la comunidad de que ellos necesitaban una respuesta honesta y directa. El resultado: discernimientos en tiempo real que ayudaron a los ejecutivos a tomar decisiones estratégicas cruciales.

Qué dificulta el aprendizaje abierto

Los beneficios de usar las tecnologías sociales para la investigación incluyen la velocidad (rapidez en tiempo real), la escala (muchos puntos de entrada, no solo 20 personas en un grupo de enfoque o 400 en una encuesta), costes más bajos (puede ser tan barato como hacer un seguimiento para obtener discernimientos), y distribuidos (las personas ajenas al estudio de mercado pueden acceder a él). ¿Qué podría ser mejor que un estudio de mercado rápido y relativamente económico?

Pero hay algunas dificultades de las que usted debería ser consciente. En primer lugar, el seguimiento a través de los medios sociales tiene una gran repercusión –muchos comentarios y declaraciones en los blogs, y especialmente actualizaciones de Twitter– que no es pertinente para lo que la compañía necesita saber. Sin embargo, las herramientas analíticas están facilitando la selección de las tendencias y las lecciones importantes.

En segundo lugar, los discernimientos que surgen de las comunidades privadas no son representativos, de modo que usted debe ser listo acerca de los datos. Por ejemplo, las respuestas de 800 personas que participan en un cuestionario en línea pueden ser mucho menos representativas del mercado que las de 400 elegidas para representar estadísticamente a un mercado. Porque las respuestas de las 800 personas que decidieron contestar el cuestionario suelen ser un poco (o en su mayor parte) tendenciosas.

Por último, la nueva naturaleza distribuida del aprendizaje representa una amenaza para un partícipe importante: el departamento de estudio de mercado. En realidad, estas nuevas técnicas no suplantan los métodos de investigación tradicionales, como los grupos de

LIDERAZGO ABIERTO

enfoque y las encuestas, sino que los *complementan*. Pero, más allá de la falta de familiaridad con estas herramientas, los departamentos de estudio de mercado temen perder su estatus como proveedores y guardianes del discernimiento del cliente y el empleado. Un ejecutivo puede dirigir fácilmente la discusión al sacar a colación el comentario de un cliente, con lo cual invalida semanas de meticuloso estudio de mercado. Para reafirmar su autoridad y competencia, los investigadores de mercado deberían aprovechar *más* las oportunidades de aprendizaje a través de toda la organización, y actuar como filtros de los discernimientos valiosos que aportan las personas.

Dialogar: hacer conversar a la gente

Hablemos con franqueza: ¡a nadie le gusta que le digan las cosas a gritos! Pero esto es lo que generalmente ocurre cuando es necesario enviar un mensaje, ya sea a los empleados o a los clientes. En el fondo, el marketing y las comunicaciones consisten en desarrollar relaciones, pero la clave es saber cómo hacerlo de un modo que sea pertinente y "auténtico" para alguien. Básicamente, las comunicaciones deben cambiar las relaciones que son transaccionales, impersonales y a corto plazo por las que son personales, estrechas y a más largo plazo. En esencia, estoy preguntando qué piensa usted acerca de humanizar el marketing y las comunicaciones, reemplazando la "voz" no específica de la compañía por una persona y una relación significativa.

Esto sucede porque hoy los clientes y empleados tienen más poder, y las organizaciones deben *ganarse* el derecho a tener una conversación, y solo en el momento apropiado. Sin una relación establecida, las mejores campañas de

102

marketing pasan desapercibidas, especialmente cuando las personas tratan de captar la verdadera señal en la confusa información de los medios actuales. Por lo tanto, como ocurre con una propuesta de matrimonio en una primera cita, con raras excepciones, el mensaje alarmantemente prematuro de "¡compre ahora!" será rechazado con desdén.

Echemos un vistazo a lo que está haciendo Kohl's. Cuando este libro estaba en la imprenta, el minorista con base en los Estados Unidos tenía casi un millón de seguidores en su página de Facebook. La principal página de destino tiene información sobre marcas y ventas, y el "muro" contiene las actualizaciones de Kohl's, como "Esto es una venta. ¡Es colosal! En realidad, ¡es más que colosal!". Pero echemos una mirada más de cerca en el muro de Facebook de esta empresa, y veremos que algo interesante está ocurriendo allí. En un solo día vimos que había 32 mensajes de seguidores. Y sobre la mitad de esos mensajes, Kohl's dio algún tipo de respuesta de la compañía[4]. He aquí un ejemplo de cómo puede ser ese diálogo:

Edie: Las buenas ventas continúan… Acabo de salir de allí…

Kohl's: ¿Qué consiguió? ¿Qué consiguió?

Edie: ¡Un suéter, unas calzas y una blusa para el cumpleaños de mi nieta!

Kohl's: ¡Usted es la mejor abuela del mundo! ¡Gracias por su mensaje, Edie!

Supongo que Edie no esperaba recibir una respuesta de la tienda cuando publicó su comentario, menos aún

---

4. El muro en Facebook de Kohl's está disponible en: http://www.facebook.com/kohls#/kohls?v=wall. Estas observaciones se hicieron el 14 de noviembre de 2009.

que la compañía conversara de este modo: ¡este no es el tipo de discurso empresarial al que estamos acostumbrados! Solo se requiere que alguien en Kohl's dedique unos minutos por día para contestar a una docena de personas, pero es este tipo de diálogo el que está cambiando la naturaleza de las relaciones.

Dadas las características de Facebook, el impacto de este diálogo no se limita solo a Edie. En primer lugar, cualquiera que visite el muro de Kohl's puede observar esta interacción, y comprobar que alguien en la compañía está personalmente interesado en él y en sus compras. Pero lo más importante, cincuenta amigos de Edie podrían ver lo que ella ha comentado sobre la página de seguidores. De hecho, los 32 mensajes en ese único día incluían a 4.109 personas en sus redes de amistades. Si ellas quisieran saber qué estaban haciendo sus amigos en la página de seguidores de Kohl's, solo están a un "clic" de distancia de averiguarlo. (¡Edie esperaba que su nieta no lo hiciera para no estropear la sorpresa del cumpleaños!)

Aún más importante, la gente está empezando a conversar acerca de Kohl's. Cuando una persona formula una pregunta, otras aportan su opinión y a veces responden antes de que la empresa lo haga. Algunas veces, cuando el diálogo trasciende los límites de la simple conversación, la noticia circula entre la gente como un marketing viral que cobra vida propia, sin que la compañía deba realizar un gran esfuerzo.

Comprender la nueva naturaleza del compromiso

Muchas organizaciones tienen un objetivo estratégico para comprometerse en un nuevo mercado con la meta explícita de vender más productos y servicios. Pero un enfoque simplista de las ventas oscurece la necesidad de desarrollar una relación que promueva no solo la venta a corto plazo, sino también la relación leal a largo plazo. Muchas compañías se preocupan por lo que significa comprometerse verdaderamente con millones de personas en un diálogo. ¿Qué implica esto? ¿Cómo lo prioriza? ¿Qué *dice* usted?

El compromiso es una entidad multilateral que cambia de forma, según quiénes estén involucrados. Una manera de pensar en cómo abordar el compromiso es agrupar y priorizar sus tipos en lo que yo llamo la "pirámide del compromiso" (véase la Figura 3.2). La pirámide muestra de qué modo las personas –los empleados y los clientes– se comprometen con su compañía, su marca, su producto, o incluso un tema amplio. La pirámide está formada por cinco niveles, donde cada uno representa un grado más alto de compromiso. Esto es similar a otros métodos de segmentación de la audiencia, como la teoría de la participación desigual "90-9-1", que establece que el 90% de los visitantes de un sitio son mirones, el 9% participa ocasionalmente y solo el 1% está verdadera y profundamente comprometido[5]. La figura muestra que la conducta de compromiso empieza mucho más abajo en la pirámide, y destaca las maneras de comprometerse en cada nivel.

En cada estrato de la pirámide, hay actividades y conductas específicas asociadas con el compromiso, que usted puede observar con facilidad. Consideremos el tema de unas "vacaciones en Hawai" y veamos de qué modo

---

5. Para obtener más información sobre la teoría de la desigualdad en la participación, véase: http://www.useit.com/alertbox/participation_inequality.html. Jake McKee también abordó este tema en su sitio www.90-9-1.com.

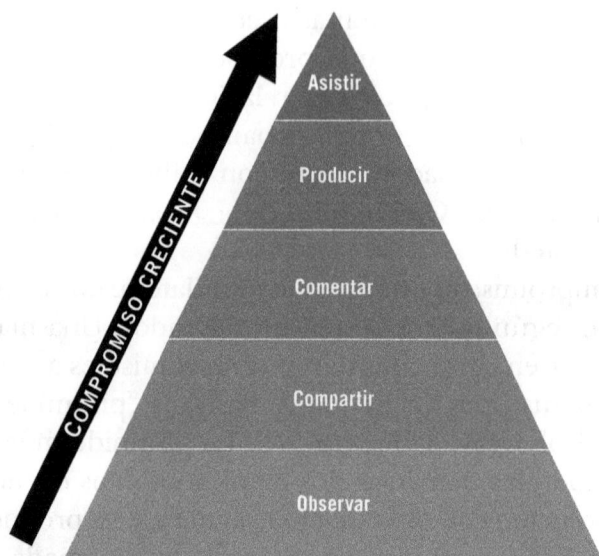

FIGURA 3.2. La pirámide del compromiso

surge el compromiso en cada nivel. Veamos cómo un hotel ficticio, "Happy Days Resort", podría abordar el compromiso y el diálogo en cada parte de la pirámide.

- **Observar.** En el nivel más bajo del compromiso, las personas leen pasivamente los blogs, escuchan un podcast o ven el contenido de un vídeo acerca de las vacaciones en Hawai. También pueden visitar muchos sitios web, como el sitio turístico oficial GoHawaii.com para obtener información general sobre la isla, TripAdvisor para leer las revistas del centro turístico, o el sitio web de dicho centro para ver las imágenes. Además, pueden hacer una reserva, pero allí hay una interacción mínima con el centro, fuera de la transacción en sí misma. Su meta es llevar a cabo la tarea, y generalmente la información que encuentran es suficiente y no tienen necesidad o deseos de un mayor compromiso. Lo más destacable acerca de este grupo es que, hasta que el observador interactúa directamente con el centro turístico, Happy Days no asume que una persona está interesada en unas vacaciones en Hawai. Como resultado, hay poco compromiso con un observador.

- **Compartir.** En el siguiente nivel de compromiso, observar se convierte en compartir. Un estudio reciente de ShareThis reveló que compartir puede representar entre 5 y 10% del tráfico general de un sitio web, y genera hasta el 50% más de páginas visitadas que la búsqueda[6]. Por ejemplo, una persona puede estar en el proceso de decidir en qué centro turístico alojarse, actualizar una cuenta Twitter con "buscar dónde hospedarse en Hawai". Un amigo que también está planeando unas vacaciones ve la actualización y sigue el hipervínculo. Esto también es una oportunidad para el centro turístico de comprometerse con el partícipe original. Esta interacción no tiene que ser compleja o "semejante a una venta". Imagine lo que usted diría si oyera a dos mujeres conversar mientras esperan en una fila del supermercado. Una pregunta como: "¿Qué buscas en un hotel? Quizá pueda ayudarte", sería un buen inicio de la conversación.

- **Comentar.** Después de una visita a Happy Days Resort, un veraneante puede hacer un comentario

---

6. El informe Share This fue resultado de un estudio encargado por Forrester Research Inc., "The Ins And Outs Of Online Sharing: How And When Consumers Share Content", 7 de julio de 2008.

en un foro de discusión como el de TripAdvisor, u opinar acerca de la visita en el propio blog del centro turístico. Esta persona solo está añadiendo su comentario a las muchas opiniones emitidas acerca de Happy Days, pero ahora su nivel de compromiso es más alto porque está compartiendo activamente su opinión, y lo hace en el contexto de una conversación existente acerca del centro turístico. De acuerdo con la naturaleza del comentario, el centro turístico podría agradecer al autor por su mensaje entusiasta o pedir más detalles de por qué las vacaciones no respondieron a sus expectativas.

- **Producir.** Si usted alguna vez ha escrito un blog, creado una serie de archivos de audio digital o mantenido un canal en YouTube, sabe la cantidad de esfuerzo que implica atraer y comprometer a una audiencia. Producir difiere de comentar en que implica crear y elaborar un contenido para una audiencia específica *a través del tiempo*, en lugar de comprometerse en forma intermitente. Happy Days Resort puede ser el productor de un blog, pero el centro también necesita comprometer a los blogueros prominentes en un diálogo donde ellos escriban acerca de las vacaciones en Hawai.

- **Asistir.** Como individuos, las personas que se comprometen en la asistencia se distinguen porque llegan a estar personalmente comprometidas en una comunidad. Pasan incontables horas como moderadores de los foros de discusión o editores de wikis*, y no solo ayudan a asegurar que el con-

---

* Páginas web editadas por múltiples autores o usuarios. (N. del T.)

tenido esté bien organizado para los usuarios del sitio, sino que también procuran que las personas participen en la comunidad. En algunos casos, podría ser un empleado remunerado, que maneja un foro de discusión sobre el sitio web de la compañía, en otros, un voluntario bien informado, que simplemente disfruta ayudando a la gente. Para Happy Days, tener una relación con el asistente de un foro comunitario de viajes puede ser útil, si más tarde surgen problemas.

La mejor parte de la pirámide de compromiso es que resulta muy fácil identificar, observar y estimar estas conductas. No hay una definición establecida de dónde residen las conductas o tecnologías, y esto es apropiado, porque la tecnología asociada con estos niveles de compromiso cambia constantemente. Más importante es identificar la actitud que acompaña al compromiso en cada nivel, y comprometerse con estas personas en la forma apropiada.

A continuación, se ofrece un cuadro general de cómo actúan las personas en cada nivel de la pirámide de compromiso, dentro de los Estados Unidos, el Reino Unido, Corea del Sur y Brasil (véase la Tabla 3.1)[7]. Los datos de 16 países y los detalles de las actividades incluidas en cada categoría están disponibles en open-leadership.com.

---

7. Basado en las actividades del mes precedente, de Trendstream.net. Más información acerca de los datos de la encuesta y de los 16 países está disponible en: open-leadership.com.

TABLA 3.1. Niveles de compromiso en los Estados Unidos, Reino Unido, Corea del Sur y Brasil

	Porcentaje de personas en línea			
	EE.UU.	**Reino Unido**	**Corea del Sur**	**Brasil**
Asistente	<1%	<1%	<1%	<1%
Productor	24%	19%	53%	47%
Comentarista	36%	32%	74%	53%
Partícipe	61%	58%	63%	76%
Observador	80%	77%	91%	90%

Fuente: TrendStream Global Web Index Wave 1, julio de 2009, trendstream.net.

Cómo usar la pirámide de compromiso

Hay que tener en cuenta tres cosas acerca de la pirámide de compromiso. En primer lugar, las personas se comprometen con su compañía y su marca, lo desee usted o no. Y lo hacen a través de Internet. De hecho, es probable que *no* realicen estas actividades específicamente en *su* sitio web. Para comprometerse con ellas, usted tendrá que ir a donde ellas se encuentran, en espacios en los que usted no tiene un control directo.

En segundo lugar, usted puede dialogar directamente con las personas, y debería hacerlo. A menudo, los ejecutivos impacientes me preguntan "¿qué voy a decir?". Y quizá usted sienta esa misma inquietud, como cuando entra en una sala de reuniones donde no conoce a nadie. Quizá también le preocupe no parecer "empresarial" y "auténtico". Pero si usted ha logrado el primer objetivo de aprender bien, tendrá una idea precisa de los temas que las personas desean discutir. Además, al comprender dónde se encuentran en la pirámide de compromiso, también sabrá cómo empezar la conversación: usted no abordará al asistente de un foro de discusión de una tercera parte, como TripAdvisor, del mismo modo que lo haría con alguien que acaba de hacer un comentario negativo.

Por último, no se concentre demasiado en las personas con los más altos niveles de compromiso de la pirámide. Si bien ese grupo es importante, sus esfuerzos deberían empezar en la base de la pirámide. Procure tener una base firme para el compromiso, sobre la cual desarrollar sus otros esfuerzos de diálogo. Concéntrese en cómo puede conseguir que las personas dejen de ser observadoras pasivas para convertirse en partícipes, quizá añadiendo una serie de botones "Comparta esto" al contenido de su sitio web, de modo que los visitantes puedan transmitirlo en Facebook o Twitter. Aun cuando todo lo que usted consiga sea permitirles compartir el contenido en un correo electrónico enviado a alguien que conocen, usted está aprovechando la cultura de compartir que ahora impera en la web.

Abrirse al diálogo: todos son vendedores

Ahora que usted tiene cierta comprensión de cómo puede tener un diálogo más abierto con las personas que están comprometidas con su compañía, la cuestión es *quién* asumirá esa responsabilidad.

En el Capítulo 6 se abordará con más detalle el caso de Southwest Airlines, pero ahora echemos un rápido vistazo al método adoptado por esta organización para manejar el diálogo. En su blog, hay una amplia diversidad de opiniones en nombre de la compañía, que van desde los pilotos y los representantes del servicio al cliente hasta los mecánicos e incluso los clientes. Las personas, que no tienen nada que ver con el marketing y las comunicaciones, hablan en nombre de la compañía.

Por ejemplo, consideremos a Bill Owen, el jefe del departamento de planificación de vuelos, que ayuda a decidir adónde volarán los aviones de Southwest. Para dar una idea de las comunicaciones escritas por Owen, he aquí cómo empezaba su mensaje del 13 de octubre de 2009: "Hoy comenzamos a aceptar las reservas desde el 14 de marzo hasta el 7 de mayo de 2010. ¡Ha llegado el momento de las vacaciones de primavera! ¡La Semana Santa! ¡La Pascua de los hebreos! El momento para planear un viaje y reservar algo. ¡Vayamos a alguna parte!"[8]. Esto, sin duda alguna, no se lee como un comunicado de prensa. Owen es uno de los blogueros más populares de Southwest, y habitualmente escribe decenas de comentarios en su blog. También responde de manera directa a los comentarios, las preguntas y solicitudes. Un diálogo típico es como este:

> **Alex:** ¡Una vez más, Bill, usted me asombra con todos estos nuevos servicios adicionales! El Aeropuerto Internacional de Denver es extraordinario para SWA, y en Denver estamos creciendo rápidamente. Me entusiasma ver los nuevos destinos fuera de Denver, ¡y los vuelos diarios siguen aumentando!
>
> **Bill Owen:** ¡Alex, bienvenido sea! Nunca vi nada parecido a nuestro crecimiento en Denver. Ni siquiera el Aeropuerto Internacional de Los Angeles durante la "guerra de los vuelos cortos" creció tan rápido. Y creo que la diferencia está dentro de la Terminal C. ¡Esto es asombroso!

---

8. El blog de Bill Owen, el empleado de Southwest Airlines, está disponible en: http://www.blogsouthwest.com/blog/march-schedule-now-bookableso-go-somewhere.

¿Por qué Southwest Airlines está tan segura de dejar hablar a Owen y otros en nombre de la compañía? En 2004, Southwest permitió a un equipo de filmación grabar un vídeo documental que mostraba a las tripulaciones y los empleados a través de un turno de ocho horas. El vídeo mostraba lo bueno, lo malo y lo feo. Southwest no tenía un control editorial sobre los programas que eran finalmente transmitidos por la cadena A&E, aunque la aerolínea podía pedir una explicación a los productores del programa y añadir una aclaración acerca de los procedimientos, si algo no estaba claro. ¿Qué significó todo esto para Southwest? Brian Luck, el gerente de relaciones en línea y proyectos especiales, dijo que todos los martes por la mañana, después de la emisión de un episodio del programa, Southwest veía un aumento repentino en las solicitudes de empleo y en las reservas. Por lo tanto, cuando Southwest empezó a escribir blogs, los consideró como una continuación natural del diálogo que ya había empezado con sus clientes y empleados.

Entonces, ¿a quién van a escuchar sus clientes y empleados? ¿A usted, a su marca y su compañía monolítica? ¿O es más probable que presten atención a las personas como ellos, con quienes pueden comprometerse en un diálogo que conduce a una relación significativa? El marketing y las comunicaciones se están transformando: ya no consisten en crear y emitir mensajes, sino en la expresión directa de las inquietudes del cliente y el empleado, y en la esperanza amplificada a través de estos nuevos diálogos y relaciones.

El apoyo llega a ser proactivo e integrado

Ahora consideremos el tercer objetivo, ofrecer ayuda y *apoyar* estas nuevas relaciones. El apoyo se considera a menudo como el "apoyo al cliente", una actividad posventa. Pero yo también lo considero como un soporte a las ventas, así como a las necesidades de los empleados. En primer lugar, veamos por qué el apoyo al cliente está llegando a ser más abierto.

La cadena de hoteles Ritz-Carlton es un sinónimo de lujo: usted imagina vestíbulos y salones decorados con elegancia y, desde luego, un servicio impecable. Esto era exactamente lo que esperaba una pareja cuando reservó una habitación en el Ritz para su noche de bodas. Dado que tenían un presupuesto limitado, ellos reservaron una habitación estándar, en lugar de una suite de luna de miel, y, si bien era un cuarto muy bonito, ¡las ventanas daban sobre el parking! La novia, decepcionada, hizo lo que era de esperar: ¡presentó una queja!

Pero el gerente del hotel era diestro en la tecnología social y fue alertado acerca del problema, casi de inmediato, gracias a las herramientas de seguimiento. Acudió a la habitación, se disculpó por la frustración de sus expectativas ¡y los alojó en la Suite Presidencial! El coste para el hotel fue mínimo. Bruce Himelstein, el vicepresidente de ventas y marketing del Ritz-Carlton, compartió esto conmigo: "Con los medios sociales, podemos ser alertados acerca de un problema mientras el huésped está en las dependencias; cuando todavía podemos hacer algo al respecto". Para el Ritz-Carlton, hacer el seguimiento preventivo de los problemas relacionados con el hotel es una responsabilidad de los empleados del servicio al cliente, que son los más capacitados para responder con velocidad. Esto demuestra la apertura, no solo del proceso de servicio al cliente, sino también del responsable del seguimiento y la adopción de decisiones.

Apoyo integrado

iRobot es una firma de 300 millones de dólares, que fabrica y vende robots de limpieza, más conocidos por la aspiradora Roomba. Desde el principio, los clientes participaron en una comunidad que discutía los productos, y ofrecía consejos y sugerencias. Maryellen Abreu, la directora de apoyo técnico global de la compañía, estima que el 90% de las preguntas en el foro de la comunidad son respondidas por la misma comunidad, y solo el 10%, por los empleados de iRobot. "Ahora tenemos más de tres millones de unidades en el área, y mi presupuesto de servicio al cliente se ha mantenido estable año tras año, a pesar de los aumentos en el número de unidades". Los supervisores intervienen en la conversación cuando un cliente discute cosas como la posibilidad de llevar una unidad a algún servicio de reparación, lo cual invalidaría la garantía.

Por otra parte, iRobot integra su comunidad y foros de discusión (alojados en Lithium Technologies) en su sistema de apoyo al cliente (manejado por RightNow Technologies). Cuando el foro de la comunidad formula una pregunta sin respuesta al centro de apoyo de iRobot, el representante del servicio puede ver la información acerca de la participación del cliente en la comunidad virtual Lithium, como qué preguntas han sido formuladas y cuáles han sido respondidas.

El apoyo también tiene lugar al principio de una relación, cuando un posible cliente todavía no ha tomado la decisión de compra. Por ejemplo, la compañía tecnológica SAP ha lanzado el portal de negocios EcoHub, un lugar donde SAP tiene todas sus soluciones disponibles y, además, permite a los socios en su ecosistema –como los integradores del sistema o los socios tecnológicos o de software– proporcionar soluciones o información adicional por su cuenta[9]. El portal EcoHub de SAP incorpora herramientas como calificaciones y evaluaciones de las personas que han usado un producto particular, así como temas de discusión pertinentes y un blog de la comunidad de usuarios comerciales. Los perfiles y los datos de contacto de estos contribuyentes también están disponibles, para que los clientes potenciales puedan comunicarse directamente con ellos y obtener más información y consejos.

SAP ha abierto formalmente su proceso de apoyo a las ventas para reflejar cómo se toman realmente las decisiones de compra, lo que ocurre por lo general en el contexto del ecosistema más amplio de los clientes y socios. Con el portal EcoHub, SAP ha integrado a un grupo más amplio de personas y actores que influyen en la decisión de compra, reuniéndolos a todos. El resultado: los clientes en perspectiva descubren más rápidamente las soluciones y SAP o los vendedores asociados consiguen nuevos clientes. SAP no tuvo que crear una nueva comunidad de apoyo a las ventas: solo necesitó integrar el foro de apoyo existente al proceso de ventas, donde la práctica sería fácilmente accesible.

Considere su propia organización y vea si el apoyo abierto e integrado podría mejorar un proceso crítico o afianzar las relaciones naturales que usted tiene.

Innovar: introducir la innovación social colaborativa en la organización

Como hemos visto con la innovación social en el Capítulo 2, las organizaciones están empezando a recurrir a sus

---

9. El portal de negocios EcoHub de SAP está disponible en: http://ecohub.
    sdn.sap.com.

clientes a fin de obtener ideas, y a aprovechar los mercados de innovación social como CrowdSPRING, uTest e InnoCentive, para el diseño, la experimentación y la formación de ideas, respectivamente[10]. Si bien esto ha sido impulsado en parte por la economía, los clientes y empleados también han contribuido a ello.

En febrero de 2007, la compañía Dell lanzó su sitio web IdeaStorm.com, que permite a los clientes presentar ideas y luego votar por ellas en un modelo semejante a Digg. com. A través de los votos, Dell estableció una lista priorizada de cuáles son las ideas que debe abordar de manera prioritaria. Uno de sus primeros éxitos fue el lanzamiento de un ordenador personal basado en el sistema operativo Linux, en solo 60 días (un período muy breve en comparación con los otros lanzamientos, que demoran de 12 a 18 meses). El éxito de IdeaStorm le permitió a Dell lanzar rápidamente Employee Storm en junio de 2007. Pero lo más importante fue que Employee Storm abrió la información y las decisiones que en el pasado nunca se discutían, con lo cual modificó de manera sustancial la naturaleza de la comunicación interna y la cultura de Dell.

Starbucks tiene un sistema similar a IdeaStorm de Dell (de hecho, se basa en la misma plataforma, Salesforce Ideas), llamado MyStarbucksIdea.com. Estoy fascinada por lo que hicieron en la parte final, para apoyar internamente el sitio. Para empezar, esta fue la primera incursión importante en los medios sociales, y ellos no querían tener solo un sitio simbólico; deseaban recibir sugerencias e

---

10. CrowdSPRING (crowdspring.com) proporciona servicios de diseño; uTest (www.utest.com) ofrece programas informáticos y servicios de prueba de utilidad, e InnoCentive (innocentive.com) resuelve problemas de innovación social colaborativa.

ideas que tuvieran repercusión dentro de Starbucks. Por consiguiente, la directora de estrategia digital, Alexandra Wheeler, identificó y garantizó la participación de cincuenta personas de la compañía, que supervisarían las sugerencias en sus áreas. Como resultado, el director de innovación de Starbucks Card supervisa directamente las ideas y discusiones en torno a los productos, y selecciona las más pertinentes para el equipo. Al extender la responsabilidad, Wheeler fue capaz de integrar la innovación externa en la organización, en forma rápida y profunda.

¿Pero cómo se puede alentar la innovación y las ideas en un entorno de trabajo donde las personas no están todo el día en el teclado? Este fue el problema fundamental que afrontó el Toronto General Hospital, donde los horarios del personal médico son prolongados, y existe un orden jerárquico y un gran poder de los grupos de interés, porque las apuestas –las vidas de las personas– son increíblemente altas. Si la retroalimentación no fuera la apropiada, podrían resultar afectados el desempeño y la cohesión del equipo, y con ello la atención del paciente.

Su solución: usar los servicios de la firma tecnológica Rypple para reunir la retroalimentación frecuente y anónima en una sola pregunta a la vez, como "¿qué podemos hacer para reducir los porcentajes de readmisión?". Al formular una pregunta cada semana, un equipo es capaz de obtener porcentajes de respuesta mucho más altos; sus miembros pueden compartir rápidamente las respuestas y proponer soluciones en forma conjunta. Los equipos múltiples solicitan respuestas cada semana, y publican los resultados en un tablero de anuncios en el hospital donde todos pueden ver las acciones y, lo más importante, los resultados de esas acciones. Dante Morra, el director del Centro de Innovación y médico del equipo en el Toronto General Hospital, observó: "El personal estaba muy preocupado por el orden jerárquico de la organización y por las dificultades de los diferentes miembros del equipo para hacer oír su voz. Este proceso abrió los canales de comunicación entre las diferentes jerarquías, y fue capaz de establecer un modelo donde podíamos generar un mejoramiento continuo del equipo".

¿Cómo se puede alentar la innovación en una organización que cree que las nuevas ideas deberían originarse, principalmente, dentro de la compañía? Durante una centuria, Procter & Gamble (P&G) adhirió al principio de "crecer adentro", por el cual las personas empezaban y terminaban sus carreras en la compañía. Y durante la mayor parte de la historia de la organización, esta ha sido una excelente estrategia, que aseguraba una cultura empresarial unificada y global. Pero cuando el entonces nuevo CEO A.G. Lafley inició su gestión en 2000, la compañía estaba perdiendo lenta pero inexorablemente su capacidad para innovar: solo el 15% de los nuevos productos tuvieron éxito[11]. Además, los minoristas que revendían sus productos con su propia marca, como Walmart, estaban desafiando la propuesta de valor de P&G.

La solución: buscar afuera nuevas ideas y descubrimientos. Lafley creó un nuevo programa llamado "Conectar + Desarrollar" (*conectarse* externamente para encontrar nuevas ideas y luego *desarrollarlas* internamente de un modo que solo P&G podía hacer). El objetivo era tener la mitad de los nuevos productos de P&G desarrollados de manera externa. Le pregunté a Jeff Weedman, vicepresidente de desarrollo global en P&G, si fue difícil modificar la aversión de la compañía a lo "no inventado

---

11. "P&G's New Innovation Model", HBS Working Knowledge, 20 de marzo de 2006. Disponible en: http://hbswk.hbs.edu/archive/5258.html.

aquí". Muy difícil. El liderazgo de P&G tenía que mostrar con el ejemplo que había una manera diferente de hacer una carrera dentro de la compañía y, para ello, formuló preguntas como: "¿Usted buscó afuera? ¿Dónde? ¿Ha pensado en las asociaciones?". Weedman dijo: "Teníamos que dejarlos experimentar por sí mismos y asegurarnos de que habíamos elegido líderes que habían mostrado alguna de estas nuevas conductas, porque esa era la única manera de demostrar al resto de la organización que este era un mejor modo de progresar y tener éxito en la compañía".

Una de las estrategias de P&G fue usar un nuevo sitio web, pgconnectdevelop.com, para destacar algunos de los requerimientos de investigación que la compañía necesitaba abordar y alentar las contribuciones. La meta: expandir los 9.000 científicos de P&G para llegar a una cantidad estimada de dos millones de investigadores que estarían trabajando en las cuestiones relacionadas pertinentes. Sin el sitio Connect + Develop, las necesidades de P&G nunca habrían atraído la atención de estos científicos. El impacto fue significativo: el 65% de los nuevos productos tuvieron éxito en el mercado, y el 35% de ellos habían surgido externamente a P&G. Y todo esto se logró mientras se reducían los costes generales de I+D. En el Capítulo 10 analizaremos con más detalle de qué modo P&G fue capaz de transformar la cultura de la compañía para ser más abierta al exterior.

Los objetivos y sus metas estratégicas

Ahora examinaremos los cuatro objetivos principales de la apertura: *aprender, dialogar, apoyar* e *innovar*. La pregunta que se aplica a todos estos objetivos es, una vez más, ¿hasta qué punto usted *necesita* ser abierto? Si uno de los objetivos es aprender, ¿usted puede aprender mejor si es capaz de ser más abierto? Si puede hacerlo, esta es una buena razón para ser más abierto. Pero usted tiene que considerar esto de acuerdo con su audiencia y sus necesidades y expectativas. ¿Ellos participarán con usted? ¿Hay riesgos en cada uno de esos objetivos? Siempre los hay, de modo que la pregunta crucial es: ¿cuál es la importancia de los riesgos? Todo lo que usted decida debería estar en el contexto de sus objetivos.

Yo suelo alentar a los líderes a integrar su estrategia de liderazgo abierto en las metas estratégicas generales de su organización. Al basar su estrategia abierta en un objetivo estratégico clave que todos ya han aceptado, usted también puede conseguir el respaldo ejecutivo, financiero y emocional necesario para hacer la difícil transición hacia una mayor apertura. Como vimos en el Capítulo 1, ser abierto es difícil, de modo que usted necesitará toda la ayuda que pueda conseguir.

Si, de acuerdo con sus objetivos estratégicos, no tiene sentido ser más abierto en un área determinada, entonces no lo haga. Como líder, le corresponde a usted concentrar su estrategia abierta en objetivos concretos. Si usted no tiene un objetivo concreto para ciertas actividades como tener un blog o abrir una cuenta en Twitter, entonces no las inicie. En ese caso, usted estará haciendo un esfuerzo en vano y, peor aún, podría reducir el entusiasmo para comprometerse abiertamente si estos primeros esfuerzos fracasan.

Tómese un minuto y vea qué puede hacer, si ser más abierto no se relaciona con el logro de sus objetivos estratégicos. Esencialmente, estoy hablando de las compañías que tienen éxito, a pesar de no ser abiertas. Consideremos una firma que es notablemente cerrada y, sin embargo, muy exitosa: Apple.

El factor Apple

Cuando hablo de los beneficios de ser más abierto, inevitablemente alguien cita a Apple como ejemplo de una compañía que es exitosa, a pesar de ser cerrada y ejercer el control. En realidad, Apple es bastante abierta en lo que respecta a la plataforma (consideremos la tienda iTunes y los iPhones Apps) y al apoyo proporcionado al cliente a través de sus Foros Apple. También tiene presencia en lugares como Facebook y más recientemente Twitter[12]. Pero no hay blogs oficiales, y el diálogo en Facebook y Twitter es, sin lugar a dudas, unilateral: de Apple al mundo.

Se podría aducir que, dados los objetivos estratégicos de Apple, la compañía no tiene una necesidad apremiante de ser abierta, al menos mientras siga desarrollando productos de primer orden. Consideremos el primer objetivo de aprender como un ejemplo. Una búsqueda reciente de Google sobre los "ordenadores Apple" produjo más de 66 millones de entradas. Y una búsqueda de las entradas de blog produjo casi doce millones. La gente ya está haciendo numerosos comentarios acerca de Apple y sus productos. Hay una cantidad enorme de diálogo disponible. Los expertos en estudios de mercado de Apple pueden aprovecharlo, refinarlo y enviar la información a aquellos lugares de la corporación donde más ayudará. Además, tienen un excelente acceso al estudio de mercado y a las

---

12. iTunes está en http://www.facebook.com/iTunes. También tiene cuentas de Twitter en: http://twitter.com/iTunesMusic; http://twitter.com/iTunesPodcasts; http://twitter.com/iTunesMovies, y http://twitter.com/iTunesTV. Los estudiantes de Apple también tienen presencia en Facebook en: http://www.facebook.com/applestudents.

herramientas para comprender las tendencias del mercado y sus usuarios. No necesitan ser más abiertos de lo que ya son para responder a este primer objetivo.

Del mismo modo, en el diálogo acerca de la marca y sus productos, ya hay una gran cantidad de intercambio sobre Apple, aunque la compañía no participa directamente en él. En realidad, muchas personas se refieren al hecho de que la compañía no dice nada acerca de sí misma, excepto bajo condiciones estrictamente controladas.

Para el apoyo, la organización cuenta con los foros Apple, donde los usuarios se ayudan mutuamente. La firma pocas veces participa, porque los usuarios pueden valerse por sí mismos. Por lo tanto, Apple es abierta en ciertos aspectos. Al permitir a otras personas ofrecer el apoyo al cliente, ellos no tienen que hacerlo, con lo cual reducen los costes, uno de los beneficios clave.

Por último, con respecto a la innovación, Apple tiene las mentes más creativas e innovadoras de la industria. En un mercado tan competitivo, exponer las ideas potenciales en un lugar como IdeaStorm.com no justificaría el beneficio de encontrar y priorizar las ideas.

Si usted lo piensa bien, Apple no necesita ser más abierta de lo que ya es. Y siempre que continúe su éxito con productos que complacen al cliente, probablemente no necesitará cambiar su *modus operandi*. Pero de vez en cuando se producen algunas grietas. El desafortunado lanzamiento de MobileMe lo demostró. Y a medida que Apple afronte la competencia más directa de rivales importantes como Google, probablemente se abra aún más para obtener el favor de los consumidores veleidosos.

Por lo tanto, tenga cuidado si en su organización hay un alto ejecutivo que dice: "Quiero ser como la gente de Apple. Si ellos pueden ser cerrados y tener éxito, entonces no necesito ser abierto". La relación causal es a la inversa.

Apple puede ser menos abierta porque tiene éxito. De modo que si su compañía tiene lo que yo denomino el "factor Apple" –una combinación de ingenieros y diseñadores brillantes, un CEO carismático y una marca que a todos les gusta– ¡entonces la apertura es innecesaria! Pero de acuerdo con mi experiencia, muy pocas compañías son tan exitosas como Apple para seguir siendo cerradas.

PLAN DE ACCIÓN: CREAR SU PROPIA ESTRATEGIA ABIERTA

Como hemos visto en este capítulo, es crucial relacionar su estrategia abierta con los objetivos estratégicos de la compañía. Aquí el plan de acción debe ser gradual, no solo para crear la estrategia, sino también para priorizar dónde y cómo ser abierto.

- *Identifique cuál es el objetivo estratégico que debe abordar primero.* Examine y evalúe los objetivos empresariales de su compañía con las siguientes preguntas: ¿cuáles están detrás?, ¿cuáles están teniendo dificultades para adquirir impulso? Donde quiera que la dificultad sea mayor, ese es el sitio clave para su primera iniciativa de apertura, porque la atención de los ejecutivos estará centrada en lograr ese objetivo. Al concentrarse y abordar una dificultad, usted desarrolla credibilidad y adquiere impulso para extenderla a otras áreas. Consideremos dos ejemplos de objetivos estratégicos para fundamentar esta discusión: entrar en un nuevo mercado y abordar la moral declinante de los empleados en momentos económicos difíciles.

- *Incorpore sistemas de aprendizaje para promover ese objetivo.* He descubierto que la mayoría de los objetivos estratégicos fracasan al principio debido a la falta de conocimiento e información: ¿qué piensa el nuevo mercado acerca de la categoría de un producto?; ¿qué están diciendo los empleados sobre la compañía? No importa lo que usted haga después, incorpore los sistemas de aprendizaje apropiados, para tener una mejor idea del contexto en el que estará operando. Este es un buen momento para usar las herramientas de seguimiento disponibles, a fin de empezar el proceso de aprendizaje.

- *Determine cuál es el objetivo orientado a la apertura que puede ayudarle más.* Determine cuáles de los otros objetivos (dialogar, apoyar o innovar) le ayudan más eficazmente a alcanzar el objetivo que usted persigue. Para la iniciativa de acceso al nuevo mercado, tendría sentido establecer un diálogo objetivo e identificar los compromisos clave usando la pirámide del compromiso. Para el objetivo de elevar la moral del empleado, quizá necesite tener algunos elementos del diálogo para empezar, pero debe transformarse rápidamente en un objetivo de apoyo, para que los ejecutivos y empleados puedan conectarse y apoyarse en forma mutua.

- *Estime la necesidad de ser abierto.* Esta es una fase crucial –lograr su objetivo orientado a la apertura y determinar en qué medida necesita ser abierto–. Esto a menudo es impulsado por factores externos, como su posición en el mercado o la disposición de la audiencia a comprometerse con usted. Por ejemplo, si está intentando entrar en un mercado cuyos miembros de la audiencia están muy comprometidos en un diálogo, o cuyos actores existentes se comprometen a menudo, por necesidad usted tendrá que ser más abierto si pretende adquirir algún impulso. Pero si su audiencia tiene una tendencia a permanecer en la base de la pirámide del compromiso, quizá necesite ser menos riguroso cuando trate de comprometerse con ella.

- *Estime su capacidad para ser abierto.* Este es el momento de usar el examen de apertura que usted realizó al final del Capítulo 2. Si su objetivo orientado a la apertura va a ser el diálogo, ¿está preparado para tener el diálogo que el mercado requiere? Considere los elementos aplicables de la apertura; por ejemplo, compartir la información conversacional. Si la calificación de su organización en esta área es baja, quizá tenga que tomar las medidas apropiadas para mejorar la capacidad de su compañía para ser abierta. ¿Su empresa tiene las políticas y estructuras apropiadas para apoyar la apertura?, ¿los ejecutivos necesitan ser más visiblemente favorables a una estrategia abierta?

Los próximos tres capítulos abordan precisamente este tema. Si usted ha determinado que hay una brecha entre la necesidad de ser abierto y su capacidad para la apertura, ¿cómo puede llegar a ser más abierto de lo que ya es? El primer paso es comprender los beneficios específicos de ser abierto, que es especialmente importante para hacer avanzar a una organización y a los líderes, que pueden estar bloqueados por la inercia de la precedencia. En el Capítulo 4 discutiremos los diferentes modos de estimar los beneficios de la apertura, así como una base para elaborar su plan de ejecución de la apertura en los capítulos 5 y 6.

CAPÍTULO 4

COMPRENSIÓN Y ESTIMACIÓN DE LOS BENEFICIOS DE SER ABIERTO

Ahora que tiene una idea clara de cuáles serán sus objetivos, es importante comprender el valor que tienen y hacer las estimaciones necesarias para asegurarse de que usted está encaminado a lograr esos beneficios. La importancia de estas medidas ha sido confirmada por las conversaciones que he tenido con ejecutivos superiores acerca de la apertura en el liderazgo o del valor de una organización abierta. Inevitablemente, ellos quieren saber cuál es el rendimiento sobre la inversión (ROI, según sus siglas en inglés). Pero este énfasis en el ROI es como preguntar cuál es el valor de una relación más profunda y estrecha. Si bien estoy de acuerdo en que el liderazgo debería examinar rigurosamente los beneficios de la apertura, no resulta apropiado poner un énfasis excesivo en el rendimiento de la inversión.

Para ilustrar este tema, citaré a John Hayes, el director ejecutivo de marketing de American Express, que explicó elocuentemente la intrincada cuestión de la estimación en general: "Nosotros solemos sobrevalorar las cosas que podemos estimar y menospreciar las que no podemos estimar"[1]. Hayes expuso una realidad en los

---

1. John Hayes, director ejecutivo de marketing de American Express, hizo este comentario en la conferencia de la Brandworks University, el 2 de

negocios: si bien nos esforzamos por medir las cosas con más responsabilidad, hay un límite para lo que es económicamente factible medir. Por lo general, basamos muchas de nuestras decisiones en las fuentes de información y las evidencias menos creíbles o, más probablemente, en nuestros instintos viscerales.

Por ejemplo, ¿cuál es el "rendimiento de la inversión" en un apretón de manos? O piense en un almuerzo que ha tenido recientemente con un colega o subordinado directo, donde usted invirtió tiempo y dinero para desarrollar una relación más profunda. Esto ilustra el problema fundamental de ser abierto y de los negocios en general: algunas cosas en una relación pueden ser estimadas y manejadas, pero muchas otras no. Las compañías invierten una cantidad desmesurada de dinero en las relaciones, desde las relaciones públicas para tener un contacto más estrecho con miembros influyentes de los medios de comunicación hasta la taza de café en los pasillos de la compañía para elevar la moral del empleado. En muchos casos, más de la mitad de los gastos operativos de una empresa se realizan en actividades que tienen un impacto indirecto sobre el resultado final. Quizá no somos capaces de relacionar el rendimiento de la inversión en estos gastos con las ventas directas, pero sabemos que hay algún beneficio adicional para que valgan la pena.

El problema fundamental consiste en que es difícil cuantificar el valor de una relación, porque podemos aprovechar ese valor de muchas maneras diferentes. Piense en sus relaciones personales más estrechas. ¿Cómo estima su valor? Mejor aún, ¿cómo estima el valor de es-

---

junio de 2009, en Madison, Wisconsin. Hay más información disponible en: http://www.lsb.com/brandworks-brandworks-2009.

tar en una relación? Por ejemplo, si consideramos a un seguidor de Twitter como un observador pasivo y no comprometido de mis actualizaciones, esa persona no es tan valiosa. Pero cuando el seguidor responde a una solicitud o reenvía una actualización, en otras palabras, cuando se compromete conmigo, entonces comienza a ser valioso.

Hoy la dificultad con las nuevas tecnologías sociales, como Facebook, los blogs, los foros de discusión y Twitter, es que no parecen generar beneficios directos evidentes, en comparación con los canales de relación más establecidos. En realidad, las actividades que se llevan a cabo en esos sitios son inherentemente mensurables, pero aún no hemos establecido un cúmulo de conocimientos y experiencias acerca del valor de esas actividades que tenga en cuenta los costes y riesgos de lograr estos beneficios. En este capítulo, examinaré y explicaré cómo se pueden comprender y estimar –de un modo directo e indirecto– cada uno de los cuatro objetivos orientados a la apertura, discutidos en el capítulo precedente.

En mi investigación, he descubierto que todos los objetivos orientados a la apertura crean algunos beneficios comunes, ya que:

- *Eliminan la fricción.* Al desaparecer las barreras y acceder a la información y las personas, se reduce el coste de compartir dicha información y tomar decisiones.

- *Reducen los esfuerzos.* La cultura de compartir significa que las cosas se difunden más rápida y ampliamente, con menos inversión directa.

- *Permiten la respuesta rápida.* La comunicación en tiempo real de las tecnologías sociales significa que usted puede responder rápidamente. De hecho, si usted no está allí para atajar la ola creciente, se arriesga a ser arrollado.

- *Promueven el compromiso.* El compromiso es quizá lo más difícil de cuantificar pero lo más importante, cuando usted conquista los corazones y las mentes de sus empleados y clientes.

WEB Consideremos cómo difieren los beneficios de acuerdo con el enfoque: en las audiencias externas (clientes y socios) o internas (empleados e interesados directos). Al final de cada sección daré un ejemplo de cómo una compañía hipotética con 500 millones de dólares en ingresos podría beneficiarse de cada objetivo. Estos ejemplos también se pueden ver en línea en openleadership.com, donde usted puede añadir sus propios datos y montar los escenarios. Además, al final del capítulo discutiremos algunas nuevas maneras de pensar sobre las dimensiones existentes, como el valor vitalicio del cliente.

Los beneficios del aprendizaje abierto

En el Capítulo 3 vimos que se puede reunir una enorme cantidad de información con herramientas simples y gratuitas como los buscadores de Internet o Twitter, así como con las herramientas de seguimiento. Tenga en cuenta que allí también puede haber costes significativos, tanto por el tiempo necesario para filtrar y analizar los datos, como por los servicios de las comunidades privadas que cobran un honorario, y manejan cientos de miles de dólares. Pero antes de abordar los costes, consideremos con más detalle los beneficios.

En primer lugar, hay ahorros de dinero en los costes tangibles directos que, de otro modo, se gastarían en métodos tradicionales de estudio de mercado, como los grupos de enfoque, las entrevistas individuales, los cuestionarios en los centros comerciales y la investigación etnográfica, así como las encuestas. Por ejemplo, consideremos el coste de un grupo de enfoque de diez personas, que puede representar 5.000 dólares o más en una tarde, y comparémoslo con el de escudriñar una comunidad de personas que se unen por un interés común.

Un ejemplo muy personal del beneficio directo de aprender es cómo se eligió el título de este libro. Mi editor y yo no estábamos muy satisfechos con nuestros títulos preliminares, de modo que pedí en mi blog que me hicieran sugerencias, y algunas semanas más tarde publiqué una encuesta en línea de los cuatro candidatos finales para el título. Mi editor y agente literario enviaron correos electrónicos a una lista de direcciones seleccionadas y algunas personas respondieron, pero la mayoría de las 575 respuestas provinieron de personas que lo habían leído en mi blog, en mi página de Facebook o a través de una sola actualización que hice en Twitter (que luego fue reenviada al resto de los contactos). Este es un pequeño pero poderoso ejemplo de los beneficios de escala que aportan las tecnologías sociales.

Liderazgo abierto fue el título favorito por abrumadora mayoría. El coste de responder la encuesta fue un honorario de 35 dólares que pagué a SurveyMonkey.com. El coste de reunir esas 575 respuestas fue insignificante debido a la relación existente –y a mi red extendida– que ya había establecido. Además, la mitad de los encuestados pidieron ser añadidos a una lista de correo, para ser notificados cuando la obra estuviera disponible, ¡lo cual representa más de 6.000 dólares en ingresos potenciales por el libro!

Pero además de los ahorros en el coste directo y de los beneficios potenciales, también hubo importantes beneficios indirectos. En primer lugar, hay que considerar la velocidad. Más de la mitad de las respuestas se recibieron dentro de las doce horas de haber sido enviado el mensaje original. En segundo lugar, los mensajes desencadenaron un diálogo adicional acerca del libro, el tema y los ejemplos, lo cual produjo un marketing oral para el libro en general. Estos elementos son mucho más difíciles de cuantificar: ¿cuál es el valor de un solo ejemplo en el libro? Sin embargo, me siento cómoda con la naturaleza indirecta y no cuantificable de estos beneficios, ¡porque hasta ahora el valor supera el coste tangible de 35 dólares!

Debería reconocer que también hay costes ocultos. He invertido un tiempo considerable en mi red: más de 30.000 seguidores de Twitter cuando el libro fue a la imprenta y miles de "amigos" en Facebook, que no se generan de la noche a la mañana.

Las mentalidades cambian con las opiniones del cliente

Aun cuando usted tenga beneficios concretos inmediatos, quizá todavía no sea capaz de cambiar la mentalidad de los ejecutivos que ven el mundo a su manera. La verdad es que las personas, aun aquellas que se guían por las cifras, no son influidas por ellas si contradicen el mundo en el que creen. En estos casos, usted necesitará aprovechar el poder emocional de las historias para establecer su punto de vista, y nada es más poderoso que la irresistible historia de un cliente. Hoy los clientes están contando sus historias, y solo esperan que usted se una a la conversación.

Por ejemplo, Comcast había estado largo tiempo en el último lugar del rating de su industria[2]. Con eso, el CEO de la compañía, Brian Roberts, había tenido suficiente. De modo que cambió la misión de Comcast, a la cual definió así: "Nosotros ofreceremos una experiencia superior a nuestros clientes cada día". Una cosa es tener una misión, pero algo muy diferente es tener a una *persona* que humaniza la relación con el cliente.

Para Comcast, esa persona fue la "Abuelita Annie". Su nombre de pila es Anna May, y es una encantadora abuela que escribe un blog para estar en contacto con su familia extendida, especialmente sus nietos. Un día, ella escribió un blog titulado "¡No me gusta Comcast!". Allí decía que estaba teniendo problemas con su nueva conexión en Comcast y daba su correo electrónico[3]. Frank Eliason, que dirige el nuevo programa Direct Care de Comcast (y es el titular de su cuenta en Twitter: @ComcastCares), encontró el mensaje con el software de seguimiento, se comunicó con la Abuelita Annie y la ayudó a resolver el problema. Pero no se conformó con eso. Compartió la situación de Annie dentro de la compañía y recordó: "Su experiencia no fue tan mala. ¡Pero, por Dios, se trataba de la Abuelita Annie! Recibí cientos de correos electrónicos el día que apareció en el boletín de noticias, y todos ellos nos decían: '¿Cómo pueden haber hecho eso a la Abuelita Annie?'. Desde entonces,

---

2. Según el índice de satisfacción del cliente americano, Comcast se calificó con 54 puntos sobre 100 en 2008. Cabe destacar que Comcast mejoró significativamente su puntaje en 2009. Para obtener más información: http://www.theacsi.org/index.php?option=com_content&task=view&id=147&Itemid=155&i=Cable+%26+Satellite+TV.

3. El blog de la Abuelita Annie está disponible en: http://grannieannies.blogspot.com/2008/03/i-dont-like-comcast.html.

cada vez que empezamos a hablar de la Abuelita Annie, todos se involucran".

A menudo nos referimos a humanizar la compañía con los medios sociales, pero en el caso de Comcast lo que ellos necesitaban era humanizar al cliente. Al dar un nombre, un rostro y una voz a los clientes, ahora ellos caminan figuradamente por los pasillos de la compañía. ¿Cuál es el valor de ser capaz de dar vida a la misión de una compañía? En una situación como esta, el beneficio y el rendimiento de la inversión dejan de ser una cuestión de debate o de compromiso, para plantear de qué modo participar de la manera más eficiente posible para alcanzar el objetivo.

Una medida frecuentemente usada en las relaciones públicas es el "sentimiento" que expresa si los artículos, los blogs, las actualizaciones y las evaluaciones son positivos o negativos. Cuando Comcast inició su campaña Direct Care en 2007, le pidió a Nielsen que hiciera una encuesta para estimar el nivel de sentimiento negativo y positivo en el diálogo de Internet. El resultado: un 70% fue positivo y un 30%, negativo. Después de dos años en los blogs, los foros de discusión y las actualizaciones en Twitter, Nielsen descubrió que el 90% de los comentarios del cliente eran favorables y solo el 10%, adversos. Frank Eliason, de Comcast, admitió que ellos usan el sentimiento como su principal herramienta de estimación: "Nunca hemos considerado las ventas y la retención como una medida clave de nuestros programas de atención al cliente. Sabemos que abordar los problemas del cliente tiene un impacto, pero no nos hemos concentrado en estimarlo de ese modo". En su lugar, han procurado identificar las oportunidades para mejorar las relaciones con el cliente, a sabiendas de que eso finalmente se reflejaría en un mejor sentimiento de parte de él.

Desarrollar la comprensión del empleado

El aprendizaje no está reservado únicamente para los clientes; muchas organizaciones también usan las nuevas tecnologías para aproximarse y comprender mejor a los empleados. Sun Trust, un gran banco que opera principalmente en el sudeste de los Estados Unidos, pasó por un proceso de transformación como una de sus respuestas a la profunda crisis financiera. Con una de las iniciativas, llamada "Voz del compañero de equipo", el banco recogió las opiniones de sus 28.000 empleados. En el pasado, cuando Sun Trust les solicitaba su opinión, los empleados a menudo se preguntaban qué ocurría con sus sugerencias. Chuck Allen, el director de comunicaciones internas, me dijo que el banco comprendía que esto debía cambiar: "Necesitábamos mejores maneras de conectarnos con nuestros compañeros de equipo; sabíamos que podíamos hacer un mejor trabajo si escuchábamos y actuábamos de acuerdo con las sugerencias".

Una solución fue contratar a Communispace para crear y manejar una comunidad privada de 300 empleados. La gerencia podía pedirles ideas y, además, comunicar qué se iba a hacer con ellas. Una iniciativa que pusieron a prueba fue la edición de un folleto que el equipo de comunicaciones deseaba enviar al hogar de cada empleado acerca del rumbo estratégico actual y futuro de la compañía. Pero antes de remitirlo, Communispace lo mostró a la comunidad de los compañeros de equipo para ver qué pensaban. Si bien estaban satisfechos con el contenido, consideraban que no era coherente con el mensaje que el equipo de liderazgo había transmitido acerca de la eficiencia y la reducción de costes. Allen dijo: "Ahorramos 40.000 dólares en el folleto porque, en lugar de imprimirlo, lo publicamos en línea. La buena voluntad de los compañeros de equipo también representó un beneficio intangible adicional".

En resumen, a veces las organizaciones son capaces de cuantificar en forma muy directa el dinero que pueden ahorrar a través de métodos más eficientes de aprender acerca de los clientes y empleados. Los beneficios intangibles e indirectos, como los discernimientos más profundos y en tiempo real, son mucho más difíciles de cuantificar, pero en el largo plazo proporcionan un mayor valor a la organización.

Estimar los beneficios del aprendizaje

Como discutimos antes, puede ser difícil atribuir cifras a una iniciativa específica de aprendizaje. Pero lo intentaremos mediante algunas suposiciones acerca del valor de los beneficios indirectos. En la Figura 4.1, muestro los beneficios y costes de tener un servicio de seguimiento remunerado como Radiant6, complementado con una comunidad privada como la que ofrecen las firmas Communispace o ThinkPassenger. Tenga en cuenta que estas cifras son representativas de una compañía con 500 millones de dólares en ventas y 2.000 empleados, y pueden darle una idea sobre cómo estimar el valor de los beneficios indirectos. Como usted puede ver, hay una serie de suposiciones en cada línea, especialmente para los costes más indirectos. Cada organización es única; por consiguiente, su manera de entender y reconocer el valor será diferente entre ellas.

Los beneficios del diálogo abierto

El diálogo es fundamental en cualquier relación y, dado que gran parte del mismo tiene lugar fuera de la organización, el compromiso que crea es fácilmente observable. Hay momentos en que una organización puede atribuir los altos ingresos o los costes más bajos directamente a conversaciones específicas; pero, en su mayor parte, el diálogo contribuye a profundizar una relación cuyos resultados podrían apreciarse meses o años más tarde. Primero, abordaremos la tarea de correlacionar el diálogo con el impacto comercial directo, y luego consideraremos los beneficios más indirectos.

Impulsar las ventas

Vayamos al grano: ¡usted puede hacer dinero con la apertura y las tecnologías sociales! Por ejemplo, consideremos de qué modo Dell Outlet impulsa las ventas con Twitter (ver Figura 4.1 en página siguiente).

Gracias a la comunicación en tiempo real de Twitter, Dell Outlet empezó a hacer sus transacciones a través de la página twitter.com/delloutlet, en marzo de 2009[4]. El número de personas que seguían a Dell Outlet en la web era de 600.000 en junio de 2009 y esa cifra ascendió a 1.600.000, más del doble, en enero de 2010. Y Dell Outlet experimentó un aumento de las ventas: después de su primer año en Twitter, había tenido 2 millones de dólares de ingreso por ventas a través de su cuenta de Twitter, y otro

---

4. La página de Twitter de Dell Outlet es: twitter.com/delloutlet.

Descripción	Beneficios
Reducir el coste de los grupos de enfoque – Supone 12 grupos de enfoque.	$ 60.000
Generación de ideas más rápida y en tiempo real – Velocidad hasta el mercado; desarrollar un producto extra por año (el 10% de los nuevos productos con una ganancia de 1 millón de dólares). – Evitar un gran error; ahorros del coste por no hacer una campaña publicitaria.	$ 100.000 $ 25.000
Desarrollar una concordancia con el objetivo estratégico – Menos horas de clases y tiempo de reunión reducido; la productividad del empleado aumenta: cuatro horas/año/empleado a razón de 20 dólares/hora para 2.000 empleados. – Más compromiso con el objetivo; aumenta la moral del empleado; reduce el movimiento de personal; evita los costes de empleo. Supone una disminución del 1% en el movimiento de personal; costes de empleo de 10.000 dólares. – Los socios estratégicos desarrollan más soluciones y pueden vender 1% más que sus 250 millones de dólares existentes, con un 10% de ganancia para la compañía.	$ 160.000 $ 200.000 $ 250.000
Beneficio total	**$ 795.000**
Costes	
Plataforma de seguimiento de los medios sociales – Supone 5.000 dólares por mes.	$ 60.000
Comunidad privada – Supone 250.000 dólares por año.	$ 250.000
Recursos internos – Suponen un empleado de jornada completa (a razón de 100.000 dólares por año).	$ 100.000
Coste total	**$ 410.000**
Beneficio neto	**$ 385.000**
Rendimiento	**94%**

FIGURA 4.1. Reconocimiento de los beneficios del aprendizaje

millón en ingresos de las personas que decidían comprar un sistema diferente en Dell.com, no en el área de outlet[5]. Además, Stephanie Nelson, la empleada de Dell que estaba a cargo de la página, solamente invertía una pequeña parte de su tiempo en Twitter, ya que ella era responsable de todas las actividades de relaciones públicas de Dell Outlet. Evidentemente, Nelson fue capaz de aumentar su inversión en Twitter, ¡y el rendimiento de su tiempo fue enorme![6]

Esta historia implica más que publicar artículos para promover la venta en Twitter. Ahora hay muchas compañías con páginas de transacciones en Twitter, e incluso sitios que engloban estos negocios[7]. Pero lo que diferencia a Dell Outlet es que compromete a los visitantes en un diálogo y, en el proceso, proporciona apoyo para las ventas. He aquí un ejemplo:

> **Nathan:** Estoy desconcertado porque las impresoras P703w reacondicionadas se venden por 129-149 dólares cuando aquí están disponibles (http://bit.ly/rb1Mj) por 99 dólares.

> **@DellOutlet:** Sí, este es un precio de promoción por tiempo limitado. Los precios de Outlet serán ajustados hoy al mediodía, de modo que vuelva a verificarlos entonces.

Dell hace algo más que notificar a las personas acerca de los artículos para la venta, también ofrece

---

5. Dell escribió un blog acerca de la conexión entre su cuenta de Dell Outlet en Twitter y las ventas, que se puede encontrar en: http://en.community. dell.com/blogs/direct2dell/archive/2009/06/11delloutlet-surpasses-2-million-on-twitter.aspx.

6. Se supone que la ventas vía Twitter de Dell fueron incrementales y no canibalizaron las ventas que habrían tenido lugar de cualquier modo. A pesar de todo, la cantidad mínima de recursos consumidos por Nelson fue muy superada por el beneficio para Dell.

7. Un sitio que incluye los acuerdos de Twitter es: Cheaptweet.com.

un apoyo directo a las ventas que podría resultar en una nueva compra, eliminando los inconvenientes del proceso de ventas. El tiempo y el esfuerzo que Nelson invierte en esto es directamente estimable en las ventas que obtiene de la cuenta en Twitter, pero esto se debe a la naturaleza específica de la página y al modelo comercial de Dell: la venta directa. Ahora consideremos algunos de los beneficios que pueden provenir de tener más diálogo y un mayor compromiso con sus clientes y empleados.

Difundir el rumor

Uno de los aspectos más poderosos del diálogo es que no se agota: si el tema es interesante y atractivo, se extiende de manera natural. Esto fue precisamente lo que pensó Ford cuando introdujo su nuevo modelo Fiesta, al ofrecer un automóvil durante seis meses, en forma gratuita, a un centenar de personalidades, con lo cual creó un Movimiento Fiesta[8]. Había una competición involucrada, en la que cada "agente" recibía puntos por cada fotografía, vídeo, blog y tweet descargado o escrito. También obtenían puntos por los comentarios y las clasificaciones en sitios como YouTube, además de ayudar a difundir el rumor acerca del modelo Fiesta.

Los resultados han sido asombrosos: en vísperas del lanzamiento del vehículo, en diciembre de 2009, los vídeos de YouTube se vieron más de seis millones de veces, las fotografías de Flickr en 740.000 ocasiones, y los comen-

---

8. La campaña del Movimiento Ford Fiesta se puede consultar en línea en: www.fiestamovement.com.

tarios de Twitter 3.700.000 veces. Ford también reunió a 80.000 interesados, que pedían más información acerca del automóvil y de cuándo estaría disponible; y el 97% de ellos no había comprado antes un vehículo Ford. El interés general de la audiencia objetivo de la Generación Y había superado el 40%, equivalente al interés por un automóvil que ha estado en el mercado durante varios años. Y esto ocurrió sin el apoyo de los medios de comunicación tradicionales: la campaña se basó cien por ciento en los medios sociales.

Pero Ford no se ha contentado con estas cifras; está invirtiendo su dinero donde considera que tendrá el valor más alto. Una cuarta parte de su gasto de marketing ha sido transferida a los medios sociales y digitales, debido a la capacidad de este canal no solo para expandirse, sino también para comprometer profundamente a las personas de un modo que antes no era posible. Además, tenga en cuenta que Ford es el único fabricante de automóviles en los Estados Unidos que no tuvo que recurrir al dinero de rescate federal en la crisis financiera. Evidentemente, algo está yendo bien en Ford.

Estimación del compromiso

En el Capítulo 3 introduje la pirámide del compromiso como un método para entender de qué modo se comprometen las *personas* con una compañía, un producto o un tema particular. Las organizaciones necesitan un método similar para comprender y estimar la profundidad de *su* compromiso con los clientes. La clave es que las organizaciones deben hacer algo más que tan solo estar presentes en muchos canales diferentes; también necesitan comprometerse profundamente.

En el verano de 2009, mi compañía Altimeter Group, juntamente con Wetpaint, estudió el comportamiento en línea de cien marcas globales superiores, para ver cómo se comprometían con sus clientes en los medios sociales[9]. El Informe de COMPROMISO muestra que esto significa más que establecer un blog y dejar que la audiencia ingrese sus comentarios, o incluso tener una página de seguidores en Facebook. El compromiso profundo proviene de actividades como mantener actualizado el contenido de su blog y responder a los comentarios de los seguidores en Facebook, del mismo modo que hace Kohl, como vimos en el Capítulo 3. No consiste en marcar en un casillero que su organización está en Twitter sino, más bien, en comprometer a su audiencia de un modo más profundo y significativo. Después de sumar todas las puntuaciones con relación al compromiso, calificamos a unas cien compañías sobre esa base. Starbucks, Dell, eBay y Google tuvieron las más altas puntuaciones.

Pero lo más interesante es que descubrimos que había una correlación entre el compromiso profundo, amplio, y el rendimiento financiero, específicamente en el ingreso y el beneficio[10]. Las compañías que están profunda y ampliamente comprometidas en los medios sociales superan a las otras firmas en cuanto al ingreso, el margen bruto porcentual y el beneficio bruto, por una diferencia considerable[11]. Si bien la correlación no significa necesaria-

---

9. El estudio está disponible en: http://www.engagementdb.com.
10. De las 100 marcas evaluadas, 86 se cotizan en bolsa, de modo que se comparan los datos financieros anuales sobre el ingreso, el margen bruto porcentual y el beneficio bruto.
11. Las compañías más amplia y profundamente comprometidas tuvieron incrementos anuales en el ingreso, el margen bruto porcentual y el beneficio bruto del 18%, 15% y 4%, respectivamente. En comparación,

mente causalidad –después de todo, hay una larga cadena de actividades entre el compromiso social en Facebook y los ingresos–, es indudablemente una tendencia. También consideramos la importancia estadística entre las marcas más valiosas del mundo, donde el compromiso más profundo produjo un rendimiento financiero estadísticamente diferente.

Estos hallazgos no demuestran una relación causal en sí mismos, pero tienen poderosas implicaciones. El compromiso en los medios sociales y el éxito financiero parecen actuar juntos para perpetuar un ciclo comercial próspero: la mentalidad orientada al cliente proviene de una profunda interacción social, que permite a una compañía identificar y responder a las necesidades del cliente en el mercado, lo cual genera beneficios superiores. A su vez, el éxito financiero de la compañía permite una mayor inversión en el compromiso, a fin de desarrollar un mejor conocimiento del cliente, con lo cual se crean aún más beneficios, y el ciclo continúa.

Lo más difícil es identificar las conexiones entre el compromiso y los ingresos. Para ello, hay medidas no financieras, como la satisfacción del cliente y la lealtad del empleado, que se pueden observar y estimar; si bien no conducen directamente a los ingresos, usted sabe que hay una conexión. La pregunta clave en su organización es: ¿hasta qué punto es capaz de comprometerse en la creación de nuevas relaciones más valiosas? Cada organización es diferente, de modo que reconocer dónde tendrá lugar el compromiso del diálogo –y asegurarse de estimar

---

las menos comprometidas tuvieron disminuciones anuales del 6%, 9% y 11%, respectivamente. Más información se puede obtener en línea en: www.engagementdb.com.

esa siguiente etapa– es un aspecto crucial para comprender el valor del diálogo y el compromiso.

Antes de seguir adelante, consideremos un beneficio final del diálogo aumentado: la protección de la reputación. Como vimos en el Capítulo 1, el potencial de los conflictos como "United rompe las guitarras" está siempre en el ambiente, y no hay nada que usted pueda hacer para evitar que surja alguno. Pero hay una manera de mitigar el daño: ser capaz de comprometerse en un diálogo oportuno en tiempo real.

Protección de la reputación

Jim Collins escribió en *Good to Great* que las compañías son como un autobús rápido: usted necesita tener a las personas apropiadas en él, porque no sabe necesariamente hacia dónde se dirige ese autobús[12]. Una vez más, me referiré a Ford para dar un ejemplo. La compañía recurrió a Scott Monty para manejar su estrategia de medios sociales, y esa medida rindió sus frutos en 2008 cuando Monty tuvo que negociar con un sitio llamado *The Ranger Station* (TRS), una página de fanáticos del Ford Ranger manejada por Jim Oaks[13]. En un estudio del caso, Ron Ploof dijo de qué modo Oaks recibió la intimación de Ford para cesar en sus actividades, la cual exigía no solo que Oaks

---

12. Jim Collins, *Good to Great: Why Some Companies Make the Leap... And Others Don't*, HarperBusiness, 2001.
13. El sitio The Ranger Station se encuentra en: http://www.therangerstation. com/. Ron Ploof describió los detalles de este caso en un documento: "The Ranger Station Fire: How Ford Motor Company Used Social Media To Extinguish a PR Fire in less than 24 hours", disponible en: http://www.scribd.com/doc/9204719/The-Ranger-Station-Fire.

renunciara al URL del sitio web, sino que además le pagara a Ford 5.000 dólares en concepto de daños. Un martes por la tarde, el sorprendido Oaks compartió su situación en sus foros de usuarios: "TRS está siendo atacada por la Ford Motor Company".

A los dos minutos, empezaron a aparecer mensajes con comentarios iracundos. A primera hora del miércoles, Monty se enteró de que Ford tenía una creciente crisis de comunicaciones: el mensaje de Oaks se había extendido viralmente a otros sitios. En medio de la crisis, Monty envió actualizaciones a las 5.600 personas que lo seguían en Twitter. He aquí la cronología de los mensajes de Monty.

> **10:54**: "Esta mañana me enteré de lo que estaba pasando y he consultado a nuestro asesor de la marca para evaluar la situación. No es buena."

> **10:55**: "Me estoy ocupando del asunto. He escuchado el punto de vista de nuestro equipo jurídico y estoy tratando de detener una pesadilla de relaciones públicas."

> **11:13**: "Estoy examinando personalmente el asunto. Espero tener pronto una respuesta."

> **11:23**: "Precisamente ahora estoy discutiendo el asunto con nuestro asesor de la marca. No estoy muy satisfecho."

Entonces Monty hizo algo que no habría sido posible dos años antes. A las 11:31 escribió este mensaje en Twitter: "Para quien pregunte por los sitios de amigos de Ford y la acción legal: mantengo discusiones activas con nuestro departamento jurídico, sobre cómo resolver el asunto. Sírvase *retwittear*". Unos 19 seguidores de Monty en Twitter reenviaron su mensaje a sus propias comunidades, con lo que llegó a más de 13.400 personas.

Monty se enteró de lo que había provocado la carta original: Ranger Station estaba vendiendo productos falsificados, con la calcomanía del logotipo Ford. Durante todo el día, Monty trabajó con los abogados y el departamento de comunicaciones de Ford para redactar una declaración pública, llamó a Oaks para discutir directamente la situación y llegaron a un acuerdo. Al final de la jornada, Monty escribió en Twitter: "Esta es la respuesta oficial de Ford para intimar al sitio de seguidores a que desista de la debacle". Monty incluyó el enlace y pidió a sus seguidores que *rettwitearan* sus palabras; 25 lo hicieron, y enviaron el mensaje a más de 21.000 de *sus* seguidores.

En conjunto, habían pasado 22 horas desde que Oaks había emitido su primer grito de frustración. El hecho de estar Monty "en el autobús" y ser capaz de moverse entre los departamentos internos y el mundo exterior fue crucial. Pero aún más importante fue que Monty tuviera las relaciones para enviar su mensaje en un tiempo casi real. Si Ford hubiera seguido el camino tradicional para la crisis de Ranger Station –organizar una comisión para determinar cómo responder–, el asunto probablemente habría sido revelado por los principales medios de difusión y Ford habría quedado enredada para siempre. Cualquiera que haya sido el coste de la crisis para Ford –en términos legales y de comunicaciones–, puedo garantizar que fue exiguo en comparación con lo que podría haber sido si no se hubiera resuelto a tiempo.

Cuando usted trata de estimar los beneficios y el rendimiento de la inversión de un diálogo más profundo y de la relación con los clientes, debe reconocer que es imposible calcular el beneficio de proteger la reputación de su organización en un mundo de comunicaciones. Otra manera de abordar el problema es preguntarse: ¿cuál es el rendimiento de la inversión en su póliza de seguro contra incendio? ¡Usted ni siquiera contemplaría la posibilidad de prescindir de ella! La protección de la reputación no puede ser un objetivo primario para su estrategia de apertura, ya que rápidamente llega a ser obvio que usted está actuando de una manera defensiva, en lugar de intentar desarrollar una verdadera relación. A la larga, la protección de la reputación es una consecuencia de las relaciones más profundas, un beneficio que las organizaciones obtienen cuando los empleados y los clientes clave vienen a rescatarla.

Estimar los beneficios del diálogo

En la Figura 4.2, calculo los beneficios directos e indirectos del diálogo, como hice con el aprendizaje en la Figura 4.1. Hay muchos beneficios directos tangibles en el diálogo que no han sido discutidos con detalle pero que también incluyo en el diagrama, como una mayor presencia de blogs en los motores de búsqueda. Este ejemplo supone múltiples beneficios, que derivan de las actividades de una persona dedicada a alentar el diálogo, y demuestra especialmente el beneficio de acrecentar el diálogo entre los clientes.

Los beneficios del apoyo abierto

Como vimos en el capítulo precedente, un beneficio clave de proporcionar un apoyo más abierto es que las personas se reúnen espontáneamente para ayudarse entre ellas. Lithium Technologies y FT Works produjeron un excelente informe que resume los variados beneficios de las comunidades de apoyo[14]. Cuando un cliente responde a

---

14. "Gold in Them Hills: Computing ROI for Support Communities", Informe de Lithium Technologies y FT Works, 2008. Disponible en: http://pages.lithium.com/gold-in-them-hills.html.

Descripción	Beneficios
Ingresos incrementados	
– Supone una ganancia del 10% sobre 3 millones de dólares en las ventas incrementales.	$ 300.000
– Las ventas adicionales a los clientes existentes, alentadas por las interacciones (suponen un incremento de 100 dólares en el 10% de las interacciones, 100.000 interacciones por año).	$ 100.000
Más difusión	
– La publicidad equivalente al alcance de los medios sociales (cinco millones de impresiones a 10 dólares cpm*).	$ 500.000
Mejora la reputación de la organización	
– El sentimiento negativo se reduce del 25 al 10% (esto supone mil clientes no perdidos, con un valor anual de 100 dólares cada uno).	$ 100.000
Evita la inflación potencial de las RR.PP.	
– Esto supone que habría un coste de 250.000 dólares en la reputación y el negocio perdidos.	$ 250.000
Emplea a personas más competentes, debido a su deseo de trabajar para una buena compañía	
– Reduce los costes de empleo de 10.000 dólares a 8.000 dólares, esto afecta a 200 nuevos empleos.	$ 400.000
Mayor compromiso	
– Llega a más personas con la misma cantidad de recursos y esfuerzo (lo cual genera 1% más de ventas).	$ 500.000
Mejora el empleo de los motores de búsqueda, gracias a los mayores enlaces en los medios sociales	
– Una mejor posición en los resultados de la búsqueda; un 10% más de tráfico en el sitio; incrementa las ventas 1%, desde una base de 500 millones de dólares (supone un beneficio del 10%).	$ 500.000
Beneficio total	**$ 2.650.000**
Costes	
Salario + beneficios de un gerente full-time	$ 150.000
Coste total	**$ 150.000**
Beneficio neto	**$ 2.500.000**
Rendimiento	**1,667%**

* cpm: coste por millas.

FIGURA 4.2. Reconocer los beneficios del diálogo

148

la pregunta de otro en un foro (una desviación directa), le ahorra tiempo del personal a la compañía. Cuando el cliente encuentra la respuesta en el sitio sin tener que formular la pregunta (desviación indirecta), les ahorra tiempo a todos.

¿Cómo calcular los beneficios? Concentrémonos sobre todo en los beneficios de desviación directa (véase la Figura 4.3, más adelante en este capítulo). Si suponemos que el 10% de 100.000 llamadas del servicio se derivan a 10 dólares cada una, eso significa un ahorro de 100.000 dólares por año. Supongamos que establecer y mantener técnicamente un foro de apoyo al cliente cuesta 50.000 dólares, y que todo el tiempo invertido por el personal del servicio al cliente en supervisarlo es fácilmente absorbido. El beneficio neto es de 50.000 dólares; no es un mal rendimiento. Inevitablemente, habrá algunos clientes que no podrán obtener respuestas satisfactorias o que necesitarán una ayuda adicional, pero el coste incremental todavía dejará un beneficio positivo.

El mismo razonamiento se puede aplicar a Twitter, Facebook o los blogs; es decir, cualquier canal donde sean abordados los problemas del cliente. El apoyo abierto ofrece beneficios adicionales, ya que puede proporcionar información sobre las así llamadas "cuestiones de larga data" que son difíciles de resolver, así como identificar nuevas áreas problemáticas. Por último, también puede ser una fuente de aprendizaje e innovación, un tema que abordaremos más adelante en este capítulo.

En el futuro, las nuevas herramientas introducidas en las aplicaciones del servicio al cliente, así como la automatización de la fuerza de ventas, ayudarán a priorizar el flujo de tareas, de tal modo que el tamaño, la influencia y las historias del cliente serán directamente accesibles dentro de estos nuevos canales de apoyo. Alguien que responda a una pregunta en Twitter será capaz de asociar el nombre de ese usuario con un cliente, y no solo priorizar la respuesta, sino también responderla apropiadamente, de acuerdo con las experiencias pasadas. Esto conduce al valor indirecto de proporcionar un *mejor* apoyo al cliente, que sea apropiado y coherente con la relación que usted tiene con él.

Responder a las preguntas de antemano

El otro beneficio importante del apoyo abierto es la "derivación indirecta"; es decir, evitar una llamada en primer lugar porque la pregunta ha sido respondida. Esto implica más que dirigir simplemente a las personas con un buen motor de búsqueda a una respuesta sobre un foro de discusión, también significa el seguimiento proactivo de las situaciones y cuestiones que puedan surgir. Aquí es fundamental la velocidad de la respuesta.

Frank Eliason, de Comcast, ofrece un excelente ejemplo: un caso en que uno de sus canales dejó de transmitir inesperadamente. Eliason recordó: "En realidad, lo descubrimos a través de Twitter, aun antes de que nuestros centros de atención telefónica recibieran las primeras llamadas. Nosotros controlábamos regularmente las transmisiones de la televisión y de Direct TV, así como a otros competidores de cable, y vimos que ellos también estaban sin emitir. Escribimos un mensaje en Twitter diciendo que la estación estaba desconectada, y ese mensaje se retransmitió a millones de personas. También notificamos a nuestros centros de llamadas y grabamos un mensaje telefónico, de tal modo que si alguien llamaba para averiguar qué había ocurrido, obtendría de inmediato una respuesta. Por último, le dijimos a nuestro equipo técnico que no trabajara en esto, que este no era un problema con nuestro sistema de red".

Lo más asombroso acerca de esta situación particular fue el escaso tiempo que requirieron Eliason y su equipo para resolver completamente el problema: *tres minutos.* Cuando volvieron a estar conectados, rastrearon las llamadas entrantes en el centro y determinaron cuántas habían sido capaces de derivar, el ahorro del coste fue "de millones de dólares", recordó Eliason, solo por evitar esas llamadas de apoyo.

El beneficio interno del apoyo

Como vimos en el Capítulo 2, los elementos conversacionales y de actualización de la información abierta pueden crear no solo mejores comunicaciones, sino también un significativo ahorro de tiempo y energía. Piense en la disminución de los correos electrónicos, el menor tiempo requerido para localizar la información o a los expertos y, lo mejor de todo, el menor número de reuniones; todo por compartir mejor información. Los ejemplos de coste-beneficio son casi ridículos: es evidente que el beneficio de usar las tecnologías de colaboración es mucho más alto que el coste de las mismas.

Por ejemplo, Cisco compartió un estudio detallado del impacto financiero de sus Iniciativas de Colaboración Web 2.0. El ahorro de los costes provino de la colaboración remota y de la telecomunicación, mediante el uso de las herramientas de videoconferencia TelePresence de Cisco, así como de WebEx. La mayor parte de los ahorros se logró al evitar los viajes entre las operaciones distantes de Cisco. Pero también derivó de la mayor productividad y de los resultados más rápidos porque se invertía menos tiempo en viajar. En 2008, el coste fue de 75 millones de dólares, y el beneficio, de 655 millones. Además, Cisco cuantificó los beneficios de otras iniciativas internas, que iban desde los blogs ejecutivos (con un coste de 500.000 dólares y un beneficio de 10 millones) hasta una Mac wiki que apoya a los usuarios internos de ordenadores Apple (con un coste menor a 100.000 dólares y un beneficio de 4 millones de dólares). En conjunto, Cisco estimó que el gasto de su año fiscal 2008 fue de 82 millones de dólares con un beneficio de 772 millones de dólares; ahorros que surgieron directamente del saldo final[15].

Los beneficios de una mejor colaboración y apoyo internos no se limitan a las organizaciones diestras en la tecnología. TransUnion, una de las compañías más importantes de informes de solvencia en los Estados Unidos, desarrolló originalmente una plataforma de colaboración en Socialtext para evitar que los empleados –interesados en establecer redes sociales internas– compartieran información en Facebook[16]. Una vez establecido el sistema, los empleados lo usaron principalmente para formularse preguntas, y las preguntas y respuestas se registraban en una base de datos. Otras herramientas permitían al personal votar sobre sus respuestas favoritas, analizar las respuestas que las personas habían elegido en su intento de resolver problemas, y también estudiar cuáles eran las correlacionadas con los temas que resultaban más valiosos para la compañía en su conjunto.

El beneficio directo estimable que TransUnión obtuvo fue la resolución de problemas. Dado que la compañía se

---

15. Un documento pdf de los cálculos de ahorro de costes de Cisco está disponible en: open-leadership.com.
16. Hay más detalles disponibles en una entrevista con el director de tecnología de TransUnion, John Parkinson, en InternetEvolution, http://www.internetevolution.com/document.asp?doc_id=173854.

regía por el código desarrollado por los clientes, los empleados a menudo se quejaron de tener que gastar los preciosos dólares de tecnología de la información (TI) en resolver problemas fastidiosos. Pero con la introducción de la plataforma Socialtext, solían consultarse mutuamente, para ver si podían colaborar en la resolución del problema. El resultado: casi 2,5 millones de dólares en gasto diferido de TI en menos de cinco meses, con un coste de 50.000 dólares para instalar Socialtext. Por otra parte, TransUnion identificó quién era el más capaz para responder a tipos específicos de preguntas, y redefinió su descripción del trabajo, a fin de que abordar las preguntas en la plataforma de colaboración llegara a ser parte de su papel formal.

Estimar los beneficios del apoyo

Como acabamos de ver, el principal beneficio del apoyo más abierto proviene de eliminar la fricción y reducir los costes, lo cual es muy fácil de estimar. Pero también hay beneficios indirectos, como mejorar las relaciones y el compromiso del cliente y el empleado, que son mucho más difíciles de estimar. En la Figura 4.3, doy algunos ejemplos de cómo el apoyo orientado a la apertura puede crear un impacto comercial positivo, con la utilización de un foro de apoyo al cliente y una plataforma de colaboración interna. El ejemplo también incluye a dos empleados de jornada completa para manejar estas iniciativas, uno para cada plataforma.

Descripción	Beneficios
Derivación de la llamada	
– Esto supone el 10% de 100.000 llamadas/año, a razón de 10 dólares/llamada.	$ 100.000
Identificar los problemas de apoyo, de antemano	
– Antes de que surja el problema, notifica a los clientes; esto evita 10.000 nuevas llamadas, a razón de 10 dólares por llamada.	$ 100.000
Mayor productividad del empleado (menos correos electrónicos, la información o los expertos se encuentran con más rapidez, menos reuniones)	
– Esto supone que los empleados recuperan dos horas por semana, a razón de 150 dólares/valor del empleado por hora.	$ 600.000
– Se reduce el coste porque los empleados encuentran soluciones.	$ 200.000
Más compromiso y ánimo del empleado	
– Mejor compromiso con el objetivo, aumenta la moral del empleado, se reduce el movimiento de personal, se evitan los costes de empleo. Esto supone una disminución del 1% en el movimiento de personal, se evitan los costes de empleo que representan 10.000 dólares.	$ 200.000
Beneficios totales	**$ 1.200.000**
Costes	
Software del foro de discusión	$ 50.000
Software de colaboración	$ 50.000
Dos empleados de jornada completa	$ 200.000
Costes totales	**$ 300.000**
Beneficio neto	**$ 900.000**
Rendimiento	**300%**

FIGURA 4.3. Reconocer los beneficios del apoyo

Los beneficios de la innovación abierta

Los beneficios del último de los objetivos orientados a la apertura, la *innovación*, son los más difíciles de cuantificar. ¿Cuál es el valor de una idea en la que no se había pensado antes? ¿De qué modo valora usted la capacidad para introducir un producto en el mercado más rápidamente que en el pasado? A la larga, los beneficios de la innovación se aprecian en las medidas incrementales, que pueden estar indirectamente relacionadas con los esfuerzos reales de apertura.

Consideremos más detenidamente el centro de innovación IdeaStorm de Dell. En la página web de la compañía hay una lista de lo que se ha logrado. Cuando este libro estaba en la imprenta, habían contribuido más de 13.000 ideas, que habían sido votadas más de 700.000 veces y acumularon casi 90.000 comentarios. En conjunto, Dell había implementado 389 de esas ideas desde que inició IdeaStorm en febrero de 2007; en promedio, cerca de 11 ideas por mes y aproximadamente 3% de todas las ideas presentadas.

Dell no intenta estimar el valor de esas 389 ideas, ya que eso no es lo que más le importa, en lo que respecta al *funcionamiento* del centro IdeaStorm. En su lugar, se concentra en las medidas que expresan la salud de su comunidad de innovación: el porcentaje de miembros que comentan activamente versus los miembros inactivos, la calidad de las ideas y, lo más importante, el porcentaje de respuestas a esas ideas. Dell designa a un miembro de su personal interno para moderar el sitio y otro para asegurar que Dell como compañía esté profundamente comprometida en evaluar e implementar las ideas que surgen.

En esto reside la complejidad de comprender los beneficios de la innovación abierta: el valor real que proviene de estas nuevas ideas solo se puede comprender dentro de la organización, no dentro del proceso de innovación

Descripción	Beneficios
Diversidad de diseños e ideas	
– Esto resulta en productos que se venden mejor (los beneficios aumentan en 1 millón de dólares).	$ 1.000.000
Innovaciones que se desarrollan más rápido	
– El producto llega al mercado más rápidamente, en respuesta a la mayor demanda, por un valor de 250.000 dólares.	$ 250.000
Proyecciones y predicciones más precisas	
– Anticipa que un producto no será un éxito, de modo que interrumpe el desarrollo, lo cual ahorra 50.000 dólares.	$ 50.000
Compromiso y lealtad del cliente y el empleado	
– Mayor compromiso con el objetivo, se eleva la moral del empleado, se reduce el movimiento de personal, se evitan los costes de empleo. Esto supone una disminución en el movimiento de personal y se evitan los costes de empleo que representan 10.000 dólares.	$ 200.000
Beneficios totales	**$ 1.500.000**
Costes	
Centro de innovación	$ 100.000
Un empleado de jornada completa	$ 100.000
Costes totales	**$ 200.000**
Beneficio neto	$ 1.300.000
Rendimiento	**650%**

FIGURA 4.4. Reconocer los beneficios de la innovación

abierta en sí mismo. Básicamente, usted está poniendo a punto el motor que impulsa la innovación. En la Figura 4.4, he descrito algunos ejemplos de medidas pero, una vez más, estos son ejemplos hipotéticos de algunos pocos beneficios que pueden ser fácilmente cuantificados. Del mismo modo que la estimación de los beneficios del diálogo, las medidas de la innovación tendrán que concentrarse más en las actividades que apoyan los esfuerzos de innovación abierta que en las que estiman los beneficios en sí mismos.

Nuevas dimensiones para las nuevas relaciones

La discusión sobre el valor de la innovación social colaborativa se centra en el núcleo del problema: el rendimiento de la inversión en el negocio actual, el valor y los beneficios no logran captar la esencia de estas nuevas relaciones. Pero, en lugar de intentar dar con un nuevo modo de medir el compromiso, yo prefiero usar métodos probados de estimación del valor, como el valor vitalicio del cliente y los índices de promotores netos (NPS, según sus siglas en inglés), y comprender cómo se pueden modificar para tener en cuenta el valor que crea la apertura.

En primer lugar, consideremos el nuevo valor vitalicio (LTV, según sus siglas en inglés) de los clientes (véase la Figura 4.5 y open-leadership.com para descargar una hoja de ejercicios con simples cálculos)[17].

---

17. Hay muchas maneras de calcular el valor vitalicio, y muchos usan las tasas de descuento para calcular el valor actual neto (VAN). El modelo usado aquí se basa en la información obtenida en: http://dbmarketing.com/articles/Art129.htm, y en: http://hbswk.hbs.edu/archive/1436.html, pero simplifica el cálculo al no usar el VAN.

+ Valor actual neto
(VAN) de las futuras
compras

− Coste de la adqui-
sición

+ Valor de las recomen-
daciones de nuevos
clientes

• Porcentaje que pro-
porciona el apoyo
• Frecuencia y valor del
apoyo

+ Valor de los discerni-
mientos

+ Valor del apoyo

+ Valor de las ideas

= Valor vitalicio del
cliente

• Porcentaje que reco-
mienda
• Tamaño de sus redes
• Porcentaje de perso-
nas recomendadas
que compran
• Valor de las compras

	Año 1	Año 2	Año 3
Número de clientes originales	10.000	5.000	3.500
Margen bruto de las compras (u$s)	$ 400.000	$ 200.000	$ 140.000
Coste de las adquisiciones y la retención (u$s)	$ 150.000	$ 25.000	$ 17.500
Beneficio neto (u$s)	$ 250.000	$ 175.000	$ 122.500
Valor vitalicio total durante 15 años (u$s)	$ 748.858		
Valor vitalicio tradicional por cliente (u$s)	$ 74,89		
Valor de las recomendaciones (u$s)	$ 30.000	$ 45.906	$ 45.287
Valor de los discernimientos (u$s)	$ 10.000	$ 5.438	$ 4.080
Valor del apoyo (u$s)	$ 5.438	$ 8.156	$ 6.120
Valor de las ideas (u$s)	$ 2.000	$ 1.000	$ 1.000
Beneficio neto y valor (u$s)	$ 297.438	$ 235.500	$ 178.986
Valor vitalicio total revisado durante 15 años (u$s)	$ 1.014.839		
Valor vitalicio revisado por cliente (u$s)	$ 101,48		

WEB Nota: el valor vitalicio total se calcula durante 15 años, pero solo se muestran los tres primeros años. Los cálculos detallados están disponibles en open-leadership.com.

FIGURA 4.5. Cálculo del valor vitalicio del nuevo cliente

Esto difiere sustancialmente de considerar solo el rendimiento de la inversión en una campaña; en su lugar, examina el valor de toda la relación: todo, desde las recomendaciones que surgen del diálogo que los clientes tienen acerca de una compra hasta los discernimientos, el apoyo y las ideas que los clientes pueden aportar durante sus relaciones a largo plazo con usted. Este "gran cuadro" del cliente reconoce lo que hemos discutido en el Capítulo 1: ser abierto requiere que usted considere a sus clientes no solo como una transacción, sino también como una relación de la cual puede extraer valor de muchas maneras diferentes.

En este ejemplo, el valor vitalicio de uno de los 10.000 clientes originales es de 74,80 dólares. Pero si usted añade el valor adicional creado por esos 10.000 clientes con sus recomendaciones, sus discernimientos, las preguntas de apoyo respondidas y las nuevas ideas, el valor se eleva hasta 101,48 dólares. Comprender dónde se crea el valor le permite tomar decisiones que una estimación directa del rendimiento de la inversión no le permitiría. Por ejemplo, ¿tiene sentido invertir en un diálogo más profundo con los clientes potenciales y existentes, que tienen redes más amplias? Quizá, pero solo si realmente hacen recomendaciones de sus productos, y a un coste que sea razonable para su economía empresarial. Para ayudarle a comprender mejor estos trueques, en el sitio web open-leadership.com puede encontrar una hoja de ejercicios detallada con estos cálculos.

La medida fundamental

Finalmente, muchas compañías han adoptado los índices de promotores netos (NPS, según sus siglas en inglés) como una medida clave de la lealtad y satisfacción del cliente hacia sus organizaciones. Los NPS formulan solo una pregunta para estimar la lealtad del cliente en una escala de 0 a 10[18]: "¿Hasta qué punto está dispuesto a recomendar [la compañía] a un amigo o a un colega?". Las personas que han respondido con un "9" o "10" se consideran Promotoras, aquellas que han contestado con un "7" u "8" son Pasivas, y las que responden con un "0" hasta "6" son las Detractoras. Para calcular el NPS de su compañía, anote el porcentaje de sus clientes que son Promotores y reste los Detractores. Satmetrix, que desarrolla y maneja programas de lealtad NPS, tomó como punto de referencia las calificaciones NPS de varias industrias, con compañías como Vonage (45%), Charles Schwab (36%), Apple (77%) y Google (71%) a la cabeza de sus respectivas categorías[19].

El índice NPS es especialmente interesante porque esta única medida está muy correlacionada con las compras repetidas del cliente; además, explica las diferencias en los porcentajes de crecimiento del ingreso relativo. A fin de incrementar su calificación NPS, usted necesita aumentar el número de Promotores y disminuir la cantidad de Detractores. Una mayor apertura puede mejorar directamente el NPS en estas dos áreas: la actualización más frecuente suele convertir a los Pasivos en Promotores, y conversar de una manera más abierta puede responder a las necesidades de los Detractores.

En mi labor como consultora, he descubierto que las organizaciones que ya están usando el NPS omiten la dis-

---

18. Más información sobre el índice de promotores netos (NPS) está disponible en: http://www.netpromoter.com.
19. El informe de calificaciones del índice de promotores netos 2009 de Satmetrix está disponible en: http://www.satmetrix.com/satmetrix/news_events.php?page=1&pid=72.

cusión acerca de la comprensión del rendimiento de la inversión en la apertura y las tecnologías sociales, y piensan de inmediato en cómo la apertura puede afectar al NPS. La ventaja del NPS es que suele ser fácil e inmediatamente estimable. ¿En qué se diferencia el NPS de los usuarios de su blog y Twitter respecto del de los clientes que no participan? ¿Los clientes que usan un producto que ha recibido la aportación de las iniciativas sociales colaborativas muestran un mayor NPS? ¿El NPS de sus empleados mejora cuando se hacen cambios en la adopción de decisiones? El hecho de tener una medida común en toda la compa-

---

PLAN DE ACCIÓN: CALCULAR LOS BENEFICIOS DE LA APERTURA

Como usted ha visto en este capítulo, hay múltiples maneras de considerar los beneficios de la apertura. ¡Ahora viene la parte divertida, que surge de sus propias estimaciones! Mientras hace esto, considere por qué está desarrollando estas medidas. Puede ser una fase de justificación para demostrar su tesis de que la organización debería llegar a ser más abierta y comprometida. O quizá necesite maneras de estimar su progreso hacia una mayor apertura. Las siguientes cinco fases deberían empezar a encaminarlo, pero tenga en cuenta que no hay respuestas fáciles, ya que las medidas dependen (1) de sus objetivos, (2) del impacto que tiene ser más abierto para lograr esos objetivos, y (3) del grado de apertura que usted tiene hoy comparado con el que desea tener. Usted sabrá que tiene las medidas apropiadas cuando estas sean útiles en un nivel operativo y, además, proporcionen un discernimiento sobre el progreso que está haciendo hacia su objetivo estratégico.

- *Fase 1. Defina sus objetivos.* Al final del Capítulo 3, usted realizó el ejercicio de relacionar un objetivo orientado a la apertura con un objetivo estratégico y, además, consideró de qué modo ser abierto puede ayudarle a lograr ese objetivo. Si todavía no lo ha hecho, eche una rápida mirada al plan de acción y defina su objetivo: ¡usted no puede estimar algo, si no sabe qué es! Para este plan de acción, voy a usar otra vez el ejemplo hipotético de entrar en un nuevo mercado, con el propósito de aumentar el conocimiento de mi marca en mi audiencia objetivo del 2 al 20%, durante el próximo año.

- *Fase 2. Identifique los indicadores clave de desempeño (ICD) más importantes.* Esta es la fase más difícil, ya que usted estará dando un salto de los objetivos abstractos a los ICD operativos. Por ejemplo, el objetivo de tener un diálogo con una nueva audiencia debe ser más detallado que simplemente "tener un compromiso más profundo con ella". Sus ICD deberían tener objetivos muy claros y cuantificables; por ejemplo, "aumentar el número de seguidores de Facebook o de Twitter, de lectores del blog y de espectadores de YouTube", e "incrementar el número de personas que comparten con sus amigos información sobre nuestro producto". Y se deberían establecer las expectativas de lo que serán esos objetivos. La clave: relacionar el objetivo indirecto de aumentar el tamaño de la audiencia de los medios sociales con la mayor concienciación de su audiencia objetivo. Al final del período de prueba, ¿la mayor concienciación deriva de su mayor presencia en los medios sociales?

  Una dificultad que presenta el uso de estas nuevas medidas es seleccionar demasiados ICD: es muy fácil cometer el error de añadir medidas solo porque usted puede hacerlo. Al concentrarse solamente en las medidas más importantes, que reflejan cómo se está logrando el objetivo, usted será capaz de pasar a las siguientes tres etapas: manejar y optimizar las acciones que más importan.

- *Fase 3. Identifique las actividades de apertura que apoyan sus ICP.* Si usted ya tiene una página en Facebook, ¿empieza a responder activamente a los mensajes del muro —como hace Kohl's— para incrementar el número de seguidores? ¿Cuánto tiempo requiere? ¿O debería invertir esos mismos recursos en un blog que tenga menos alcance, pero comprometa a las personas en un nivel más profundo, y que genere más enlaces, más artículos del blog y una alta posición del motor de búsqueda? ¿O simplemente debería escribir artículos que se centren en temas candentes específicos? Usted puede tomar estas decisiones en el vacío, a no ser que pueda comparar esas contribuciones con sus ICD.

- *Fase 4. Establezca una línea de base para sus objetivos e ICD.* Tenga en cuenta que los objetivos y los ICD que estoy sugiriendo no se limitan a una acción específica o instantánea. Las mejores medidas reconocen que es el cambio a través del tiempo lo que mejor refleja el beneficio. Por ejemplo, sus ICD finales pueden parecer algo semejante a esto: "Incrementar los seguidores de Facebook de 50.000 a 500.000 durante los próximos seis meses, mediante el compromiso de al menos la mitad de los posteos del muro en un diálogo, que finalmente requerirá el 25% del tiempo de nuestro gerente de la comunidad". Si estos esfuerzos solo consiguen comprometer a 250.000 seguidores, usted sabrá que dichos esfuerzos lo dejan a mitad de camino; y, si bien usted no ha logrado su objetivo, sabe más de lo que sabía antes. Recuerde que, ante la ausencia de medidas del valor y de puntos de referencia para la apertura, usted necesitará crearlos a lo largo del proceso.

- *Fase 5. Optimice y ajuste sus ICD y sus prioridades.* Con la nueva información y la experiencia adquiridas, haga los ajustes que sean necesarios. ¿Sus ICD son realistas o usted necesita incrementar la cantidad de tiempo que su gerente de la comunidad invierte en Facebook? ¿Hay un mejor uso del tiempo de esa persona, como dirigir el tráfico hacia su sitio web y responder a los comentarios en un blog o foro de discusión? A lo largo del proceso, verifique si los ICD se correlacionan con los avances en su objetivo. ¿El conocimiento de su marca ha crecido desde ese 2% inicial, y se encuentra en el 10% a mitad del año? ¿Qué indicadores clave del desempeño (ICD) parecen estar generando el máximo valor para su objetivo general?

  Como usted puede apreciar en estas cinco etapas, estimar los beneficios de la apertura requiere pasar más rápidamente de lo teórico a lo concreto, y usar buenas prácticas comerciales. Cuanto más pronto pueda conectar su estrategia de apertura con las medidas y detalles operativos, podrá empezar antes a trabajar para crear valor.

ñía proporciona no solo un punto de vista unificado, sino también una manera de hacer trueques coherentes.

Ahora que usted tiene una idea clara de cómo estimar los beneficios de la apertura, empezaremos a considerar cómo manejar el riesgo y la incertidumbre que surgen de la apertura de su organización. En el Capítulo 5 examinaremos las políticas, procesos y procedimientos que le ayudarán a manejarla.

CAPÍTULO 5

ESTRUCTURACIÓN DE LA APERTURA CON LOS "PACTOS DEL *SANDBOX*"*

Ahora que hemos establecido su estrategia y comprendido los beneficios, es probable que un problema enturbie su entusiasmo; es decir que la apertura se considere arriesgada y peligrosa. Usted no está solo. La pregunta que me hacen más a menudo es cómo abordar la sensación de estar fuera de control cuando se afronta directamente la apertura, en especial cuando hay que pedirles a los asustadizos ejecutivos que den ese paso con usted. Si bien definir los beneficios sirve, también le insto a poner en práctica las políticas, los procesos y procedimientos que le ayudarán a manejar la apertura. Usted debe tener un plan sobre cómo controlarla. Esta no es una contradicción; en realidad, creo que es necesario estructurar y explicar la apertura y hacerse responsable de ella.

En este capítulo explicaré las razones por las cuales es necesario estructurar apropiadamente la apertura y de qué modo hacerlo con sus empleados y con sus clientes. En el Capítulo 6 consideraremos cómo hacer operativa su

---

* Cajón de arena donde juegan los niños en los parques o jardines. En informática, zona o entorno seguro. (N. del T.)

estrategia de apertura, pero antes empecemos por sentar las bases de sus nuevas relaciones abiertas.

Por qué es necesaria la estructura

La gente a veces me dice que para ser abierto usted tiene que confiar en las personas. "Deposite su confianza en las personas y déjelas hacer lo que consideran correcto." El problema es: ¿qué pasaría si lo que las personas consideran correcto estuviera en discrepancia con los puntos de vista de los otros o con los objetivos de su organización? Esto provocaría un caos. En los capítulos previos, he sugerido que la apertura necesita estructura y priorización: usted tiene que determinar en qué será abierto y en qué no, qué permitirá y qué no. Deben existir límites.

Con ese fin, necesita estructurar las nuevas relaciones que se crean con la apertura y las tecnologías sociales. Tenga en cuenta que está desarrollando relaciones que antes no existían. La mayoría de la gente comprende las reglas y el protocolo de la interacción social; por ejemplo, cuando nos reunimos con un extraño por primera vez en una cena, seguimos ciertos protocolos y evitamos preguntar acerca de las ideas políticas o el ingreso del nuevo conocido, tampoco le pedimos prestados 500 dólares. Pero en estas nuevas relaciones abiertas, el cambio de poder es tal que no estamos bastante seguros de cómo deberíamos actuar, y a veces nos sentimos como si estuviéramos entrando en un mundo extraño con su propio lenguaje y costumbres sociales.

Lo mismo sucede con las nuevas relaciones que usted crea con los clientes y empleados empoderados. Si usted cede el poder, ¿cómo sabrá que alguien se hará cargo de ese poder? Si usted se abre y deposita su confianza en alguien, ¿qué tipo de responsabilidad espera que haya?

Estos acuerdos no surgen de la nada. Usted debe invertir tiempo y esfuerzo en definir las reglas para estas nuevas relaciones, establecer las expectativas y comunicarlas claramente para que la confianza se pueda desarrollar a través del tiempo. El liderazgo abierto requiere la creación de una estructura, un proceso y una disciplina en torno a la apertura, de tal modo que las personas sepan qué esperar y cómo comportarse en ese nuevo entorno abierto. No sea tímido: siga adelante, establezca las reglas y, en el proceso, comprometa a sus empleados y clientes. Piense en esto como en una de sus primeras iniciativas de apertura. Escriba lo que yo llamo el "pacto del *sandbox*", que regirá de qué modo usted entrará en estas nuevas relaciones.

Defina el sandbox *de su organización*

Una manera de pensar en la apertura es usar la metáfora del *sandbox*, o cajón de arena donde juegan los niños. Por un lado, hay límites claramente definidos para el cajón de arena, y dentro de ellos es seguro jugar. Por otro lado, el cajón de arena también tiene reglas: no arrojar arena a los otros participantes, no usar el camión del otro a no ser que se tenga permiso... Empecemos con la construcción del cajón de arena propiamente dicho.

El primer paso es definir las paredes del cajón: qué altura tendrán, y qué actividades se harán allí. Un buen punto de partida es considerar el examen de apertura que usted hizo al final del Capítulo 2. ¿En qué medida se siente cómodo con lo que las personas pueden y no pueden hacer? ¿Dónde prevé que necesitará ser más abierto, y qué limites deberá poner en ello? Usted puede examinar cuidadosamente la situación y decidir qué reglas aplicará para cada uno de los diez elementos en torno a la información compartida y la adopción de decisiones. De este modo, está sentando las bases de cómo será la apertura, para su organización y para usted mismo.

Cada compañía tendrá un cajón de arena de diferente tamaño, de acuerdo con el grado de apertura que desea tener. También los diferentes equipos tendrán cajones de arena más pequeños o más grandes, de acuerdo con lo que están tratando de lograr y los papeles que desempeñan las personas dentro de ese equipo. Algunas compañías tienen cajones de arena muy grandes. Por ejemplo, cuando Microsoft empezó a usar el blog, decidió permitir que todos los empleados escribieran blogs. Tenía una política informal para estas herramientas, que consistía en solo dos cosas: "Recuerde el convenio de confidencialidad que usted firmó cuando empezó a trabajar aquí" y "Sea inteligente". En realidad, Microsoft estaba diciendo: "Lo empleamos porque usted es inteligente y es una persona que piensa de un modo racional". La compañía confiaba en que las personas usaran su buen juicio para escribir (o no) algo en sus blogs. Como resultado de emplear a personas listas y confiar en ellas, Microsoft pudo tener un enorme cajón de arena.

Zappos es otra empresa con un gigantesco cajón de arena: ellos *no tienen* una política específica de medios sociales. Pero someten a sus nuevos empleados a un riguroso programa de instrucción, para inculcarles los valores fundamentales de la compañía con respecto al servicio al cliente, y también aprenden cómo usar de manera apropiada los medios sociales. En consecuencia, Zappos no solo alienta abiertamente a los empleados a comprometerse a través de los medios sociales sino que, además, añade y destaca las actualizaciones del empleado en twitter.zappos.com.

Tanto Microsoft como Zappos saben con seguridad qué cosas ocurrirán y cuáles no sucederán. Es evidente que este enfoque da buenos resultados: el año pasado, el número de incidentes públicos que involucraban a empleados de compañías con políticas muy abiertas en los medios sociales (que incluyen a Sun, Intel e IBM) fue cero.

Sin embargo, la mayoría de las organizaciones no piensa que puede confiar en los empleados para que usen los medios sociales en el lugar de trabajo. Una encuesta realizada a 1.400 directores de información de compañías estadounidenses, efectuada por Robert Half Technology, reveló que el 54% de ellos bloqueaba el uso de medios sociales como Facebook, Twitter, LinkedIn y MySpace en el lugar de trabajo[1]. Otro 19% permitía el acceso solo con fines comerciales, el 16% lo habilitaba para un uso personal limitado y solamente el 10% liberaba totalmente su uso durante las horas de trabajo. El posible problema es que los empleados pasen más tiempo en estos sitios que haciendo su trabajo. En otras palabras, estas organizaciones piensan que no pueden confiar en que los empleados hagan su tarea o sus gerentes supervisen la productividad. Para estas organizaciones, el cajón de arena es inexistente, y los líderes pueden pensar que "controlan" la situación a través de la simple prohibición de la actividad.

Este es un enfoque erróneo, especialmente con el acceso a estos sitios ahora casi ubicuo desde los teléfonos móviles. Por otra parte, las prohibiciones totales les dan

---

1. Un comunicado de prensa de Robert Half Technology, emitido el 6 de octubre de 2009, que contiene detalles sobre la encuesta, está disponible en: http://rht.mediaroom.com/index.php?s=131&item=790.

una excusa a los ejecutivos y gerentes para no tener que habérselas con los medios sociales en el lugar de trabajo. Pero deberían hacerlo, porque el empleado también usa estos sitios en el teléfono móvil, tanto en el trabajo como en el hogar. Y lo que ellos hacen como empleados y lo que discuten en línea concierne al trabajo, y es de suma importancia.

Por consiguiente, creo que *todas* las compañías necesitan desarrollar y mantener un "pacto del *sandbox*" –algún tipo de apertura o de política de los medios sociales–, aun cuando esto signifique, como en el caso de Zappos, que la organización *no* tenga una política específica y dependa de las normas, los valores y procesos existentes de la compañía para protegerse. Y, aun cuando su organización insista en bloquear el acceso a estos sitios, usted también necesitará definir su "cajón de arena" y determinar lo que sus empleados deberían hacer, o no, en los medios sociales.

No se preocupe si el "cajón de arena" que construye es muy pequeño o limitado: sea realista acerca del grado de apertura que usted y su organización están dispuestos a admitir al principio. Pero no tenga reparos en incrementar su tamaño a través del tiempo. A medida que se desarrolle la confianza y el compromiso sea más abierto, todos se sentirán más cómodos con un cajón de arena más grande.

Uso de los pactos para desarrollar confianza

Ahora quisiera explicar por qué utilizo el término "pactos", en lugar de políticas y contratos. Los pactos son promesas que las personas se hacen mutuamente, y difieren de las políticas y los procedimientos empresariales tradicionales en el hecho de que *dictan* cómo funcionarán las cosas dentro de las organizaciones. La filosofía que respalda los pactos está más adaptada a las estrategias de apertura, porque las promesas, los acuerdos y los contratos reflejan un trueque real y transfieren el poder y la responsabilidad. Cuando los líderes se abren y ceden el control, confían en que los empleados harán lo que prometen, y que los clientes responderán y se comprometerán de una manera activa.

Un aspecto clave de un pacto es la responsabilidad: reconocer lo que sucede si alguna de las partes no cumple con su papel en el acuerdo. En el caso de los empleados, si no actúan responsablemente con la nueva libertad, la organización prescindirá de ellos. O si los clientes actúan de un modo inapropiado y ofenden a otros miembros de la comunidad, serán expulsados sin miramientos. Además, los empleados y los clientes también pueden hacer responsables a los *líderes* si estos no han actuado del modo que habían prometido. Por ejemplo, si un ejecutivo promete compartir las buenas y malas noticias con todos les empleados, es mejor que lo haga, o será obligado a renunciar por los trabajadores decepcionados.

La contradicción de estructurar la apertura

Aparentemente, hay una contradicción en lo que estoy proponiendo, el control de la apertura. En lugar de pensar en esto como una limitación de la apertura, piénselo como la barrera de protección dentro de la cual tendrá lugar la apertura. A no ser que usted defina con claridad cuáles son las limitaciones –y cada persona, cada organización, tiene un límite hasta dónde puede y desea ser abierta–, el personal no tendrá la confianza y seguridad para *ser abierto*. ¿Cómo sabrán que es aceptable conversar directamente con los clientes en un foro de discusión? ¿Cuándo un gerente debe conversar con un empleado acerca de aquellas actividades privadas en los medios sociales que puedan afectar a la compañía de un modo negativo?

Por último, su "pacto del cajón de arena" describe con detalle el tipo de relación que usted desea tener con sus empleados y clientes. Por lo tanto, el propósito de los pactos debería ser ante todo alentar una relación más abierta; formular y expresar el propósito de desarrollar la nueva relación. Como un líder abierto, le corresponde a usted establecer las bases, los fundamentos para estas relaciones. De no ser así, pocas personas van a asumir el riesgo y empezar el proceso.

Ahora consideremos los tipos de pactos *sandbox*. Por lo general, observo dos clases en las organizaciones: (1) las directrices sobre los medios sociales para los empleados, y (2) las directrices relativas al cliente, como la participación en la comunidad o los comentarios, así como las políticas de divulgación y los códigos de conducta destinados a desarrollar confianza con una audiencia. A continuación, explicaré cada tipo, e incluiré un plan de acción específico para cada uno. Empecemos con las directrices sobre los medios sociales para los empleados, que considero que todas las organizaciones deberían tener.

Crear directrices para los empleados sobre los medios sociales

Una encuesta reciente de Deloitte reveló que solamente el 22% de las compañías tenía algún tipo de directriz o política sobre los medios sociales[2]. Sin algún tipo de directriz, los empleados y sus gerentes no sabrán qué es lo que está

---

2. El estudio de Deloitte, "Social Networking and Reputational Risk in the Workplace", se puede consultar en: http://www.complianceweek.com/s/ documents/DeloitteSocialNetworking.pdf.

permitido o no. Y cuando se presentan las situaciones, los gerentes deberían ser capaces de reconocerlas como un problema (o no) y recurrir a las directrices para asesorarse y tomar las medidas pertinentes. De lo contrario, los gerentes y ejecutivos no sabrán cómo responder y reaccionarán impulsivamente, en lugar de hacerlo de un modo reflexivo y coherente con la estrategia general.

En mi profesión, he reunido cientos de políticas y directrices sobre los medios sociales y las he analizado (usted puede ver una lista de ellas en open-leadership.com). Es alentador ver la idea que las inspira, y también ver en qué medida se copian e imitan. Además, he asesorado a varias compañías en la creación de directrices sobre los medios sociales, y he descubierto que los siguientes elementos son componentes esenciales (véase la Figura 5.1). Más adelante, discutiremos sobre cada uno de ellos.

Introducción: organizar el escenario

Es importante empezar con el tono apropiado; por lo cual sugiero que comience sus directrices con una declaración de aliento y apoyo. Ante todo, sus directrices deberían reconocer que la organización está comprometida con las tecnologías sociales y desea que los empleados sean más abiertos con los clientes y otras partes interesadas, a través del uso de dichas tecnologías. He aquí un ejemplo:

> HP reconoce el valor excepcional de los sitios de medios sociales y promueve entre los empleados el uso responsable de estas herramientas de comunicación y aprendizaje cada vez más populares. El compromiso activo en la blogosfera y los sitios de medios sociales permite a los empleados de HP interactuar de una manera abierta, directa y en tiempo real con los

(sigue en pág. 175)

173

Introducción
- Aliento y apoyo: por qué son importantes las tecnologías sociales
- Cuándo se aplican las directrices
  - Uso personal de las tecnologías sociales cuando se relacionan con la organización
  - Uso de las tecnologías sociales en un entorno oficial

Directrices
- Transparencia de la identidad
  - Cuándo identificarse (o no) como un empleado
  - Cuándo discutir los temas relacionados con la organización
  - Conflicto potencial de intereses que los otros deberían conocer
- Responsabilidad
  - Asuma la responsabilidad de sus propias palabras; no escriba en forma anónima
  - Separe sus opiniones de las de su empleador
  - Respeto: por sus clientes, sus colegas y competidores
  - No permita que esto interfiera con su trabajo
- Confidencialidad
  - Recuerde el acuerdo de confidencialidad que ha firmado
  - Respete la privacidad de los clientes y colegas
  - Destaque los lugares donde la confidencialidad podría violarse
  - Defina qué se puede compartir y qué no
- Sentido común y buen juicio
  - Aclare cuáles son las áreas donde es necesario el sentido común
  - Pregunte si está inseguro

Mejores prácticas para los usuarios de los medios sociales
- Tono
  - Tener una personalidad, desarrollar una opinión
  - No incurrir en una falta de cautela; no escriba cuando está fastidiado o enojado
- Calidad
  - Ortografía y gramática
  - Añada valor
- Desarrollo de confianza
  - Responder a las personas
  - Expresarse en su área de competencia
  - Conectarse mucho
  - Admitir los errores

El descuido y las consecuencias
- Cuando la organización hace pedidos
- El proceso a seguir por los gerentes
- La evolución y resolución del proceso

Recursos adicionales
- Relaciones humanas, prensa y contactos legales para los gerentes y empleados
- Formación

FIGURA 5.1. Lista de las directrices sobre los medios sociales

(viene de pág. 173)

clientes existentes y potenciales, con los socios empresariales y con el público general. Esta información personalizada y el intercambio de ideas refleja el enfoque colaborativo centrado en el cliente, que define nuestra manera de hacer negocios.

El compromiso efectivo en los medios sociales puede ayudar a crear y profundizar el interés en nuestra compañía, nuestros productos y nuestros servicios. Además, puede permitirnos aprender y responder más rápidamente a las cuestiones y problemas urgentes. Y puede ayudar a establecer a la compañía y sus empleados como "líderes del pensamiento" en el dinámico universo tecnológico actual.[3]

El propósito de las directrices

También es importante explicar cuándo y con quién aplicar la política. Explique por qué la organización necesita directrices sobre los medios sociales y, en particular, cuándo se aplican al uso *personal* de los medios sociales. Esto puede ser muy diferente del uso de las tecnologías sociales en un entorno oficial, en cuyo caso usted quizá necesite proporcionar directrices adicionales y las mejores prácticas, además de una formación específica. En sus directrices al empleado, Razorfish ha hecho una excelente tarea en este sentido, al establecer varios escenarios concretos en los que se aplican (o no) las directrices[4]. Tenga en cuenta que los gerentes y ejecutivos pueden recurrir a las directrices para determinar si algo está permitido, o no. Por lo tanto, procure que sean fáciles de consultar,

---

3. La política de medios sociales de Hewlett Packard (HP) es un documento interno; este extracto fue proporcionado como una cortesía y se publica con su autorización.
4. Las directrices al empleado de Razorfish están disponibles en: http://www.razorfish.com/img/content/RazorfishSIMguideWebJuly2009.pdf.

con muchos ejemplos, y que incluyan escenarios comunes. Por ejemplo, Mayo Clinic explica el propósito de sus directrices de la siguiente manera:

> Lo más importante que los empleados de Mayo Clinic necesitan recordar acerca de los blogs y los sitios de redes sociales es que en estos espacios se aplican las mismas políticas básicas que en otras áreas de sus vidas. El propósito de estas directrices es ayudar a los empleados a comprender de qué manera se aplican las políticas de la compañía a estas nuevas tecnologías de la comunicación, de tal modo que el personal pueda participar con seguridad no solo en este blog, sino también en otras plataformas de medios sociales.[5]

Directrices: proporcionar barreras de protección para el compromiso

Este es el meollo de su documento: las directrices detalladas que establecen sus expectativas de lo que el personal hará y no hará. Aquí hay varios componentes. A continuación, describiré cada uno en detalle y, además, daré algunos breves ejemplos de cada área.

La *transparencia de la identidad* significa revelar quién es usted y para quién trabaja, en caso de que haya algún conflicto potencial de intereses. La *oportunidad* en que esto se aplica puede diferir de una compañía a otra. Algunas organizaciones piden que usted se identifique siempre, cuando está discutiendo algo relacionado con los productos o servicios de su organización. Otras compañías requieren la identificación solamente cuando hay un con-

---

5. Las directrices de participación para el empleado de Mayo Clinic se pueden consultar en: http://sharing,mayoclinic.org/guidelines/for-mayo-clinic-employees/.

flicto potencial de intereses, lo cual puede ser difícil de definir. Por ejemplo, si yo trabajo para Procter & Gamble, ¿debería revelar mi identidad si estoy comentando algo acerca del tipo de pañales que uso con mis niños, aun cuando no esté trabajando en la división Pampers? Pero, ¿cuál es la diferencia si la audiencia conoce mi identidad?

Honda atravesó una situación embarazosa en el otoño de 2009 cuando lanzó su automóvil Accord Crosstour en Facebook, donde recibió varios comentarios negativos acerca del aspecto del nuevo modelo. Una persona que defendió el automóvil escribió: "Tiene un diseño interesante. Este vehículo me fascina". De inmediato, fue reprendido duramente porque no se había identificado como un empleado de Honda, aun cuando su opinión personal fuera honesta, y no estuviera actuando como un portavoz de la empresa[6]. Honda eliminó enseguida su mensaje y escribió una explicación, pero esto solo sirvió para echar más leña al fuego[7].

He aquí un ejemplo de cómo Kodak pide a los empleados que se identifiquen a sí mismos:

> Aun cuando usted esté hablando como un individuo, las personas pueden percibir que lo está haciendo en nombre de Kodak. Si usted escribe un blog o discute sobre la fotografía, la impresión y otros temas relacionados con la industria de Kodak, sea franco y explique que trabaja para Kodak; sin embargo, si usted no es un portavoz oficial de la

---

6. Los detalles sobre el incidente del Accord Crosstour de Honda en Facebook se pueden ver en un artículo disponible en: http://www.autoblog.com/2009/09/03/honda-purges-some-comments-from-crosstour-facebook-page/.
7. La respuesta de Honda a la página Facebook de Accord Crosstour está disponible en: http://www.facebook.com/accordcrosstour?v=wall&view as=725095119#/accordcrosstour?v=app_6009294086.

compañía haga una salvedad: 'Las opiniones y posiciones expresadas son propias y no reflejan necesariamente las de Eastman Kodak Company'.[8]

La *responsabilidad* significa que usted será personalmente responsable de sus actividades individuales en los medios sociales en línea, y si escribe algo acerca de los temas relacionados con la compañía, actuará de acuerdo con los valores y expectativas de la organización. Esto puede incluir, como se indicó antes, una declaración donde exprese que sus comentarios son personales y que no está hablando en nombre de su organización. También puede incluir la notificación a los gerentes de cualquier presencia o actividad significativa en los medios sociales que pueda afectar a la compañía, a fin de asegurar que dichas actividades no interfieran con la realización de la tarea. El nivel de responsabilidad puede variar significativamente de una compañía a otra, de acuerdo con el grado de apertura que tenga la organización con respecto a sus actividades. Este es un ejemplo de Kaiser Permanente:

> Asuma la responsabilidad: usted es personalmente responsable de sus artículos y mensajes publicados (*posts*) en Internet. Los blogs, las wikis y otras formas de discurso en línea son interacciones individuales, no comunicaciones empresariales. El personal y los médicos de Kaiser Permanente son personalmente responsables de sus posts. Por lo tanto, tenga en cuenta que lo que usted escribe será público durante un largo tiempo.
> Uno de los valores fundamentales de Kaiser Permanente es "la confianza y la responsabilidad personal en todas las

---

8. Los consejos de Kodak para los medios sociales están disponibles en: http://www.kodak.com/US/images/en/corp/aboutKodak/onlineToday/Kodak_SocialMediaTips_Aug14.pdf.

relaciones". Como compañía, Kaiser Permanente confía y espera que sus trabajadores asuman la responsabilidad personal cada vez que escriben un blog o participan en algún medio social.[9]

La *confidencialidad* significa que usted no revelará la información reservada de la compañía. En este sentido, todo lo que se necesita es una simple referencia a la política de confidencialidad de su organización. Pero el problema es que aquí hay una gran cantidad de áreas grises: por ejemplo, es evidente que usted no hablará acerca de sus futuros ingresos, ¿pero cuándo es correcto compartir las ideas de nuevos productos con los clientes clave? A todas las organizaciones les preocupa la filtración de información confidencial, ya se trate de las características del producto, la propiedad intelectual o el rumor del personal. Quizá usted necesite especificar los diferentes tipos de información que pueden ser inadvertidamente compartidos. En este sentido, citaré una vez más a Kaiser Permanente, que es un proveedor de asistencia sanitaria con un interés específico en la confidencialidad del paciente y el cumplimiento de los requisitos legales. He aquí cómo la abordan en su política de medios sociales:

La confidencialidad del miembro/paciente. Los empleados no pueden usar ni revelar ninguna información identificable del miembro/paciente, de ningún tipo y en ningún medio social, sin la autorización escrita de dicho miembro. Aun cuando una persona no sea identificada por su nombre dentro de la información que usted desea usar o revelar, si

---

9. La política de medios sociales de Kaiser Permanente está disponible en: http://xnet.kp.org/newscenter/media/downloads/socialmediapolicy_091609.pdf.

hay una base razonable para creer que la identidad de esa persona podría ser deducida de esa información, entonces su uso o divulgación constituye una violación de la Ley de Responsabilidad y Portabilidad del Seguro de Salud (HIPAA) y de la política de Kaiser Permanente.[10]

El resultado: Kaiser Permanente tiene varios médicos que escriben blogs y usan Twitter, a menudo para comprometerse directamente con sus pacientes[11]. Con una instrucción clara sobre cómo atenerse a los requisitos de la HIPAA, la gerencia de la organización puede confiar en que esos profesionales se comprometerán de un modo seguro.

El *uso del buen juicio y el sentido común* es probablemente la directriz más importante. Usted apela al buen juicio de las personas que usan su formación y experiencia para distinguir entre lo que es correcto y lo que no lo es; y para que busquen consejo cuando están inseguras. Muchas políticas reconocen que no es posible abarcar todos los escenarios, de modo que apelan a la inteligencia y la capacidad general del personal. También hay casos en que el sentido común o el buen juicio no se ejercen, lo cual produce un resultado indeseable. En cierto modo, esta es una directriz "amplia", que prevé las situaciones imprevistas que los empleados y gerentes deben afrontar. Algunos ejemplos incluyen:

El sentido común es la mejor guía si usted decide publicar información que de algún modo se relaciona con Cisco.[12]

---

10. Ibídem nota 9.
11. Una lista de los médicos de Kaiser Permanente que tienen cuentas Twitter se puede encontrar en: http://twitter.com/htpotter/permanente-physicians. Uno de los médicos más prolíficos con los blogs es el Dr. Ted Eytan, cuyo blog está disponible en: http://www.tedeytan.com/.
12. La Política de publicaciones en Internet de Cisco está disponible en: http://blogs.cisco.com/news/comments/ciscos_internet_postings_policy.

Su vídeo será examinado y rechazado si viola las directrices y reglas del sentido común y el decoro. No ponga a la Fuerza Aérea en una situación que pueda provocar la cancelación de la cuenta.[13]

Las mejores prácticas y la forma de establecer las expectativas

Muchas organizaciones también incluyen las mejores prácticas en sus directrices sobre cómo comprometerse en los medios sociales. Para evitar la confusión, es mejor determinar si estas son sugerencias que se deben usar en actividades personales y extraoficiales, o normas que han de ser establecidas para el compromiso oficial. A veces, la línea divisoria entre actividades oficiales y extraoficiales depende de si está involucrado un gerente, ¡y no siempre en el contexto más positivo! Por lo tanto, usar las mejores prácticas tiene un doble propósito: establecer la calidad de lo que la organización considera mejores prácticas, y proporcionar un patrón o modelo cuando un gerente necesita comprometerse.

El *tono* es una de las mejores prácticas más personales, que incorpora no solo lo que yo llamo una "voz", que es única de cada persona y organización, sino también lo que se requiere en el contexto de la situación. Una de las mejores prácticas es tener lo que muchas organizaciones alientan: "una personalidad". Esto significa que la persona sale de las sombras de la organización.

---

13. La Fuerza Aérea de los Estados Unidos incluye directrices en el documento "New Media and the Air Force", disponible en: http://www.af.mil/shared/media/document/AFD-090406-036.pdf.

Al mismo tiempo, el *tono* tiene un aspecto negativo, ya que ocasionalmente las personas hablan cuando están enojadas y publican algo en la tensión del momento. Muchas directrices alientan a los empleados a hacer una pausa. Esto incluye lo que Intel recomienda en sus directrices: "Si usted está por publicar algo que le hace sentir ligeramente incómodo, no le quite importancia y lo envíe. Haga una pausa para examinar estas directrices y trate de imaginar qué es lo que le incomoda y luego corríjalo"[14].

La *calidad*. También es importante prestar atención a los detalles y asegurar la calidad. Algunos aspectos básicos como verificar la ortografía y usar la gramática apropiada son importantes. También es necesario asegurar la calidad real del contenido que está creando. Por ejemplo, no haga actualizaciones intrascendentes en Twitter, ¡ni escriba tantos blogs que la gente empiece a ignorarlo!

La calidad también significa asegurarse de que la información que va a ser compartida añade valor y no le exige demasiado tiempo a la gente. Aquí el problema es que hay un elemento de juicio involucrado en la definición de lo que significa "valor". Las directrices de IBM para los medios sociales lo expresan con elocuencia:

> Si esto le ayuda a usted, sus colegas, sus clientes o sus socios a llevar a cabo su tarea y resolver sus problemas, si le ayuda a mejorar su conocimiento o competencias, si contribuye directa o indirectamente al mejoramiento de los productos, procesos y políticas de IBM, si desarrolla un sentido de la comunidad, o si ayuda a promover los valores de IBM, entonces está añadiendo valor. Aun cuando la información

---

14. Las directrices de Intel para los medios sociales se pueden consultar en: http://www.intel.com/sites/sitewide/en_US/social-media.htm.

personal –no directamente relacionada con la empresa–
que usted decide compartir, tanto como la información sobre su familia o intereses personales, puedan ser útiles para
ayudar a establecer una relación entre usted y sus lectores,
la decisión de compartirla es exclusivamente suya.[15]

El *desarrollo de confianza* es probablemente la más importante de las mejores prácticas en esta área. Estas son
las actividades y conductas que su organización identifica
como la mejor manera de desarrollar una relación profunda con sus clientes y audiencia. Pueden incluir la respuesta inmediata a las preguntas y los comentarios de las
personas; por ejemplo, "responder a los comentarios de
una manera oportuna, cuando una respuesta es apropiada". Esto incluye los recordatorios que conectan frecuentemente a las personas fuera de la organización, y que la
Universidad DePaul expresa del modo siguiente: "Cite y
conecte a sus fuentes cada vez que sea posible; después de
todo, así es como se desarrolla una comunidad"[16].

La más difícil de todas las mejores prácticas es *reconocer que usted ha cometido un error*. Siempre es difícil admitir cuando uno se ha equivocado, y mucho más con las
tecnologías sociales debido a su naturaleza pública. Por
lo tanto, hay una necesidad de abordar esto con firmeza y claridad (en el Capítulo 9, discutiremos las mejores
prácticas sobre cómo manejar el fracaso). Una vez más,
la Universidad DePaul tiene una gran manera de definir
esta práctica: "Si usted comete un error, corríjalo rápida
y visiblemente. Esto le permitirá ganarse el respeto de la
comunidad en línea".

---

15. Las directrices de IBM para las medidas sociales están disponibles en:
    http://www.ibm.com/blogs/zz/en/guidelines.html.
16. La política de la Universidad DePaul se puede consultar en: http://
    brandresources.depaul.edu/vendor_guidelines/g_socialmedia.aspx.

El descuido y las consecuencias: cuando la gerencia está involucrada

Otro aspecto importante de las directrices es establecer las expectativas de lo que ocurrirá si surgen problemas y la organización necesita intervenir, especialmente cuando el problema involucra las actividades personales de alguien en los medios sociales. Las organizaciones actúan con mucha cautela cuando se involucran, por eso necesitan aclarar no solo en qué ocasiones lo harán, sino también el proceso a utilizar.

Uno de los escenarios más básicos es cuando alguien escribe algo inapropiado que llama la atención del jefe directo de esa persona. Lo primero que hará un gerente es leer las directrices para ver si no se han seguido las políticas pertinentes. Las directrices deberían proporcionar un proceso; por ejemplo, que el gerente tenga una discusión con el subordinado directo, o que pida asesoramiento de alguien en recursos humanos o en el departamento jurídico.

Si la formación y las instrucciones en torno a las directrices son sólidas, los empleados deberían comprender el contexto de la conversación y no sorprenderse cuando alguien los reprende. Si la transgresión es seria, como negligencia o mala conducta, quizá la organización tenga que tomar una medida adicional, que puede incluir hasta el despido, cuando está justificado. Este es el motivo por el cual algunas compañías incluyen esta información en las directrices, para aclarar de antemano lo que está en juego. Dell expresa la siguiente información en sus directrices: "Los empleados de Dell o los representantes de la compañía que no cumplan con esta política serán sometidos a medidas disciplinarias, que pueden incluir la terminación del empleo en Dell. Además, de acuerdo con la naturaleza de la violación o el contenido del canal en línea, los participantes también pueden ser sometidos a sanciones civiles y/o penales"[17].

Recursos adicionales

Finalmente, las directrices deberían incluir recursos adicionales, como los contactos de relaciones públicas, si hay una reacción fuera de la compañía como resultado de las actividades de un empleado. Si los empleados tienen dudas acerca de las directrices, quizá necesiten de otros recursos, además de hacer las preguntas a su jefe directo, como la consulta con expertos internos. En lo posible, se deberían incorporar las sugerencias sobre cómo mejorar las directrices, y la información acerca de cómo se manejarán las futuras revisiones.

PLAN DE ACCIÓN: CREE SUS DIRECTRICES PARA LOS MEDIOS SOCIALES

Esta es una visión global de lo que incluyen las directrices generales: lo más difícil es lograr que todos en la organización estén alineados en torno a un documento específico, especialmente su equipo jurídico, que quizá no esté familiarizado como usted desearía sobre los beneficios y riesgos de las tecnologías sociales. He aquí un plan de acción general sobre cómo empezar con este proceso:

- Empiece con el examen de apertura que usted condujo al final del Capítulo 2 y con los objetivos de su estrategia abierta del Capítulo 3. Use estos elementos como el punto de partida en las discusiones con su equipo jurídico, para que sus miembros comprendan lo que usted está tratando de lograr y el grado de apertura que desea para la organización.

---

17. La política de comunicaciones en línea de Dell está disponible en: http://www.dell.com/content/topics/global.aspx/policy/en/policy.

185

- Identifique las mayores esperanzas y los principales temores que afronta como organización en el logro de estos objetivos. Incluya a los interesados directos que estarán involucrados en el logro de su objetivo, ya que ellos serán probablemente quienes tengan más dificultades con las directrices.

- Reúna ejemplos reales para ilustrar los elementos de las directrices. Incluya tanto las buenas como las malas prácticas, así como ejemplos de las áreas grises donde se debería aplicar el buen juicio y el sentido común. Las mejores políticas surgen cuando se consideran dentro del contexto de las operaciones cotidianas.

- Dé un sentido práctico a las directrices, mediante la planificación de los escenarios en los que serán usadas. Deberían ser aplicables a la formación y la educación, así como a la supervisión. Aplique las directrices en situaciones reales para ver cómo operan bajo un examen minucioso.

- Acuerde por anticipado el proceso de redacción y decisión de las directrices: quién estará involucrado, quién tomará la decisión final, cómo intentará comprometer a otros participantes y cómo se manejarán las revisiones. Trate de hacer un proceso de revisión claro para las futuras ediciones, especialmente cuando examine las políticas a la luz de los mercados y las tecnologías cambiantes.

Un ejemplo de las directrices para el empleado en la práctica

En 1997, IBM recomendó que sus empleados entraran en Internet, en un momento en que muchas compañías estaban haciendo su mayor esfuerzo para mantener a sus colaboradores alejados de la web. En 2005, IBM lideró nuevamente el camino como una de las primeras compañías en poner en práctica las directrices para los blogs. En la redacción de las directrices, aplicó algunos principios iniciales sobre una wiki interna y comunicó a todos los empleados que podían ayudar a redactarlas. Las directrices fueron revisadas por los departamentos jurídico y de recursos humanos, y adoptadas con algunos cambios de poca importancia.

Durante los siguientes cuatro años la política fue revisada, a través del mismo proceso basado en la wiki, y evolucionó para incluir todos los tipos de tecnologías sociales, no solo los blogs. Una comparación de las versiones de las directrices de 2005 y 2009 muestra que las principales siguen siendo las mismas, a pesar del cambio rápido y la adopción de las tecnologías sociales[18]. Esto sucede porque las directrices de IBM están centradas en alentar el tipo de relación que sus empleados tienen con el mundo exterior, en lugar del uso de tecnologías específicas.

Usted sabrá si ha hecho un buen trabajo con las directrices, cuando el personal considere que estas lo alientan a comprometerse con otros fuera de las fronteras de la compañía. Y sabrá si tiene una buena política, cuando los empleados desarrollen escenarios en las áreas grises y discutan de qué modo la organización debería abordar la apertura. El tipo de debate en el que usted debería participar es aquel en el que los empleados tratan de ampliar el perímetro del "cajón de arena" para lograr un compromiso más grande y más profundo.

Invite a los clientes a suscribir un pacto

Una cosa es establecer las directrices aplicables para los empleados y otra muy diferente es hacerlo para los clientes. Usted necesita sentar las bases que dictan de qué manera va a interactuar con los clientes, y viceversa. Si les

---

18. Las directrices para la computación social de IBM se pueden ver en: http://www.ibm.com/blogs/zz/en/guidelines.html. A los efectos de hacer una comparación, la versión 2005 de las directrices está disponible como documento pdf en http://www.wordbiz.com/x9ksp38/IBM_Blogging_Policy_and_Guidelines.pdf.

da una plataforma a los clientes, implícitamente confía en que la mayoría de ellos actuará de un modo responsable y respetuoso cuando escriba en su muro de Facebook o participe en los foros de discusión que ofrece en su sitio web. Pero también necesita prever los problemas que inevitablemente surgirán, como un producto defectuoso o un cliente insatisfecho con algo, que implican que usted termine con un examen o comentario negativo en su propio sitio web.

Sam Decker, el director ejecutivo de marketing en Bazaarvoice, una compañía que opera con aproximadamente 600 marcas para alentar el contenido generado por el usuario, dice que la compañía ha tenido que desarrollar su empresa superando el temor de los clientes a la mayor apertura. "Es fácil ser protector y evitar el comentario crítico y la incertidumbre. Todos en el mercado y todos en Wall Street recompensan lo predecible. Por lo tanto, desde la perspectiva empresarial es desaconsejable hacer algo impredecible, como permitir a los clientes decir directamente lo que piensan de su marca o de su producto", afirma Sam. Pero las personas resultan ser bastante predecibles cuando escriben comentarios. Bazaarvoice descubrió que los comentarios son en su mayor parte positivos, con el 80% de ellos que van de los 4 a los 5 puntos (5 es la calificación más positiva). Además, la calificación media de un producto es de 4,3 puntos para todos los clientes de Bazaarvoice.

Por más incómodos o negativos que sean los comentarios, su presencia puede dar a la conversación un viso de autenticidad: ¡ningún grupo de clientes está completamente satisfecho con un producto o servicio! Y con la tendencia de los comentarios a ser positivos –aunque equilibrados–, los clientes tienen la oportunidad de conocer la percepción real de parte de otros clientes (en lugar de la compañía). Cuando usted está tratando de vender algo, los clientes esperan poder encontrar los comentarios de sus semejantes.

Al respecto, Decker me comentó: "Si su marca no tiene un contenido generado por el usuario, las personas no aprenden nada acerca de ELLA. No la tienen en cuenta".

Pero hay ocasiones en que el comentario de un cliente no solo es negativo, sino inaceptable porque es difamatorio, ofensivo o inapropiado y, en esencia, no concuerda con el nivel de conducta que usted exhibe en un foro público. ¿Es mejor suprimir un comentario o incluso prohibir a alguien participar porque es un alborotador, o dejar el comentario negativo porque, si bien usted no está de acuerdo con él, refleja una opinión y promueve la relación de la comunidad en general? Esta puede ser una decisión difícil incluso para las organizaciones más abiertas.

Los comentarios en los grupos de discusión, y especialmente en los blogs, son un tema de preocupación recurrente para las organizaciones. En sus directrices para la comunidad, Wells Fargo establece específicamente lo que sus miembros harán y explica: "A fin de asegurar intercambios que sean productivos, informativos y respetuosos de los diversos puntos de vista, nosotros examinaremos todos los comentarios y NO publicaremos comentarios que sean o incluyan…", y aquí describe con detalle los comentarios que no guardan relación con el tema, los ataques personales, el correo no deseado, el lenguaje ofensivo y la información privada o confidencial. Ed Terpening, el vicepresidente de medios sociales de Wells Fargo, me explicó que en general ellos no necesitan ejercer esta presión muy a menudo, y que los comentarios negativos constituyen una minoría de las opiniones presentadas[19].

---

19. De una entrevista conducida con Ed Terpening, disponible en: http://vator.tv/news/show/2009-03-04-using-blogs-in-a-public-relations-crisis. En otra entrevista, Terpening analiza de qué modo Wells Fargo se

Intel también incluye detalles en su política de moderación, a fin de asegurar lo que define como un "diálogo en línea equilibrado". Ellos agregaron inteligentemente esta cláusula:

> Si el contenido o la comunidad han sido previamente moderados, siga estos tres principios: lo Bueno, lo Malo, pero no lo ofensivo o denigrante. Si el contenido es positivo o negativo, y está en el contexto de la conversación, entonces nosotros lo aprobamos, sin considerar si es favorable o desfavorable para Intel. Pero si el contenido es desagradable, ofensivo, denigrante y completamente fuera de contexto, entonces lo rechazamos.[20]

Por lo general, las organizaciones son cautelosas al ejercer su derecho a suprimir comentarios o prohibir la participación de alguien porque resultan dañinos. Pero creo que deberían poner límites claros, porque eso asegura que se puedan desarrollar conversaciones y relaciones productivas. Piénselo de esta manera: ¿qué haría usted si alguien entrara en la sala de conferencias de su edificio, donde usted mantiene una reunión, y empezara a desvariar y decir disparates causando un alboroto? Trataría de razonar con esa persona, pero si la conducta persiste, llamaría al personal de seguridad y haría que la escolten cortésmente hasta la salida y quizá fuera del edificio. En lo que respecta a su presencia en línea, es importante hacer saber a sus clientes cuándo usted entrará y protegerá el entorno: aclare que está dispuesto a

---

comunica exitosamente a través de blogs; véase: http://vator.tv/news/show/2009-02-19-how-wells-fargo-successfully-blogs. Las directrices para la comunidad de Wells Fargo están disponibles en: http://blog.wellsfargo.com/community-guidelines.htm.

20. Las directrices de Intel para los medios sociales se pueden consultar en: http://www.intel.com/sites/sitewide/en_US/social-media.htm.

escuchar los puntos de vista opuestos, pero no a expensas del discurso civilizado.

Códigos de conducta
y políticas de divulgación

Para las organizaciones es importante establecer las reglas del compromiso y aclarar las responsabilidades de cada parte. Un excelente ejemplo de esto es el "pacto compañía-cliente" que ha publicado Get Satisfaction, el cual requiere una responsabilidad compartida entre las partes (véase la Tabla 5.1)[21]. De este modo, el pacto opera como un "pacto del cajón de arena", donde cada parte promete atenerse a un determinado código de conducta.

Los códigos de conducta y las políticas de divulgación tienen un propósito: desarrollar confianza. Chris Pratley, uno de los primeros blogueros en Microsoft, experimentó esto: "Cuando empecé a escribir, había personas comentando en mis blogs que decían: 'Yo no le creo, usted debe ser un empleado de marketing. Una persona que está al frente de algo'. Y yo les respondía: 'Usted me sorprende, realmente. ¿Qué le hace pensar eso? Pregúnteme algo y yo le responderé con franqueza'". Durante un tiempo, Pratley fue capaz de convencer a las personas de que confiaran en él, en parte porque aceptaba los comentarios negativos, y también porque respondía a las personas con rapidez y cortesía, aun cuando no estuvieran de acuerdo con él.

---

21. "El pacto compañía-cliente" de GetSatisfaction está disponible en: http://getsatisfaction.com/ccpact.

TABLA 5.1. El pacto compañía-cliente

Nosotros, los clientes y las compañías, necesitamos confiar en las personas con quienes hacemos negocios. Los clientes esperan interacciones directas y honestas, donde sus voces sean oídas, antes, durante y entre las compras. Las compañías tratan de inspirar satisfacción en el cliente y lealtad a la marca, al mejorar constantemente los productos y servicios que ofrecen.

Es evidente que afrontamos un reto –y una responsabilidad– cruciales en la transformación del tono antagónico, que con demasiada frecuencia domina la experiencia del cliente. Si trabajamos juntos y compartimos la responsabilidad de promover una conversación eficaz, podemos desarrollar relaciones a largo plazo de mutuo respeto.

Al adoptar estos cinco valores prácticos, podemos realizar un cambio significativo en nuestras relaciones comerciales.

	Compañías	Clientes
1. Sea humano	Use un tono conversacional respetuoso. Evite los dobles mensajes y los dobles discursos empresariales.	Sea comprensivo. Muestre el respeto y la amabilidad que desea que tengan con usted.
2. Sea accesible	Desarrolle un diálogo público con los clientes, y demuestre su receptividad y disposición a ser responsable.	Comparta los problemas directamente con la compañía, o en un sitio donde la compañía tenga una posibilidad de responder.
3. Sea auténtico	Aliente a los empleados a usar su verdadero nombre y a ofrecer un contacto personal.	Use su verdadera identidad y fomente una reputación a largo plazo con la compañía.
4. Sea paciente	Algunos problemas requieren más tiempo que el esperado para ser resueltos. Por lo tanto, trate de establecer expectativas claras sobre cómo los abordará.	Dé a las compañías la información y el tiempo requeridos para abordar adecuadamente los problemas.
5. Sea productivo	Procure mantener activa la conversación. Demuestre buenas intenciones y hable sinceramente con los clientes mientras busca una solución.	Esté dispuesto a continuar las conversaciones que inició. Dé a las compañías el beneficio de la duda, mientras ellas buscan una solución.

Material disponible en: http://getsatisfaction.com/ccpact.

El beneficio de tener un código de conducta y políticas de divulgación es que pueden ayudar a abreviar el tiempo que requiere desarrollar ese nivel de confianza, porque establecen claramente de qué modo usted espera que se comporten sus empleados y su audiencia en su organización. Básicamente, usted está explicando qué tipo de relación desea tener con su audiencia. Si usted nunca ha sido abierto, ¿cómo van a saber lo que espera de ellos? Al dar un primer paso y describir lo que aportará al "pacto del cajón de arena", *usted* está sentando las bases para el desarrollo de una relación.

Por ejemplo, el Código de Conducta en los blogs de Hewlett-Packard (HP) establece lo que harán sus empleados, empezando con una simple y firme declaración: "Nos esforzaremos por tener diálogos abiertos y honestos con nuestros lectores"[22]. La Tabla 5.2 presenta otro ejemplo, en este caso de Hill & Knowlton, una firma de relaciones públicas que necesita estar segura de cómo y cuándo hablar en nombre de los clientes[23]. En el Social Media Business Council se pueden encontrar más ejemplos pertinentes y una herramienta sobre las mejores prácticas de divulgación[24].

---

22. El código de conducta para los blogs de Hewlett-Packard (HP) está disponible en: http://www.hp.com/hpinfo/blogs/codeofconduct.html.
23. Los principios para los medios sociales de Hill & Knowlton se pueden consultar en: http://www.hillandknowlton.com/principles.
24. La guía de las mejores prácticas del Consejo Empresarial de Medios Sociales se puede consultar en: http://www.socialmedia.org/disclosure/.

TABLA 5.2. Principios sobre medios sociales en Hill & Knowlton

Uso personal de los medios sociales

Si usted puede ser identificado como empleado de Hill & Knowlton o utilizar los recursos de la compañía para su uso personal de medios sociales, tenga a bien considerar lo siguiente:

- Sus clientes, gerente, subordinados y colegas pueden leer lo que usted escribe. Por lo tanto, criticarlos podría resultar en la pérdida de un negocio para la compañía o incluso en la pérdida de su empleo.

- Piense en lo que usted escribe del mismo modo que piensa en lo que podría decir a un periodista, o en conversaciones que podría tener con personas que no conoce. Si usted no lo dice en esas situaciones, no lo diga en línea.

- No revele ninguna información confidencial o patentada a nuestros clientes, ni a ninguna tercera parte que nos haya revelado información a nosotros (por ejemplo, periodistas, proveedores, etc.), aun cuando usted piense que es segura. De todos modos, su contrato de empleo lo prohíbe.

- Hay muchas cosas que no se pueden mencionar como parte de una sociedad cotizada en bolsa. Hablar de nuestro ingreso, los planes futuros o el precio de las acciones podría crearle problemas legales a usted y a la compañía, aun cuando solo sea su punto de vista personal y usted no se haya identificado directamente como empleado de Hill & Knowlton.

- Su uso personal de los medios sociales en el trabajo debería ser apropiado a su papel o función. Si no está seguro, discútalo con su gerente de línea o consulte su contrato de empleo.

- Si usted se identifica explícitamente como un empleado de Hill & Knowlton, debería aclarar que las opiniones que expresa son personales. Quizá necesite usar la siguiente fórmula en su blog, sitio web o perfil:

Estas opiniones son personales y no reflejan necesariamente los puntos de vista de mi empleador.

Continúa

TABLA 5.2. Principios sobre medios sociales en Hill & Knowlton *(continuación)*

**Uso profesional de los medios sociales
en nombre de Hill & Knowlton y los clientes**

En lo que respecta al uso profesional de los medios sociales (es decir, como parte de una propaganda comercial, de una campaña del cliente o cuando se representa a Hill & Knowlton), tenga a bien seguir estos principios básicos:

- Comprenda las normas, creencias y aspiraciones de las comunidades con las que se comunica en línea.

- No se comprometa con los medios sociales o generados por el consumidor en nombre de un cliente, sin su conocimiento y autorización, y sin la orientación de un consultor de Hill & Knowlton, o si contraviene las políticas propias de un cliente.

- Comprenda las políticas de sus clientes y aténgase a ellas. Cuando surja un conflicto irresoluble, los principios de Hill & Knowlton prevalecerán.

- Revele quién es usted y para quién trabaja (tanto la agencia como el cliente).

- Sea franco, y no pretenda ser alguien o algo que no es.

- Respete la privacidad y las preferencias de cada persona con que interactúa.

Cuando sea práctico, consulte nuestros principios sobre las comunicaciones abiertas en: http://www.hillandknowlton.com/principles.

El trato con el departamento jurídico

Johnson & Johnson (J&J), una importante compañía de productos farmacéuticos y medicinales, estaba comprensiblemente preocupada por haber permitido al público comentar libremente en los sitios web de la firma. ¿Qué debería hacer J&J si alguien tenía una reacción adversa a uno de sus productos regulados? ¿Qué pasaría si alguien escribiera sobre un efecto secundario beneficioso –un uso no prescrito–, e instara a otras personas a usar la medicación con ese fin? "El hecho de permitir una conversación sobre el uso no aprobado de uno de nuestros productos regulados podría significar una violación de las directivas sobre promoción de la Agencia de Alimentos y Medicamentos de los Estados Unidos (FDA, según sus siglas en inglés)", explicó Marc Monseau, director de medios sociales de Johnson & Johnson.

Cuando la compañía decidió ingresar en los medios sociales e iniciar su primer blog en 2006, Margaret Gurowitz, un miembro del departamento de comunicaciones empresariales, dio un paso adelante porque estaba segura de que podría abordar y aliviar esas inquietudes. Como una autoproclamada aficionada a la historia, Gurowitz propuso un blog llamado "Kilmer House" que se concentraría en la trayectoria de la compañía, con 120 años de antigüedad[25]. Gurowitz señaló que un blog sobre la historia de la firma sería una medida de bajo riesgo para que J&J empezara a participar en los medios sociales, porque casi todas las cosas sobre las que ella escribiría habían sucedido cien años atrás. No obstante, ella trabajó muy estrechamente con el grupo jurídico y legislativo para comprender sus inquietudes, y obtuvo la aprobación de la compañía para seguir adelante, incluyendo el visto bueno del consejero delegado.

La clave era tener políticas y procesos en vigor. Al respecto, dice Monseau: "Margaret introdujo una política sobre los blogs, donde no solo se revisarían los comentarios antes de ser publicados, sino que nosotros trataríamos de

---

25. El blog de Kilmer House está disponible en: http://www.kilmerhouse.com.

establecer con claridad que solo se permitirían ciertos comentarios: aquellos que no estuvieran relacionados con los productos que vendemos". También se estableció un proceso, de tal modo que si alguien presentaba un comentario que incluyera un informe adverso, ellos usarían los canales ya establecidos para encauzar los comentarios que provenían del sitio web principal. Luego el grupo de medicina clínica continuaría la acción o informaría sobre el efecto adverso, de acuerdo con los requisitos legales.

Un año más tarde, Monseau se dirigió a los mismos equipos jurídicos para empezar el blog "JNJ BTW", que discute los problemas actuales en Johnson & Johnson[26]. Después de haber experimentado con el comentario público en el blog "Kilmer House", el equipo jurídico y los altos ejecutivos tenían una mayor seguridad para abordar los problemas actuales. Entonces el director de comunicaciones en vídeo de Johnson & Johnson, Robert Halper, entró en el mundo del vídeo en línea. De acuerdo con algunos de los enfoques aplicados por Margaret y Marc Monseau, Robert trabajó con el departamento jurídico para establecer un nuevo conjunto de procesos, a fin de crear un canal de YouTube que mostrara vídeos educativos pero que, además, permitiera los comentarios abiertos (pero moderados). Monseau explicó: "Es como dar los primeros pasos de un bebé, que no solo proporcionan experiencia, sino que también hacen esos proyectos menos engorrosos para los otros en la organización; y les permiten abordar proyectos más agresivos. Robert, Margaret y yo hemos descubierto que, al dar esos pequeños pasos dentro de J&J, hemos creado una hoja de ruta para que sigan los otros".

---

26. El blog de "JNJ BTW" se puede ver en: http://www.jnjbtw.com.

Yo he trabajado con muchos departamentos jurídicos y he descubierto que la clave es conectarse con ellos al principio del proceso, e instruirlos sobre los beneficios de una mayor apertura; de lo contrario, solo verán los riesgos muy reales de un compromiso más abierto. El uso de la analogía del "pacto del cajón de arena" es importante porque los introduce en la discusión, al pedir su consejo sobre cómo definir los límites de dicho cajón. Finalmente, al identificar los peores escenarios e introducir políticas paliativas y de contingencia, usted puede abordar y mitigar muchos problemas legales y ejecutivos.

PLAN DE ACCIÓN: CREE SUS DIRECTRICES SOBRE LA COMUNIDAD

Si las compañías como Johnson & Johnson y Wells Fargo, que operan en industrias muy reguladas, pueden tener un compromiso abierto con sus audiencias, usted también puede tenerlo. Una vez más, la clave es empezar con el tipo de relación que usted desea tener con su audiencia externa; el tipo de procesos que implemente lo reflejará. He aquí un plan paso a paso para desarrollar sus directrices sobre la comunidad.

- Como con sus directrices de los medios sociales para los empleados, empiece con el examen de apertura y los objetivos de la estrategia abierta de los capítulos 2 y 3. Al respecto, tenga una discusión inicial con su equipo jurídico, a fin de asegurarse de que sus miembros comprendan los beneficios de lo que usted está tratando de hacer.

- Resuma qué conductas y acciones usted aceptará y cuáles no permitirá. Esto incluye lo que significa ser "negativo" cuando se expresa un punto de vista legítimo y diferente, y lo que significa ser irrespetuoso. Defina con claridad todas las acciones que usted considera inaceptables.

- Cree un proceso de revisión, y también una manera de comunicar todos los problemas que usted pueda tener con alguien que está violando sus directrices sobre la comunidad. Instruya concienzudamente a las personas que estarán involucradas en dicho proceso.

- Establezca procesos y circuitos de producción, de tal modo de poder manejar el servicio al cliente u otros comentarios no relacionados de un modo oportuno y respetuoso. Debería ponerse rápidamente en contacto con alguien que ha tenido un problema con el servicio al cliente. (En el Capítulo 6 discutiremos con más detalle los cambiantes circuitos de producción.)

- Comprenda y establezca claramente sus responsabilidades como organización y como empleado de esa organización. Esto puede incluir un código de conducta y una política de divulgación. Procure que los empleados importantes que actúan como portavoces tengan la formación e instrucción adecuadas sobre estas directivas.

- Por último, consiga una retroalimentación constante de su audiencia, y revísela con sus directrices.

Algunos últimos consejos

He desarrollado algunos planes de acción específicos con el propósito de crear las directrices de los medios sociales para sus empleados, así como para sus audiencias externas. Pero antes de continuar, tengo algunos últimos consejos relativos al concepto general de establecer reglas y procesos de control. En este sentido, me he inspirado en la forma en que Netflix aborda los procesos, donde la compañía identifica los "buenos" procesos que ayudan al personal a realizar más proyectos y los "malos" procesos que procuran evitar errores[27]. Netflix prefiere los entornos creativos a los productivos; y piensa que evitar los errores puede inhibir un trabajo excelente. Por lo tanto, trata de librarse de las reglas "malas" que interfieren con la excelencia.

---

27. Netflix publicó una presentación que explica la cultura de su compañía en: http://www.netflix.com/Jobs?lnkceData=22&lnkce=ftrlnk&trkid=912834. La diapositiva 61 tiene más detalles sobre lo que la empresa considera procesos "buenos" y "malos".

La compañía hizo exactamente eso cuando suprimió su política de vacaciones. Hasta 2004, tenía un número normal de días de vacaciones para sus empleados. Pero la realidad es que todos trabajaban por las tardes, revisaban sus correos electrónicos en horas extras, e incluso tenían un tiempo libre por las tardes para asuntos personales. Netflix no controlaba cuántas horas trabajaban sus empleados, ¿entonces tenía sentido determinar cuántas horas no trabajaban? De ningún modo. Para citar a la compañía: "Así como nosotros no tenemos una política de 9 horas de trabajo los 5 días de la semana, tampoco necesitamos una política de vacaciones". Por eso Netflix no tiene una política de vacaciones ni un control de las mismas.

Pero Netflix no chasqueó sus dedos y aplicó esta política. Antes debía tener una cultura sólida que apoyara lo que la firma llama "colegas excelentes". Era mejor asegurarse de que esas personas vinieran a la compañía, y se quedaran. Con empleados sobresalientes, a Netflix no le preocupa cuántos días de vacaciones tienen; quizá tengan más días de vacaciones, pero eso compensa por todas las horas extras que ellos invierten.

Estoy de acuerdo con esto porque el "pacto del cajón de arena" que usted aplica debe ser coherente con el tipo de relación que tiene con sus empleados y con su audiencia. Si ellos no están preparados para la apertura, si usted tampoco lo está, entonces tendrá que hacer "pactos" más estrictos y más claramente definidos para tener una buena relación laboral. Pero yo le aliento a empezar a desarrollar las bases para una relación más significativa en el futuro.

Ahora pasaremos al Capítulo 6, donde discutiré los detalles operativos de cómo implementar su estrategia de apertura.

CAPÍTULO 6

CÓMO IMPLEMENTAR SU ESTRATEGIA ABIERTA

Usted ha decidido sobre su objetivo y ha imaginado cómo crear los pactos apropiados del "cajón de arena", de tal modo que las personas sepan dónde se encuentran. Ahora es el momento de trabajar todos juntos. Este capítulo versa sobre cómo implementar la apertura en toda la organización. Por definición, la apertura significa que habrá que construir puentes entre los departamentos y feudos tradicionalmente aislados, y quizá algunas personas no se sientan cómodas con esto. Los empleados se sienten cómodos en puestos bien definidos; y, de repente, la apertura cambia las reglas y exige que trabajen juntos por un objetivo común.

Este cambio no ocurre en forma repentina, tampoco sucede sin ayuda. Usted necesitará un plan de acción general, que exponga los detalles para la estrategia abierta y los objetivos que ha desarrollado en el Capítulo 3: esencialmente, la calificación que usted usará para conducir y liderar su organización. Puede empezar desde el principio, en cuyo caso este capítulo le servirá como la hoja de ruta inicial. Pero si su compañía, como muchas otras, ya se ha ocupado de la apertura y de las iniciativas para los medios sociales, este capítulo también le ayudará, aunque quizá lo use más para corregir el rumbo. Aquí voy a presentar las principales rutas del mapa, y al final del capítulo incluiré una lista que le ayudará a asegurar que se consideren todos los elementos de una estrategia abierta bien implementada.

Su plan detallado debería incluir los siguientes cinco elementos:

- Cree perfiles sociográficos sólidos de sus clientes y empleados.

- Identifique los puntos donde se ven afectados los participantes y el flujo de trabajo.

- Determine la mejor estructura organizacional.

- Asigne las funciones y responsabilidades.

- Diseñe planes apropiados de formación e incentivos.

Empecemos con la conducción de un examen formal del cliente y la organización.

Cree el perfil sociográfico

Si usted desea tener una relación con alguien, ¡es útil saber algo acerca de esa persona! Usted ha completado su examen de apertura y sus objetivos, ¿pero qué sabe *realmente* de aquellos con quienes tiene una relación? Ha oído hablar de los datos demográficos y psicográficos, y quizá esté familiarizado con los perfiles de conducta que se pueden desarrollar en torno a las actividades en línea de una persona. La información sociográfica va más allá y considera todo el panorama social en el cual actúa su audiencia.

Hay tres elementos del estudio sociográfico:

- *El examen social.* ¿Dónde interactúan en línea sus clientes, qué hacen allí y qué temas discuten? Las herramientas de seguimiento social como Radian6 están integradas con proveedores analíticos de la web como Webtrends y CRM, así como con las herramientas de Salesforce.com, para proporcionar un cuadro más completo de sus clientes; ellos también pueden trazar un mapa de las conductas y actividades. Lo mismo se puede hacer en una menor extensión con sus empleados, si usted ya está usando las herramientas de colaboración. Por ejemplo, ¿a dónde van sus clientes hoy para discutir los temas relacionados con su empresa? ¿Qué sitios y servicios usan sus empleados –interna y externamente– para conectarse entre sí y con los clientes?

- *El examen del compromiso.* Con el uso de la pirámide del compromiso discutida en el Capítulo 3, usted debería entender hasta qué punto sus clientes y empleados están comprometidos con temas, marcas y compañías particulares. El hecho de tener una idea de cómo se comprometen los diferentes segmentos será crucial para identificar sus primeras medidas tácticas. Por ejemplo, si usted sabe que muchos de sus empleados ya están comprometidos en las conductas participativas, quizá solo se requiera un pequeño incentivo para conseguir que participen internamente y apoyen una nueva iniciativa estratégica.

- *El examen de influencia.* Finalmente, usted necesita comprender quién tiene influencia, y también quién la tiene sobre quién. Por ejemplo, si tiene un cliente que está muy conectado y es influyente, necesitará priorizar cualquier pedido que venga de esa persona. Del mismo modo, si usted sabe que un cliente potencial tiene una fuerte conexión con otros clientes, puede considerar las conductas de compra para inferir qué productos es posible que le interesen a este posible cliente[1]. Los datos de la relación social están llegando a ser cada vez más accesibles a través de proveedores como Rapleaf, Lotame y Media6Degrees, lo cual le permite explorar y utilizar la información sociográfica de una persona.

Al conocer los datos básicos sociográficos de su audiencia, usted tendrá una noción clara y fundamental de dónde se encuentran hoy sus clientes y empleados. Sin este conocimiento, usted empezará el proceso sin un cuadro completo, y quizá no sea capaz de imaginar dónde están los miembros de su audiencia y qué tipo de relación tienen entre sí, y con usted. A menudo, me preguntan cómo abordar la creación de un perfil sociográfico. He aquí tres enfoques básicos que usted puede usar:

- *Seguimiento.* Hay muchos servicios de seguimiento disponibles, que van desde los tradicionales de recortes de prensa hasta los profundamente analíticos que provienen de múltiples fuentes. Esta es un área de servicios en rápida evolución, con gigantes como Microsoft que participan en la competición. Para es-

---

1. La teoría de los "vecinos de la red" sostiene que las personas que están estrechamente conectadas entre sí tienen intereses, gustos y conductas similares. Por lo tanto, si Toyota sabe que conduzco un Prius, podría mostrar un anuncio de ese automóvil a las personas en mi red, y obtener mejores resultados que con un grupo de control. Los proveedores como Media6Degrees proporcionan estos servicios.

tar actualizado, sea específico acerca de las conductas y tendencias más importantes que usted está investigando, en lugar de tratar de conseguir una visión de 360 grados de una audiencia particular o individual.

- *Encuesta personalizada.* El seguimiento investiga solamente la conducta; no sirve para relacionarla con otros datos del perfil como los estudios demográficos o psicográficos más profundos. Limite su objetivo y comprenda no solo lo que sus clientes están haciendo, sino también *por qué* visitan los sitios web, el contenido de lo que leen, y en qué fuentes confían y cuáles tienen influencia sobre sus decisiones.

- *Observaciones del mercado.* Para conducir exámenes detallados del compromiso y la influencia, usted necesita complementar su labor de seguimiento y encuesta con observaciones directas de cómo se compromete su audiencia y qué la hace asumir un mayor compromiso. ¿Las amistades marcan una diferencia, o es el nuevo sistema de comunicación lo que incrementa la cantidad de comentaristas en un sitio web?

Con el mapa sociográfico a mano, usted puede abordar sus objetivos de estrategia abierta y empezar a aplicarlos dentro de su organización. Ahora, examinemos de qué modo su estrategia abierta afectará a las operaciones existentes.

Identifique a los participantes y los circuitos de producción clave

Una de las primeras medidas que usted debe tomar es determinar los circuitos de producción, los procesos y los participantes que se verán afectados por su objetivo de estrategia abierta. Esta es la base de su plan de acción: qué pasa cuando usted empieza a comprometerse con las personas en el ámbito externo e interno. Necesita prever cómo serán manejadas las peticiones y comunicarlas claramente a quienes tendrán a su cargo la acción.

Aquí discutiremos tres tipos de circuitos de producción: (1) selección de las peticiones en tiempo real, (2) manejo de la crisis, y (3) comunicaciones internas.

Empecemos por seleccionar las peticiones entrantes.

Selección

Cuando alguien interactúa con otra persona y cuestiona a su compañía, ¿qué hace usted al respecto? Eso depende del lugar y del contexto, de la naturaleza del comentario en sí mismo, y también de su interés en comprometerse. Explicar estos intercambios con todo detalle le ayudará a imaginar cuándo tiene sentido comprometerse, y cuándo no.

Por ejemplo, echemos una mirada al proceso del flujo de trabajo que publicó la Fuerza Aérea de los Estados Unidos (USAF) sobre cómo maneja los comentarios en línea (véase la Figura 6.1)[2]. Este proceso se aplica a todos los comentarios que alguien del departamento de asuntos públicos pueda hacer en línea, ya sea en los foros de discusión o en los blogs del sitio web de USAF, o bien en el sitio de una tercera parte no asociada con la USAF. Esto me parece importante porque es coherente con la lógica

---

2. Más información acerca del diagrama de evaluación del blog de la Fuerza Aérea de los Estados Unidos se puede encontrar en: http://www. globalnerdy.com/2008/12/30/the-air-forces-rules-of-engagement-for-blogging/.

Evaluación de las respuestas de la USAF en la web
Agencia de Asuntos Públicos de la Fuerza Aérea – División de Tecnología Emergente

DESCUBRIMIENTO

SÍ

Publicación en la web
¿Alguien ha descubierto un comentario
acerca de la organización?
¿Es positivo o equilibrado?

INFORMACIÓN DE CONTACTO
Teléfono: 703-696-1158
E-mail: aftluctube@gmail.com

NO

EVALUACIÓN

Gnomos
¿Este es un sitio
dedicado a humillar
y degradar a los otros?

SÍ

Solo supervisa
Evita responder
a comentarios
específicos, y supervisa
el sitio por la información
y los comentarios
pertinentes.
Notifica al cuartel general.

Coincidencia
Una respuesta basada en los
hechos, que puede estar de acuerdo
o en desacuerdo con el comentario,
pero que no es
objetivamente errónea,
ni de naturaleza humillante
o negativa.

NO

SÍ

"Iracundo"
¿El comentario es de
naturaleza ofensiva,
irónica o satírica?

Usted puede coincidir con el
comentario, permitirlo o hacer una
revisión positiva.

NO

Corrige los hechos
¿Usted desea responder
directamente a los
comentarios con
información objetiva?
(Véanse
las consideraciones
sobre la respuesta)

¿Usted desea responder?

"Desencaminado"
¿Los hechos
mencionados
son erróneos?

SÍ

NO

NO

Permiso
Permite
el comentario –
no da ninguna
respuesta

SÍ

"Cliente insatisfecho"
¿El comentario
es el resultado de una
experiencia negativa?

SÍ

SÍ

RESPUESTA

NO

Reparación
¿Usted desea
rectificar la situación
y buscar una solución
razonable?
(Véanse
las consideraciones
sobre la respuesta)

Éxito compartido
¿Usted desea compartir
proactivamente su historia
y su misión?
(Véanse las consideraciones
sobre la respuesta)

Evaluación final
Escriba la respuesta
solamente para las
circunstancias actuales.
¿Usted responderá?

SÍ

SÍ

SÍ

CONSIDERACIONES SOBRE LA RESPUESTA

Transparencia	Fuentes	Oportunidad	Tono	Influencia
Revele su conexión con la Fuerza Aérea	Cite sus fuentes, incluyendo los hiperenlaces, los vídeos, las imágenes y otras referencias	Crear buenas respuestas requiere tiempo. No se apresure	Responda en un tono que refleje el rico legado de la Fuerza Aérea	Concéntrese en los sitios web más usados, relacionados con la Fuerza Aérea

FIGURA 6.1. Una visión simplificada de cómo la Fuerza Aérea de los EE.UU.
maneja los comentarios en el blog

207

del "pacto del cajón de arena" descrito en el Capítulo 5, en el cual se definen claramente las expectativas de cómo va a interactuar el personal de la USAF con el público. Pero también hay directrices claras sobre cómo contestar, y a *quién* debería respondérsele. Por ejemplo, si alguien es un "iracundo", entonces la instrucción es no responder, solamente supervisar y "notificar al cuartel general" (el número de teléfono y el correo electrónico también se mencionan en esta página).

A estas alturas, usted puede pensar que esto representa una gran cantidad de trabajo: tener que planificar y considerar los diferentes procesos, escenarios e intercambios que podrían ocurrir. Sin embargo, debido al riesgo asociado con la apertura y también con la incertidumbre, creo que le corresponde a usted tomar la iniciativa para prever estas contingencias y tratar de perfeccionar sus procesos de flujo de trabajo a través del tiempo. Si usted no puede prever ahora las preguntas o respuestas, inevitablemente tendrá que abordarlas más tarde, cuando no disponga del tiempo y la perspicacia requeridos.

Hay tres tipos de clasificación del flujo de trabajo que usted necesita determinar, en particular porque afectan a la manera de hacer las cosas en la actualidad:

- *Solicitud de servicio al cliente.* Si sus herramientas de seguimiento descubren a un cliente insatisfecho, ¿quién es responsable de resolver el problema? En algunas organizaciones, la persona que sigue las conversaciones en Twitter, como Frank Eliason en Comcast, es parte de la organización de servicio al cliente. Pero si alguien en su departamento de comunicaciones empresariales descubre un problema, ¿a quién debe llamar? Por eso es esencial tener previamente identificadas a las personas específicas que pueden responder a los problemas del servicio.

- *Apoyo a las ventas.* Del mismo modo, si alguien tiene una duda acerca de un producto que está considerando, ¿cómo se encamina esto? Salesforce. com integra a Radian6 y Twitter en sus servicios, y potencialmente puede crear alertas, que avisan a un gerente de cuenta si un cliente clave comparte un enlace relacionado con la compañía o si hace un comentario pertinente. Esto eleva el "conocimiento de su cliente" hasta un nivel completamente nuevo.

- *Comunicaciones internas.* Con el mejor flujo de información y el lugar compartido –a veces fuera del cortafuego de la compañía–, los departamentos de comunicaciones internas en las organizaciones más grandes necesitan supervisar y responder a los comentarios del empleado. Si alguien en recursos humanos (RRHH) descubre que un empleado se está conectando con otras compañías, la persona de RRHH puede enviar una nota al jefe del empleado para confirmar el hecho y ver de qué modo el empleado lo está haciendo. O si el CEO envía mensajes regulares a través de un blog interno, ¿debería exigirse a los empleados que los lean cuando ingresan en sus ordenadores? ¿Qué pasa si hay empleados que no tienen acceso a los ordenadores todos los días? ¿Cómo obtienen acceso a la información en línea?

Hay elementos comunes en estas tres situaciones. En primer lugar, la identificación de una conducta social, luego la necesidad de tomar una decisión para actuar sobre esa información. ¿Se necesita una respuesta o un seguimiento? Hay problemas de privacidad y el riesgo de parecer el "hermano mayor" que mira constantemente por encima del hombro a sus clientes y empleados. Pero el problema más serio de la mayoría de las compañías es el volumen total de comentarios. Coca-Cola recibe miles de respuestas cada vez que publica una actualización en su página de Facebook: su proceso de selección difiere significativamente del proceso de una compañía como Kohl's, que puede responder a la mitad de los comentarios debido a su volumen mucho más reducido.

En segundo lugar, es necesario ser claro con respecto a quién emprenderá la acción y qué serie de acciones podrían ser. Ahora hay mejores herramientas disponibles para ayudar a manejar este flujo de trabajo. Visible Technologies tiene una oferta completa con todos los detalles del seguimiento y flujo de trabajo para rastrear todos los tipos de contenido social en torno a una compañía, y otras firmas de seguimiento como Radian6 y LookingGlass de Microsoft están añadiendo la gestión del flujo de trabajo. También hay otras soluciones específicas, como CoTweet y HootSuite, que se especializan en el manejo de las conversaciones en Twitter entre muchas personas, e identifican tweets específicos para el seguimiento.

Pero lo más importante es que la responsabilidad de las acciones que tienen lugar le corresponde a menudo a un departamento de comunicaciones externo o a los medios sociales. Esto significa que otras personas con responsabilidades y descripciones del trabajo diferentes, y otros departamentos con recursos y presupuestos limitados, necesitarán asumir responsabilidades adicionales. Este es el gran dilema que afrontan las organizaciones abiertas:

cuando las presiones llegan a un extremo, el trabajo debe estar hecho. Aparentemente, ¡la mayor apertura parece crear más trabajo!

La clave para todos es comprender que este es un trabajo valioso; valorado por la compañía y por el cliente o empleado. Si su estrategia abierta está claramente relacionada con los objetivos estratégicos de su organización, es importante responder a estos requerimientos. Por ejemplo, consideremos de qué modo Johnson & Johnson aborda la información con efecto negativo: si alguien comenta en el sitio de la compañía que ha usado un producto y ha tenido un sarpullido, la información es transmitida a los departamentos pertinentes y procesada normalmente como cualquier otro mensaje.

En la planificación del flujo de trabajo es necesario formularse esta pregunta: ¿cómo afectará la experiencia al cliente o al empleado y, a su vez, cómo afectará a la relación? Para asegurarse de que la experiencia ha sido positiva, es crucial determinar la correspondencia entre el flujo de información y las responsabilidades.

Identificar a las partes interesadas más afectadas

Como vimos antes, las estrategias abiertas suelen abrir los feudos previamente aislados dentro de las organizaciones; y cuando se cuestionan los roles y las personas empiezan a pensar en los cambios organizacionales, puede ser muy inquietante. Las personas pueden pensar que su idea de su base de poder y cómo encajan en una organización está siendo desechada. El efecto psicológico es especialmente fuerte para los que ocupan puestos de liderazgo, porque su mundo se hace añicos, y su personal, su flujo de trabajo y sus presupuestos están obligados a cambiar.

Como ocurre con la mayoría de los cambios, llegar a ser más abierto es difícil y usted necesita tener en cuenta cuándo y de qué modo las partes interesadas se verán afectadas. Por ejemplo, consideremos esta situación: alguien del equipo de medios sociales se presenta en el departamento de servicio al cliente y dice: "Hola, necesito que resuelvan los problemas que estoy generando con el servicio al cliente". Las llamadas que esa persona ha hecho no estaban previstas en el presupuesto y, además, le han pedido que proporcione un nivel de servicio aún más alto porque alguien fuera del departamento considera que esas llamadas son más importantes que las entrantes. Pero esa persona tiene una dificultad: no hay un presupuesto adicional, y por eso recurre a usted. Como puede imaginar, ¡esta no es la manera de hacer las cosas! Sin embargo, veo esta situación repetida una y otra vez, con las nuevas responsabilidades que se delegan hacia abajo y hacia arriba porque nadie quiere asumirlas, nadie quiere asignarles un presupuesto.

Cisco afrontó este problema cuando empezó a promover la colaboración y delegar la adopción de decisiones dentro de la organización, con el mandato de desarrollar nuevas líneas comerciales –en la mayoría de los casos, sin aumento alguno del presupuesto–. Por ejemplo, Dave Holland, el tesorero de Cisco en esa época, lideró una comisión que consideró la expansión de las ofertas de Cisco en el deporte y los espectáculos. El objetivo era satisfacer las necesidades de los propietarios de equipos como Lew Wolff, el dueño del equipo de béisbol Oakland Athletics, que aspiraba a mejorar la experiencia del aficionado, mientras incrementaba los ingresos del patrocinio. Al hacer un esfuerzo común para promover los productos y servicios desde los diferentes departamentos y áreas funcionales, Holland fue capaz de firmar un contrato con Wolff, y con muchos otros equipos y estadios de todos los Estados Unidos, así como de Europa[3].

La clave del éxito de Cisco es que las juntas directivas y las comisiones son codirigidas por personas de diferentes departamentos como ventas y producción. De esta manera, las decisiones para vender un nuevo producto no se delegan, a menos que el departamento de producción esté de acuerdo, y viceversa. Holland reconoce que esto fue difícil de llevar a cabo: "La junta directiva no tenía un presupuesto ni la capacidad de añadir recursos. Si queríamos conseguir algo, teníamos que convencer al personal en las diversas funciones que la oportunidad era suficientemente importante para aprovecharla". Este tipo de negociación natural garantiza que se tomen las decisiones acertadas. Si las nuevas oportunidades valen la pena, entonces se interrumpen otras actividades menos prometedoras para dar lugar a las nuevas ideas.

Aunque el problema con las iniciativas de apertura es que la estructura para este tipo de concesiones mutuas no existe en la organización, y los compromisos se asumen cuando las partes interesadas quieren ayudar a lograr el objetivo, pero a menudo no se consigue debido al compromiso limitado. Además de los retos directos que plantea el flujo de trabajo, los interesados pueden sentirse amenazados por los cambios en la estructura de poder de las organizaciones. Tradicionalmente, las

---

3. Más información sobre la expansión de las ofertas de Cisco en el deporte se puede encontrar en: http://cisco.com/web/strategy/sports/index.html.

personas con títulos y puestos importantes eran las que tenían poder, pero en el futuro el poder estará en manos de quienes puedan canalizar y compartir información y relacionarse con toda la organización. En particular, las personas que estén más conectadas entre sí tendrán información exclusiva; además, debido a sus relaciones interdepartamentales, serán capaces de actuar con rapidez y decisión. Lo mismo será válido para las personas que puedan expresar e interpretar lo que está sucediendo fuera de la organización, y convencer al personal interno de su punto de vista.

Finalmente, deberíamos pensar en ampliar el concepto de "partes interesadas" para incluir a los proveedores, los accionistas, los distribuidores, los funcionarios locales, los legisladores y los periodistas, entre otros. Estos podrían ser grupos ecológicos interesados en la posición de la compañía sobre la contaminación, o grupos de derechos humanos interesados en el trabajo infantil en el extranjero. Un directivo de una gran corporación me dijo de manera privada que su personal de asuntos externos invertía la mitad de su tiempo en los problemas de los interesados externos, no de los clientes.

Para concluir esta sección, reitero la necesidad de compartir claramente el objetivo de su estrategia abierta, y asegurarse de que los interesados directos compartan el compromiso con ese objetivo. Por lo tanto, la cuestión no es quién va a hacerse cargo del asunto delicado –un enfoque interno–, sino de qué modo las personas pueden lograr juntas la meta compartida –un enfoque externo–. Aquí no hay ninguna fórmula mágica, la buena gestión del cambio incluye las mejores prácticas que exigen expresar claramente los objetivos y abordar las inquietudes de una manera respetuosa y constructiva.

Los modelos organizacionales para la apertura

Antes mencioné brevemente cómo se organizó Cisco para la adopción de decisiones mediante el uso de un sistema de juntas y consejos multidisciplinarios. Pero la mayoría de las organizaciones solo pueden hacer rápidamente pequeños cambios estructurales, y a menudo les resulta más difícil organizarse para una mayor apertura. Uno de los problemas más grandes es identificar quién "está a cargo" de la apertura o de la estrategia de medios sociales. En nuestra labor en Altimeter Group, hemos descubierto que las organizaciones exitosas adoptan uno de tres modelos: (1) orgánico, (2) centralizado, y (3) coordinado (véase la Tabla 6.1). Aquí analizaré cada uno de los modelos en detalle, pero quisiera destacar que no hay uno que resulte mejor. El modelo apropiado para usted depende en gran medida del nivel de apertura de su organización, de sus objetivos y de cómo está estructurada en la actualidad. Además, su modelo organizacional puede ser modificado a través del tiempo, a medida que cambian sus objetivos y las estructuras internas.

Modelo orgánico

El modelo *orgánico* es muy natural y permite desarrollar la apertura donde es más probable que aumente y prospere. Por lo general, se desarrolla sin un alto grado de dirección o control, a veces de un modo furtivo, sin una autorización o supervisión oficial. Alguien podría decir: "He pensado que podríamos publicar un blog", y escribe uno. Alguien más dice: "Creo que necesitamos una página de Facebook para hacer propaganda", y establece un foro de discusión.

215

TABLA 6.1. Tres modelos organizacionales para la apertura

	Orgánico	Centralizado	Coordinado
Descripción	Los esfuerzos individuales se hacen cuando y donde son motivados.	Una persona/grupo lidera los esfuerzos y establece el ritmo.	Un grupo proporciona las mejores prácticas, con una ejecución gradual.
Ventajas	Responde a las necesidades de cada departamento.	Puede avanzar rápidamente mientras el pequeño equipo hace los esfuerzos necesarios.	Difunde las mejores prácticas con amplitud.
Desventajas	Es incoherente, probablemente no tiene apoyo financiero oficial, los grupos no trabajan en forma coordinada y la experiencia del cliente es insatisfactoria.	Se difunde más lentamente en la organización, y quizá no le parezca auténtico a la comunidad.	Compite por la atención y por los presupuestos limitados, no siempre es rápido y requiere un compromiso de arriba-abajo.
Dotación de personal	Impulsado por predicadores individuales, que sirven como expertos pero no coordinan.	Un predicador dinámico conduce el proceso y desarrolla un equipo central a través del tiempo.	Inversión departamental en el nivel corporativo.
Más adecuado para	Los nuevos adoptantes con escasa dotación de personal y recursos.	Muy centralizado; especialmente para marketing/relaciones públicas corporativas.	Organizaciones distribuidas o avanzadas dispuestas a invertir.
Ejemplos	Humana, Microsoft.	Starbucks, Ford.	Cruz Roja, Hewlett-Packard.

Esto es muy orgánico porque se basa en las necesidades muy específicas de cada grupo. Todos están haciendo lo que les corresponde, pero lo hacen de una manera que tiene sentido para sus departamentos y objetivos individuales. Microsoft es un buen ejemplo: en la organización, hay una gran cantidad de blogueros que tienen la libertad para escribir dónde y cuándo lo desean. De hecho, los gerentes no saben quién está escribiendo los blogs ni sobre qué temas, y ellos están de acuerdo con eso porque, como vimos en el capítulo anterior, el pacto del "cajón de arena" de Microsoft es muy amplio.

Otro ejemplo es Humana, una de las 100 compañías *Fortune,* que proporciona seguros de salud en los Estados Unidos. Un centro de innovación interna empezó a experimentar con los medios sociales en el verano de 2008, y en enero de 2009 la compañía estaba dispuesta a seguir con el proceso. Pero, en lugar de coordinarlo desde el centro de innovación, decidieron establecer una "plaza del pueblo" donde cada unidad y departamento de la empresa podría establecer su propio puesto de avanzada en los medios sociales. Greg Matthews, director de innovación para el consumidor en Humana, recuerda: "Había un reconocimiento de que cada parte de nuestra empresa sabía cómo hacer mejor sus negocios, y podía diseñar una función de medios sociales que fuera capaz de apoyar esa estrategia. No queríamos que esto tuviera una estructura de control desde la gerencia superior". Los representantes de cada grupo se reúnen mensualmente para compartir las mejores prácticas en una "cámara de comercio" de los medios sociales, pero no se invierten fondos adicionales ni hay algún tipo de proceso de revisión central.

Los resultados han sido impresionantes. El departamento de marketing creó una serie de vídeos que responden a las preguntas frecuentes sobre los seguros de salud, que también aparecen en un sitio específico en YouTube[4]. Otro ejemplo es una comunidad privada creada por Humana Medicare para los prejubilados en Realforme. com, que ofrece a las personas que tienen entre 55 y 65 años de edad un lugar donde pueden obtener información y utilizar recursos acerca de la jubilación. Además, cuando este libro estaba en proceso de redacción, Humana Military lanzó su propia página en Facebook[5]. Una vez más, todo esto se llevó a cabo sin una asignación de presupuesto adicional de las arcas empresariales de Humana.

Las desventajas del modelo orgánico son que usted deja librada al interés de un departamento la creación de un espacio en los medios sociales, de modo que quizá no proporcione a la organización el impulso necesario para prosperar. Además, dado que los esfuerzos no son coordinados, usted corre el riesgo de tener una situación embarazosa: cinco sistemas de blogs, cuatro comunidades, tres foros de discusión, dos redes sociales y un CEO confundido (y exasperado).

Pero he descubierto que la naturaleza flexible del modelo organizacional orgánico es perfectamente adecuada para las compañías que empiezan a incursionar en los medios sociales y la apertura, y precisan un enfoque adaptable que aproveche el entusiasmo y las necesidades que ya existen en la organización. También es apropiado para las compañías muy descentralizadas con un apoyo y supervisión empresarial mínimos. Desde este punto de partida, la organización puede evolucionar hacia alguno de

---

4. El vídeo que responde a las preguntas sobre salud está disponible en: http://www.youtube.com/user/staysmartstayhealthy.
5. La página en Facebook de Humana se encuentra en: http://www.facebook.com/pages/Humana-Military/144152068725.

los otros modelos; a menudo hacia el modelo coordinado, que discutiremos más adelante en este capítulo.

Modelo centralizado

Más comúnmente, las compañías empiezan con un esfuerzo centralizado, por lo general con el apoyo de los directores ejecutivos que creen que la organización o el departamento necesitan ser más abiertos con los clientes y acceder a los medios sociales. Generalmente, hay un plan y una estrategia, y si algunas personas se desvían de esa línea e intentan hacer algo por su cuenta, son alentadas con suma cortesía a "atenerse al plan" y trabajar con el grupo centralizado. Una de las características clave del modelo de organización centralizada es que, por lo común, son pocas las personas que dirigen la estrategia y toman las decisiones, aun cuando haya decenas o centenares de empleados que están trabajando en ella. Las decisiones estratégicas clave se toman de manera central, lo cual permite a las organizaciones actuar con rapidez, y de un modo sumamente coordinado. El inconveniente es que cuando llega el momento de extender la apertura a toda la organización el personal suele pensar que la actividad "social" es una responsabilidad de otros.

Dos compañías con organizaciones centralizadas exitosas son Starbucks y Ford. En la primera, seis personas trabajan en las iniciativas de los medios sociales como parte del grupo de medios en línea: dos gerentes de la comunidad que interactúan directamente con el público, además de cuatro programadores y personal de apoyo. Como mencioné en el Capítulo 3, su primera iniciativa fue MyStarbucksIdea.com, donde el público podía presentar (y votar) ideas para mejorar la compañía. Lo más impresionante es que tienen otras cincuenta personas dedicadas a investigar y responder a las ideas. Además, también hay un gerente de la comunidad encargado de manejar centralmente las cuentas en Facebook y Twitter. Cuando este libro estaba en proceso de escritura, el perfil de Starbucks en Facebook tenía más de seis millones de seguidores, lo que la convertía en la marca auspiciante más popular en esta red social, y su página de Twitter contaba con más de ochocientos mil seguidores[6].

En el centro de estos esfuerzos estaba Alexandra Wheeler, la directora de estrategia digital de Starbucks. Si bien el consejero delegado de la compañía Howard Schultz había invertido personalmente en el compromiso con los clientes, fue Wheeler quien presentó los medios sociales a los aprensivos gerentes y empleados, estimuló y convenció a todos de que dieran ese primer paso. A medida que el equipo creció y aumentaron los niveles de confianza, Wheeler trató de ser más proactiva y extender el esfuerzo a otros países. Por ejemplo, Starbucks añadió versiones internacionales de la página en Facebook introduciéndolas en una cuenta accesible "alrededor del mundo" sobre la página principal[7]. Cada país tiene su propia página, pero todas las personas fueron designadas y formadas por el equipo de Wheeler. "Nosotros proporcionamos la estrategia y la estructura, así como las mejores prácticas que el equipo de los Estados Unidos ha descubierto y aprendido. Pero luego

---

6. Las cuentas de Starbucks en Facebook y Twitter pueden verse en: http://www.facebook.com/Starbucks y http://twitter.com/starbucks, respectivamente.

7. Los enlaces con todos los perfiles internacionales de Starbucks en Facebook están disponibles en: http://www.facebook.com/Starbucks?v=app_142063194423.

el equipo de cada país localiza Facebook por sí mismo. Hay una gran cantidad de opiniones interesantes y expertos en la materia que solo necesitan una formación apropiada, orientación y estructura".

Aunque también es interesante lo que *no está* ocurriendo, si bien son muchos los empleados de Starbucks comprometidos en los medios sociales, hay miles de baristas en la compañía que en su mayor parte no están abiertamente comprometidos en nombre de la organización. Wheeler explicó que ella y su equipo desean introducir un sistema que sea pertinente para los baristas. "Esto es sobre todo para protegerlos; para darles los resguardos apropiados, a fin de extender las conductas de su 'libro verde' sobre los medios sociales", aclaró Wheeler. Starbucks quiere asegurarse de que la experiencia del cliente sea coherente en toda la compañía. La intención de la cadena de cafeterías es dar a los empleados la libertad para escribir tweets y blogs, e interactuar con los clientes a nivel local, pero solo a partir de que se haya establecido la formación y las estructuras para asegurar una experiencia coherente del cliente.

En Ford, Scott Monty ha sido una fuerza natural irrefrenable. Fue contratado por el equipo ejecutivo para iniciar los esfuerzos de la compañía en los medios sociales, que consistieron exactamente en un canal de YouTube antes de que Monty ingresara en el verano de 2008. A los pocos meses, Ford fue citada por Abrams Research como una de las primeras compañías estadounidenses que estaban usando los medios sociales[8]. Un factor clave del rápido éxito de

---

8. Los resultados de la Encuesta de los medios sociales de Abrams Research, en febrero de 2009, están disponibles en: http://www.abramsresearch. com/files/abrams_research_social_media_survey_0209.pdf.

Ford fue el compromiso de la organización para permitir a Monty cumplir con su misión: no solo comprometer a la comunidad externa a través de Twitter y otros canales, sino también trabajar estrechamente con los diversos departamentos, en especial en el desarrollo de fuertes vínculos con los ejecutivos y el equipo jurídico. Como parte del equipo de relaciones públicas de Ford, Monty trabaja con las iniciativas estratégicas de toda la compañía, entre ellas el lanzamiento del Ford Fiesta en los Estados Unidos, y como asesor en los esfuerzos de los medios sociales. Gran parte de la tarea con los medios sociales se llevó a cabo con la ayuda de dos agencias externas, el Social Media Group y Ogilvy PR.

El enfoque de Ford está dirigido a dos de las razones más apremiantes para centralizar los esfuerzos, especialmente en torno a una persona muy capaz como Monty: la rapidez y el impacto. Con una contratación estratégica, Ford fue capaz de lanzar sus iniciativas y crear ejemplos que pueden ser imitados por el resto de la organización. Monty dijo: "Nosotros pasamos el primer año concentrados en nuestra base local en los Estados Unidos. Pero gracias a un localizador interno de imágenes y a través de todas nuestras presentaciones en línea, los empleados de otras regiones han empezado a crear sus propios programas o a llamarme por teléfono para pedirme información". Los planes futuros de la compañía incluyen el desarrollo de recursos internos para los medios sociales, a los que cada empleado podrá acceder para orientación y formación.

Modelo coordinado

Por lo general, en un modelo *coordinado* hay una poderosa dirección centralizada, que comprende las directrices, las políticas, las mejores prácticas y quizá incluso las plataformas de tecnología para los blogs y las comunidades. Pero le corresponde a cada departamento, persona o equipo presupuestar y ejecutar las iniciativas. Un enfoque coordinado también es apropiado para las organizaciones descentralizadas que desean crear una mayor sinergia y colaboración entre los diferentes esfuerzos. Pero este modelo también es usado por las organizaciones más maduras cuando procuran difundir las mejores prácticas en toda la organización.

Como hemos visto en la Introducción, una organización que empezó con un modelo coordinado es la Cruz Roja Americana. Como parte de una organización descentralizada, históricamente los 700 capítulos o filiales de la Cruz Roja siempre han sido capaces de hacer lo que necesitaban, y la organización de los medios sociales tenía que reflejar esa realidad. Wendy Harman, la gerente de medios sociales de la institución, explicó: "Nosotros teníamos una especie de modelo de centralización y comunicación (*hub-and-spoke*) desde el principio, ¡si bien las comunicaciones estaban totalmente separadas del centro!". Por eso Harman creó un manual y directrices, y los publicó en la web para que todos los vieran[9]. Con la introducción de un "pacto del sandbox", las filiales no necesitaban autorización para ser abiertas; tenían libertad para actuar como lo habían hecho normalmente con otras iniciativas del capítulo local[10].

---

9. El manual de estrategia de los medios sociales de la Cruz Roja Americana está disponible en: http://sites.google.com/site/wharman/social-media-strategy-handbook.
10. Para ver una lista de los blogs de capítulos de la Cruz Roja, visite: http://blog.redcross.org/chapter-blogs/.

Hewlett-Packard (HP) es otra organización que empezó con un modelo organizacional coordinado. Lanzó sus primeros blogs en 2005 y se aseguró de que fueran oficialmente autorizados, que tuvieran el mismo aspecto y aparecieran en el principal sitio de navegación de hp.com. Además los blogueros debían atenerse a las políticas y códigos de conducta de los nuevos medios sociales[11]. Pero el contenido y la moderación eran manejados por cada bloguero: después de la formación inicial, cada persona tenía la libertad para escribir y responder lo que considerara más apropiado. Muy pronto los blogs se extendieron a toda la organización, desde el apoyo para las impresoras HP hasta la discusión sobre el almacenamiento de datos[12]. Los esfuerzos de los medios sociales también han evolucionado para abarcar los foros de apoyo, las comunidades específicas y las wikis. Todo esto es manejado por un "centro de excelencia" a nivel empresarial, que aporta recursos que van desde las mejores prácticas hasta la investigación de avanzada de los laboratorios HP[13]. La filosofía de Hewlett-Packard es apoyar la ejecución de los planes empresariales y, si bien hay una necesidad de tener un enfoque bien coordinado, el personal puede interactuar con los clientes y colegas en las primeras líneas.

---

11. El código de conducta para los blogs de Hewlett-Packard (HP) está disponible en: http://www.hp.com/hpinfo/blogs/codeofconduct.html.
12. Una lista de los blogs de HP se puede ver en: http://www.communities. hp.com/online/blogs/Bloggers.aspx.
13. El grupo de investigación del laboratorio de computación social de HP proporciona un ejemplo: condujo al lanzamiento de Watercooler, una herramienta de colaboración interna, y de Friendlee, una aplicación social móvil. Más información se puede encontrar en: http://www.hpl. hp.com/research/scl/.

Las dos desventajas del modelo coordinado son que no puede actuar tan rápidamente como el modelo centralizado y no siempre es posible emplear las mejores prácticas. Pero esto puede ser aceptable, en especial si usted está concentrado en el largo plazo y en la adopción general de las tecnologías sociales en toda la organización.

Elección y transición de los modelos organizacionales

Con frecuencia me preguntan cuál es "el mejor" modelo organizacional, pero soy renuente a recomendar uno en particular para todas las organizaciones. Antes que nada, es importante que considere cómo está organizado actualmente y que establezca un equilibrio con sus objetivos de estrategia abierta. Por ejemplo, si usted no tiene una estructura empresarial compacta y su organización está muy distribuida, necesitará considerar el modelo orgánico o el coordinado. El factor determinante de la elección entre estos dos modelos es cuánto control y coordinación usted desea y es capaz de ejercer sobre los esfuerzos extendidos. Pero si su objetivo apremiante es actuar rápidamente y anticiparse a la reacción de las organizaciones, quizá necesite adoptar un modelo organizacional centralizado, mediante el cual no solo puede crear rápidamente ejemplos exitosos, sino también hacerse oír por el equipo ejecutivo, en caso de que lo necesite para derribar barreras.

Por último, usted debería prever la evolución de su modelo organizacional a través del tiempo. Dell empezó con un equipo muy centralizado dedicado a las comunicaciones empresariales y las relaciones públicas con blogueros insatisfechos hasta que, finalmente, el equipo lanzó su propio blog en el verano de 2007. Con el apoyo total del consejero delegado Michael Dell, el equipo fue capaz de lanzar rápidamente otras iniciativas. Ahora, con un firme fundamento, la organización está pasando a un modelo coordinado donde apoya las iniciativas que surgen en toda la compañía, un paso necesario si espera incrementar sus inversiones en los medios sociales. Como se puede apreciar en los ejemplos de Starbucks y Ford, Dell también está planeando distribuir los esfuerzos en toda la organización. Hay que tener en cuenta que esto puede causar ciertas dificultades con los miembros del equipo centralizado que están acostumbrados a un alto nivel de control. La ironía es que en el esfuerzo de abrir su organización con un modelo centralizado usted puede terminar introduciendo un sistema de mando y control en el espacio de los medios sociales. Esto se puede prever, siempre y cuando usted sea consciente de la tendencia, ya que un modelo organizacional centralizado evolucionará naturalmente hacia uno coordinado.

Asignar las funciones y responsabilidades

Una vez determinado el modelo de organización, el siguiente paso natural es imaginar quién va a hacer qué. En la mayoría de las situaciones, hay tres responsabilidades importantes: diseñar la estrategia, desarrollar y mantener las herramientas y comprometerse con la comunidad. El estratega es la persona que establece la dirección de la iniciativa de apertura y trata de asegurarse de que haya un plan estratégico, compromete a los ejecutivos con el plan y consigue los recursos necesarios. Esta posición requiere excelentes habilidades de colaboración interna, ya que esa persona estará trabajando de manera estrecha con el equipo jurídico, establecerá los flujos de trabajo y moderará la desazón de las partes interesadas.

La segunda función es la del promotor o gerente del programa; la persona que decide realmente sobre la tecnología, los detalles del modelo empresarial y el flujo de trabajo, y asegura el mantenimiento. Además, hay un gerente de la comunidad, que facilita la interacción y la comunicación con la comunidad externa o fomenta la colaboración del personal interno. Esta persona puede determinar quién va a redactar los blogs, o puede escribirlos él mismo. La moderación de los comentarios y el foro de la comunidad, así como la actualización de las cuentas en Facebook y Twitter, también son responsabilidad de esta persona.

Scott Monty desempeñó ambos papeles durante el primer año y medio que estuvo en Ford, pero esto es bastante inusual. Además, tuvo la asistencia de agencias externas que le ayudaron con muchas de las responsabilidades de supervisión, implementación y moderación. Más comúnmente, estos papeles son desempeñados por personas diferentes. Por ejemplo, la estrategia y los esfuerzos de Wells Fargo con los medios sociales fueron liderados por Ed Terpening, el vicepresidente de marketing de los medios sociales, que en 2006 ayudó a crear el primer blog de la banca comercial "Guiados por la historia". Terpening desarrolló gradualmente su equipo, que ahora incluye a tres gerentes de programa que supervisan las operaciones de cada uno de sus canales en YouTube, MySpace, Facebook, Twitter, y un mundo virtual, Stagecoach Island[14]. Dos

---

14. Una lista de los blogs de Wells Fargo se puede encontrar en: http://blog. wellsfargo.com/. Otros sitios incluyen: http://www.youtube.com/user/ wellsfargo; http://www.facebook.com/wellsfargo; http://www.myspace. com/stagecoachisland; y http://www.twitter.com/ask_wellsfargo. A Stagecoach Island se puede acceder en: http://blog.wellsfargo.com/ stagecoachisland.

personas de producción que manejan los aspectos técnicos colaboran con el equipo de medios sociales de Wells Fargo.

Sin embargo, lo más interesante acerca de Wells Fargo es que tiene personas en las unidades empresariales que actúan como gerentes de la comunidad. Terpening explicó: "Wells Fargo tiene una muy limitada escala empresarial y cree en fomentar la colaboración de las personas que están más cerca del cliente". Por ejemplo, el blog de la Oficina de Electrónica Comercial (OEC) no es escrito por alguien de marketing, sino por Marcus Yamame, un miembro del equipo de la OEC. Y Sateen Singh, que es un activo participante en la página de Twitter de Wells Fargo, trabaja en la división de la banca electrónica.

En algunos casos, las organizaciones contratan agencias externas para manejar el compromiso con la comunidad. Las agencias de relaciones públicas asumen a menudo este papel ya que amplían sus servicios para incluir la respuesta de la comunidad. Los proveedores de plataformas para la comunidad como Lithium y LiveWorld también prestan servicios de moderación, incluso para las comunidades que no hospedan. Además, ahora hay agencias especializadas en la gestión de la comunidad, como Impact Interactions, que se dedican únicamente a la moderación del contenido social en representación de marcas como Cisco y AARP.

¿Cuándo tiene sentido subcontratar lo que parece ser un activo estratégico crítico: la gestión de sus relaciones con el cliente? En primer lugar, si su organización es una marca reciente para comprometer y tener una gran base de clientes o empleados activistas, usted puede necesitar la asistencia de una agencia experimentada, que no solo proporcione orientación, sino que también se ocupe de la gestión real de la comunidad. Ellos saben lo que significa ser facilitadores de la comunidad y cómo limar las asperezas, desde un punto de vista del servicio al cliente. En segundo lugar, usted puede tener una organización con poco personal y ser incapaz de cumplir con las obligaciones del compromiso con la comunidad. En tercer lugar, quizá haya una dificultad a corto plazo debido a una extensión del marketing, que usted prevé que aumentará la necesidad de compromiso.

Hay maneras de asegurar que no solo su agencia sino también sus empleados que actúan como gerentes de la comunidad respondan de un modo apropiado. Las guías de estilo, los mapas de flujo de trabajo y la estandarización de las respuestas son todos detalles que se pueden resolver y acordar por adelantado. También se puede proporcionar formación y establecer el tono y la voz de las comunicaciones, para dar las respuestas de un modo coherente. Terpening, de Wells Fargo, admitió que ellos abordaron los problemas de la coherencia y la gestión del riesgo teniendo en cuenta su compromiso en una industria muy regulada. "Si bien tenemos un control poco centralizado, es importante enseñar y supervisar de qué modo nos comprometemos con nuestros clientes." En este sentido, su mayor apuesta para lograr que las cosas funcionen armoniosamente es planificar un escenario riguroso, establecer expectativas claras y aplicar las mejores prácticas.

La necesidad de formación y los incentivos

En lo que respecta a la apertura y las tecnologías sociales, la tendencia es pensar en la formación centrada en las habilidades técnicas para usar estas nuevas herramientas:

cómo usar los sistemas de colaboración, cómo conectarse con las redes sociales y Twitter, cómo escribir blogs. Algunas compañías –por ejemplo, Humana– tienen módulos de formación para los medios sociales que se descargan de sus intranets, con títulos como "Comprender el uso de LinkedIn en 15 minutos", o "Comprender el uso de Twitter en 15 minutos", entre otros. Otras empresas organizan sesiones de asesoramiento, donde los empleados más jóvenes y socialmente diestros confraternizan con los ejecutivos superiores en cursos semanales de formación en línea.

Pero creo que la iniciativa de formación y educación más importante para que usted considere –si bien es mucho más compleja y difícil– consiste en cambiar las conductas y mentalidades. Una persona podría saber cómo usar un Twitter interno pero no utilizarlo nunca porque no ve la necesidad de hacerlo. Otra podría saber cómo escribir un blog y no hacerlo nunca porque no ve su valor. ¿Cómo puede cambiar esa conducta?

Para ello, es necesario incorporar incentivos en la organización, por ejemplo, los premios a la conducta a través del reconocimiento, la responsabilidad o –como último recurso– el dinero. Esto no significa sancionar a los que no usan los blogs o Twitter (eso *sería* contraproducente), pero tampoco serán premiados. La conducta suele cambiar cuando alguien ve un beneficio en el hecho de ser más abierto y recibe un premio por hacerlo.

Por ejemplo, consideremos a United Business Media (UBM), una compañía global de medios empresariales con sede en Londres, que publica revistas de la industria y organiza ferias comerciales. La compañía tiene 6.500 empleados en más de treinta países, organizados en equipos especializados que editan publicaciones para audiencias que van desde médicos hasta diseñadores de juegos, desde periodistas hasta comerciantes de joyería, y desde agricultores hasta farmacéuticos de todo el mundo. El director ejecutivo de información, David Michael, explicó que ellos decidieron instalar Jive, una plataforma de la comunidad, para compartir la información a través de muchos grupos diferentes. Le pregunté de qué modo la compañía formaba a los empleados para usar la nueva plataforma. La respuesta de Michael fue: "No los formamos en absoluto".

En este sentido, aclaró: "Cuando seleccionamos el sistema, para nosotros era realmente importante elegir algo que no exigiera muchas horas de formación porque, si teníamos que hacerlo, esto nunca iba a surtir efecto. Las oficinas centrales de UBM en Londres tienen aproximadamente una docena de personas, "de modo que no tenemos instructores centrales ni nada parecido". Además, las unidades empresariales pocas veces tienen un departamento de tecnología de la información, tampoco de relaciones públicas, y nadie es directamente responsable de la formación.

Pero, si bien la organización no tiene a nadie que imparta la formación, la dirección sabía que necesitaban tener un "milagrero". Al respecto, dijo: "Usted no puede tener una reunión si no consigue que vaya un invitado". En lugar de contratar a un instructor, UBM invirtió en un gerente de la comunidad con dedicación plena. Esa persona tenía una visión global de la corporación y del sistema, y su objetivo era identificar a los grupos de usuarios que no estaban utilizando el sistema, pero que colaboraban de algún otro modo. Su tarea era convencerlos de que Jive constituía una manera de mejorar su proceso empresarial. Finalmente, al conseguir que estos grupos utilizaran el sistema que hacía su vida más fácil, corrió la voz a través de UBM de que había un sistema disponible para los empleados, y que era muy fácil de usar.

"Ahora tenemos muchos gerentes de la comunidad en UBM, y la función que realmente cumplen es la de gerente de la comunidad wiki de UBM, pero este no es un empleo de jornada completa. Es una especie de responsabilidad secundaria. Ellos son realmente los promotores. Si es necesario, impartimos un poco de formación para las personas que quieren saber cómo usar las características avanzadas del sistema. Pero, más que nada, los gerentes de la comunidad wiki son promotores", dijo Michael.

En algún momento, usted necesitará ofrecer incentivos a sus clientes para que ellos también se comprometan con usted. Si bien puede contar con algún nivel de compromiso espontáneo, quizá también necesite acelerar un poco el proceso. Puede resultarle muy obvio cómo comprometerse, pero para los consumidores que compran y usan su producto quizá no sea tan evidente. Después de todo, ellos no están pensando necesariamente en cómo tener una relación más profunda con su organización. Cuando usted está empezando a ser más abierto, tiene que darles un asidero a sus clientes y enseñarles cómo ser abiertos con usted.

Por ejemplo, consideremos la experiencia del usuario en YouTube. La mayoría de las personas simplemente miran vídeos; en otras palabras, son observadores. Pero usted encontrará muchas oportunidades para incrementar el compromiso en torno al sitio. En primer lugar, compartir el contenido es muy simple en YouTube: usted puede enviarlo a través del correo electrónico a alguien que conoce, escribirlo en un blog o publicar una actualización en su red social favorita. Por otro lado, si usted ha iniciado sesión en su cuenta YouTube, el sitio puede rellenar automáticamente las opciones con su dirección de correo electrónico, y para compartir el contenido solo debe hacer un clic. Además, le alentarán a calificar los vídeos, añadir sus comentarios o incluso cargar su propio vídeo como una respuesta, con lo cual eleva su estatus como comentarista. Finalmente, YouTube hace más fácil cargar vídeos, e incluso establecer su propio canal y convertirse en un productor. El objetivo de YouTube no es que todos se conviertan en productores, sino facilitar a todas las personas comprometerse más profundamente con el sitio, sin tener que ocultar nada detrás de un enlace o un clic.

Yo comparo el compromiso profundo con una cita romántica. Usted no decide casarse en la primera cita (o no debería hacerlo). Piense en el tipo de relación que tiene hoy. Luego imagine cómo le gustaría que fuera dentro de tres años. Con esa visión en la mente, imagine dónde y cómo puede atraer a un cliente, especialmente cuando tiene en cuenta el perfil sociográfico de esa persona. Por ejemplo, si sus clientes son principalmente observadores –en cuanto al compromiso con usted–, considere cómo puede convertirlos en participantes en el corto plazo y, si es apropiado, profundizar la relación en el futuro, de tal modo que se sientan cómodos como comentaristas o incluso como productores. Empiece el proceso en forma gradual, ya que cualquier cambio en la mentalidad solo se puede conseguir a través del tiempo y con su compromiso de desarrollar la relación.

PLAN DE ACCIÓN: CÓMO PLANIFICAR SU ESTRATEGIA ABIERTA

Una vez que usted ha formulado la estrategia y tiene una idea precisa de cómo desea abordar a su audiencia, empieza la tarea difícil: desarrollar la competencia, identificar los flujos de trabajo y establecer las estructuras organizacionales. Uno de los mayores obstáculos en esta fase crucial son las viejas políticas internas. Como se mencionó antes en este capítulo, su presentación no solicitada de un proceso para el departamento no va a ser bien recibida, de modo que usted necesita haber hecho la tarea del Capítulo 4 y apelar directamente a los beneficios de ser abierto. Algunas de las mejores prácticas que he seleccionado incluyen:

- *Encontrar un patrocinador ejecutivo.* Si usted ha formulado una estrategia que concuerda con las iniciativas empresariales clave, debería tener un patrocinador ejecutivo que pueda ayudarle a allanar el camino.

- *Compartir el problema y la oportunidad con todos.* Dedique un tiempo a imaginar cómo conectarse con un jefe de departamento o gerente recalcitrante. Si usted puede alinear su iniciativa con uno de sus objetivos fundamentales, tendrá mayores posibilidades de éxito.

- *Renovar los incentivos.* Considere detenidamente los incentivos, no solo los relacionados con el dinero. El reconocimiento y la reputación desempeñan un papel importante dentro y fuera de la organización.

Cuando usted empiece a aplicar su estrategia abierta, tenga en cuenta que al afrontar las realidades operativas de la planificación de su estrategia necesitará apelar a su examen de apertura original y al plan de estrategia abierta, y ajustarlos cuando sea necesario. Además, tenga presente que la estrategia y las tácticas que usted emplea están siempre sujetas a cambios en el mercado y su organización.

En la Figura 6.2 he incluido una lista de los elementos que usted debe considerar en su estrategia abierta, desde un punto de vista operativo. Puede obtener más detalles acerca de esta lista en open-leadership.com, que incluye muchos de los elementos que usamos con nuestros clientes en Altimeter Group.

- Objetivo de la estrategia abierta
  Aprender, dialogar, apoyar o innovar

- Crear un perfil sociográfico
  Auditoría social
  Examen del compromiso
  Auditoría de influencia

- Flujo de trabajo
  Comentarios recibidos
  Solicitud de servicio al cliente
  Apoyo de marketing y ventas
  Comunicaciones internas
  Estudio de mercado o desarrollo del producto

- Impacto de las partes interesadas
  Ejecutivos
  Otros departamentos (jurídico, TI, apoyo, productos)
  Socios
  Inversores
  Proveedores
  Prensa
  Clientes

- Modelo organizacional
  Orgánico, centralizado o coordinado

- Asignación de funciones y responsabilidades
  Estratega
  Gerente del programa o de la comunidad
  Papel de la agencia

- Formación e incentivos
  Exámenes trimestrales
  Premios y concursos
  Reconocimiento

FIGURA 6.2. Lista del plan de estrategia abierta

Ahora que usted tiene una estrategia abierta y un plan, consideremos qué necesitará personalmente para dirigir la organización abierta. En la Parte III del libro explicaré qué significa ser un líder abierto, empezando con la mentalidad que diferencia a un líder abierto de los tradicionales.

LIDERAZGO ABIERTO:
REDEFINIR LAS RELACIONES

CAPÍTULO 7

LIDERAZGO ABIERTO: MODOS DE PENSAR Y CARACTERÍSTICAS

Un tema importante en todo este libro es que el liderazgo concierne a las relaciones y, dado que las tecnologías sociales las están modificando, el liderazgo también debe cambiar. Como expliqué en el Capítulo 1, los empleados y clientes con su nuevo poder están poco dispuestos a quedarse en el banquillo de suplentes y aceptar la empresa como usualmente es. También hay cambios sistémicos que están obligando al liderazgo a transformarse: la recesión económica reciente ha producido una marcada declinación de la confianza en la empresa, y esto ha causado que los consejeros delegados prometan una mayor transparencia en las operaciones y finanzas de sus organizaciones para generar confianza en el cliente e inversor.

Todo esto conduce a una coyuntura crítica en el liderazgo. Sin embargo, muchos de los ejecutivos con quienes he conversado se niegan a reconocer que es necesaria alguna modificación: ellos creen que en épocas de crisis y cambios se requiere un liderazgo más poderoso. Por lo tanto, insisten en aferrarse al estilo tradicional de mando y control, con límites estrictos en la adopción de decisiones y la información compartida.

Les deseo suerte, porque la necesitarán.

No tengo inconvenientes con el enfoque de mando y control, siempre que las opciones de liderazgo abierto hayan sido examinadas, consideradas y estratégicamente rechazadas. Pero me opongo con firmeza a la decisión de los líderes de renunciar a una nueva manera poderosa de desarrollar relaciones con los clientes y empleados más comprometidos y potencialmente más valiosos, en especial cuando dos simples elementos del liderazgo abierto, como escuchar y aprender, son fáciles de adoptar.

Una de las principales razones por las que el liderazgo abierto suscita temor es que el líder pierde toda la apariencia de control. Como el lector pudo apreciar en los capítulos anteriores, especialmente en el Capítulo 5 acerca del uso de los "pactos del cajón de arena", yo abogo por un enfoque disciplinado de la estrategia abierta. En este sentido, el liderazgo abierto requiere previsión, planificación y estructura. De hecho, requiere que un líder sea abierto y esté al mando.

Por lo tanto, el liderazgo abierto no consiste simplemente en ser cordial, auténtico, transparente o "real". Se trata de algo más que compartir anécdotas de su vida personal o chismes de las reuniones profesionales. En realidad, es una mezcla de temperamento, modo de pensar, conductas aprendidas y competencias que desarrollan y amplifican las buenas habilidades de liderazgo. El liderazgo asume una dimensión diferente en un mundo conectado: la de catalizador del cambio, tanto dentro como fuera de la organización.

Entonces, ¿cómo se supone que usted debe liderar en este nuevo mundo? Para empezar, explicaré cómo se define el liderazgo abierto a través de dos modos de pensar específicos y de los rasgos que los acompañan. Además, proporcionaré una herramienta de evaluación para que identifique qué tipo de líder abierto es usted, y comprenda qué grado de apertura necesita para lograr sus objetivos de estrategia abierta. El hecho de hacer la evaluación sobre usted mismo y sobre sus líderes superiores puede ayudarle a comprender sus enfoques personales del liderazgo abierto y a crear un plan de liderazgo para su estrategia global.

Las dimensiones del liderazgo abierto

A través de mi investigación y mis entrevistas, he descubierto que hay dos modos de pensar que definen y determinan hasta qué punto somos abiertos como líderes. El primero es nuestra visión de las personas: en general, ¿usted es optimista o pesimista acerca de las intenciones de la gente? Nadie es completamente optimista o pesimista y, como una estrategia abierta, esto a menudo depende de la situación inmediata. Pero, en general, los líderes abiertos creen en las situaciones donde todos ganan, en las que cuando las personas actúan por interés propio resulta ser beneficioso para la organización. Una persona pesimista, en cambio, cree que abrirse, colaborar y compartir no puede conducir a un buen fin: que hay una concesión mutua inherente y que el riesgo de renunciar al control es demasiado grande.

El optimismo permite a los líderes ser más abiertos con la información, tanto para compartirla con una mayor audiencia como para recogerla de diferentes fuentes. Si un componente clave de su estrategia abierta incluye compartir la información más abiertamente, entonces usted necesitará tener líderes con una mentalidad más optimista que pesimista.

El segundo modo de pensar se relaciona con su visión del éxito: este puede provenir de sus esfuerzos como individuo o de los de un equipo. Un buen líder siempre tiene elementos de ambas visiones, pero en los momentos difíciles, ¿de dónde proviene su fuerza, de usted mismo o de las personas que le rodean? Los líderes abiertos reconocen sus limitaciones y están dispuestos a colaborar con los otros, mientras que los individualistas se vuelven hacia dentro y confían primero en su propia fuerza y capacidad para tener éxito.

Si su estrategia abierta requiere tomar decisiones de un modo más distribuido, entonces será crucial tener líderes que se sientan cómodos con la colaboración. Esto no quiere decir que los líderes individualistas no puedan tener éxito, sino que es menos probable que sean capaces de usar las estrategias abiertas para aprovechar las ventajas de la colaboración, como la rapidez y la calidad.

Consideremos primero la mentalidad optimista, para comprender mejor sus orígenes y cómo convierte a alguien en un líder más abierto y eficaz.

El líder optimista

He descubierto que las personas suelen tener una visión de los otros (optimista o pesimista) que está determinada en gran parte por las experiencias previas. Los optimistas suelen creer que la mayoría de las personas necesitan hacer su trabajo de la mejor manera posible y desean ser responsables, dignas de confianza y honestas. Además, tienen un alto nivel de confianza en la gente y extienden esa confianza a un círculo más amplio de personas que sus contrapartes pesimistas. Los optimistas piensan que, dada la oportunidad apropiada, la mayoría de las personas experimentan una mayor seguridad, habilidad y sentido de la autoestima. Probablemente, han tenido muchas experiencias previas en las que su fe en alguien resultó confirmada.

Por el contrario, los pesimistas suelen creer que la mayoría de las personas no pueden ser totalmente fiables porque están buscando una ventaja para ganar, en general a expensas de alguien más. Por lo tanto, a los líderes pesimistas les resulta más difícil considerar que la información compartida pueda ser algo positivo, porque ellos no han experimentado los beneficios de tal apertura; de hecho, probablemente han experimentado lo contrario cuando depositaron su confianza en alguien que luego los decepcionó o, peor aún, traicionó esa confianza. A veces, el pesimismo puede lindar con la paranoia, hasta el extremo de que el líder solamente confía en un pequeño círculo de confidentes.

Creo que los líderes optimistas no solo pueden adoptar la apertura, sino también inspirar y motivar a las personas para que sean más abiertas. Piense en su gerente más inspirador. ¿Cuáles eran las cualidades que le hicieron seguir a esa persona? Quizá no lo siguió porque fuese el más diestro, tuviera los títulos apropiados u ocupara cierta posición en la organización. Más probablemente, fue porque ese líder le hizo sentirse valorado e inspirado, y en el proceso le ayudó a aprender más acerca de sí mismo.

Brian Dunn, el consejero delegado de Best Buy, dice que aprendió algo acerca del liderazgo cuando tenía catorce años y trabajaba en una tienda de comestibles. Un día el gerente le preguntó: "¿Qué piensas del proceso que estamos usando aquí para que los clientes recojan su propia mercadería?". Fue una simple pregunta, y Dunn dio una respuesta inocua y no específica: "Me parece excelente". El gerente lo llevó aparte y le dijo: "Ahora escucha, te he hecho esta pregunta porque realmente me interesa lo que piensas. Estás haciendo esto cada día, y necesito saber lo que piensas al respecto". Hoy Dunn explica: "Sé que esto parece simple, pero solo esa idea de aprender de las personas que hacen realmente la tarea, y el aliento que me dio para que le dijera exactamente lo que pensaba, quedaron grabados en mi memoria y fue algo recurrente durante todo el tiempo que trabajé para él"[1]. Esa primera experiencia determinó el enfoque que tiene Dunn del liderazgo, y lo inspiró para adoptar una estrategia abierta en Best Buy, que deposita un enorme poder y responsabilidad en manos de los empleados.

Este es un tema recurrente que he oído de los líderes abiertos, que valoran las contribuciones de los clientes y del personal en toda su organización. Por lo tanto, cuando estas personas adquieren poder a través de su uso de las tecnologías sociales, no constituye una amenaza para los líderes. De hecho, ellos reciben a estas personas con los brazos abiertos. ¿Qué atributo les permite hacer esto, que no es compartido por sus contrapartes pesimistas?

James Cornell, el director ejecutivo de marketing en Prudential Retirement, lo expresa claramente: "Un líder abierto debe ser alguien que tenga un alto grado de inteligencia emocional. Debe saber escuchar y no solo expresar su opinión. Es decir, alguien que pueda usar el análisis de la situación y las perspectivas externas para cambiar realmente su punto de vista sobre un tema, incluso los asuntos que han sido considerados suposiciones históricas". Para Cornell, los líderes abiertos son optimistas acer-

---

1. Adam Bryant, "You Want Insights? Go to the Front Lines", *New York Times*, 26 de agosto de 2009, pág. B2.

ca del compromiso porque creen que la organización será más fuerte a causa de ello.

En mi investigación, las personas usaban dos palabras una y otra vez para describir lo que era una característica de los líderes abiertos: la *curiosidad* y la *humildad*. Consideremos estos dos rasgos específicos del carácter para profundizar en el concepto de inteligencia emocional.

La importancia de la curiosidad

Los líderes abiertos son inherentemente curiosos acerca del mundo y tienen una necesidad insaciable de buscar oportunidades para desarrollarse con plenitud y mejorar el mundo que les rodea. Son curiosos acerca de los clientes, los empleados, los proveedores, y también acerca de las tendencias en la industria. Los más inteligentes son abiertos a lo que no conocen, y se sienten impulsados por una profunda necesidad de aprender constantemente. Además, ven las tecnologías sociales como una manera excepcional de extender ese aprendizaje de un modo que antes era imposible.

Por ejemplo, consideremos a las compañías Dell y Starbucks, que hoy son dirigidas por sus fundadores, Michael Dell y Howard Schultz. Estos líderes tienen como valores fundamentales la capacidad de conectarse estrechamente con sus clientes. Dell tuvo históricamente un modelo de venta directa, de modo que para la compañía era natural usar las herramientas en línea. En los años ochenta, la empresa prestaba servicios al cliente en CompuServe, y luego en la web, y Michael Dell comenzó a vender por Internet en 1995, cuando no había un rendimiento de la inversión demostrado en un modelo de distribución semejante. Además, cuando Dell volvió como consejero delegado de la compañía a comienzos de 2007, después de una pausa de tres años, una de las primeras medidas que tomó fue el lanzamiento de IdeaStorm.com, donde la gente podía presentar ideas, comentarlas y votarlas.

Michael Dell compartió la historia de los primeros éxitos de IdeaStorm con Howard Schultz, el consejero delegado de Starbucks. Como fundador de Starbucks, Schultz solía visitar y pasar un tiempo en las cafeterías de Seattle, mientras aprendía lo que los clientes deseaban y no deseaban. Schultz y su equipo de liderazgo estaban diariamente conectados con lo que los clientes experimentaban y decían en esos establecimientos. Si bien la compañía todavía era pequeña, resultaba relativamente fácil mantener ese tipo de compromiso personal con los clientes.

Sin embargo, a medida que Starbucks prosperaba, la compañía no podía crecer de la misma forma que lo había hecho en los primeros tiempos, ¿o podía hacerlo? "Realmente, perdimos contacto con la cultura de escuchar", dice Alexandra Wheeler, la directora de estrategia digital de Starbucks. De modo que cuando Schultz conoció el modelo de IdeaStorm directamente de Michael Dell, lo vio como una manera de volver a conectarse con los clientes. Entonces, lanzó MyStarbucksIdea.com, el primer acceso de la corporación a los medios sociales. El sitio "nos hizo recuperar la cultura de escuchar, con la que Schultz había lanzado a la compañía", dice Wheeler. Esta es una manera de usar la tecnología para lograr en una escala internacional lo que Schultz fue capaz de hacer cuando visitaba los cafés de Seattle y Starbucks solo tenía un puñado de establecimientos.

En cierto sentido, Dell y Starbucks fueron afortunadas en su transición hacia un modelo abierto de organización. Fueron capaces de adoptar tecnologías sociales en forma más rápida y mejor que sus pares en la industria porque ya tenían valores fundamentales y una historia como organización que las predisponía a una mayor apertura. Pero lo más importante fue que sus líderes vieron esto como una manera de difundir en la organización una parte esencial de sus valores personales de curiosidad, y reconocieron el valor de tener relaciones profundas y estrechas con los clientes y empleados.

La importancia de la humildad

Ser curioso no es suficiente para hacer de las personas líderes abiertos: usted puede aprender todo el tiempo, pero no desear necesariamente cambiar su visión del mundo. La humildad también es necesaria y, como señala Jim Collins en su libro *Good to Great*, es una característica clave de los buenos líderes[2]. Sin embargo, en el contexto del liderazgo abierto, la humildad desempeña un papel especial: permite a los líderes reconocer que sus puntos de vista sobre algo pueden necesitar un cambio, como consecuencia de sus exploraciones curiosas. En cierto sentido, la humildad les da la confianza y el conocimiento de sí mismos para admitir cuándo están equivocados o necesitan ayuda.

Por ejemplo, consideremos a Kodak, una firma que tuvo que reinventarse a sí misma, desde su primera misión como una empresa de películas de impresión para el consumidor hasta su labor actual como una de las principales compañías de imágenes de empresa a empresa. Jeffrey

---

2. Jim Collins, *Good to Great: Why Some Companies Make the Leap... And Others Don't*, HarperBusiness, 2001.

Hayzlett, el director ejecutivo de marketing de Kodak, es un profesional de primer orden, así como un bloguero prolífico y usuario de Twitter[3]. Hayzlett destaca que gran parte de la transformación exitosa de la compañía ocurrió debido a su capacidad para escuchar, aun cuando esto fuera difícil. "Un líder abierto tiene que estar dispuesto a aceptar las críticas y saber cuándo son importantes o no. Esto no es para los débiles, porque usted será criticado. Las personas acudirán directamente a usted. Tendrá que sentirse cómodo con esto y ser capaz de responder de un modo respetuoso: 'Esa es su evaluación, y le agradezco por ofrecerla'".

Pero Hayzlett también destaca que la humildad requiere un alto nivel de seguridad y conciencia de uno mismo, para ser capaz de reconocer cuándo se necesita ayuda. "Como líder, decir 'necesito ayuda' es una enorme y poderosa decisión, un reconocimiento de que usted no puede hacer algo por sí mismo. Además, da el ejemplo a los miembros de su equipo para que ellos pidan ayuda cuando la necesitan. Ahora, los líderes abiertos están haciendo esto a menudo en público, utilizando la fuente de poder que constituye su base de clientes y empleados leales". Cuando usted no teme mostrar sus debilidades y discutir sus fracasos, puede permitirse ser honesto y asumir la responsabilidad de ellos.

Como resultado de la confianza en la relación, motivada en gran parte por este sentido del optimismo, los líderes abiertos suelen compartir mucha más información con las personas. Ellos están seguros de que al hacer esto

---

3. La cuenta de Twitter de Jeffrey Hayzlett de Kodak, en: http://twitter.com/JeffreyHayzlett; su blog está en: http://jeffreyhayzlett.1000words.kodak.com/.

desarrollan y mejoran esas relaciones, y en el proceso no se debilitan a sí mismos ni a sus organizaciones. Los líderes abiertos invierten en la relación al compartir más acerca de sí mismos sobre lo que piensan, sienten y hacen, pero también son cautelosos al determinar lo que comparten. Tienen un sentido innato de lo que es (o no) adecuado para una situación. Por otra parte, hacen los "pactos del cajón de arena" apropiados, de tal modo que la responsabilidad sea claramente establecida, por ejemplo: "No comparta la información confidencial que estoy compartiendo con usted".

Ahora consideremos el segundo modo de pensar: estar dispuesto a colaborar para llevar a cabo los proyectos.

El líder colaborador

El segundo modo de pensar de un líder abierto es estar dispuesto a colaborar. El problema es que nuestra sociedad no valora, ni enseña, ni alienta la colaboración; esto simplemente no es parte del ADN de la mayoría de los líderes hasta que ya es demasiado tarde en sus carreras. En su mayoría, los estudiantes son calificados sobre la base de sus logros individuales y a menudo, hasta que ingresan en el mundo empresarial, no se les pide que trabajen en equipo. Aun entonces, las contribuciones de los individuos en un equipo son generalmente evaluadas y compensadas en forma individual. El resultado: los frutos de la colaboración no se aprecian hasta mucho más adelante en la carrera profesional de una persona, lo cual significa que esa persona no tiene la posibilidad de desarrollar una mentalidad verdaderamente cooperativa hasta mucho más tarde.

Este fue el caso de Barry Judge, el director ejecutivo de marketing de Best Buy. Durante toda su carrera, estuvo muy concentrado en el logro personal. Al respecto, me dijo: "Soy muy ambicioso, muy competitivo y he sido deportista. Siempre me preocupaba por lo que podría hacer y aportar personalmente a la situación. Necesitaba reconocer que las ideas se podían desarrollar y mejorar con la contribución de otras personas. Entonces, me encontré con Joe Trippi, a quien no veía desde la campaña de Howard Dean en 2004, y él me preguntó: '¿Tú piensas que las 5.000 personas más inteligentes trabajan en Best Buy?'. Dije: 'No', y eso realmente me reveló que sería maravilloso si uno pudiera crear un ambiente o una conversación donde las personas fueran capaces de participar y hacer una contribución. Eso llegó a ser esta manera diferente de pensar".

Judge y otros ejecutivos de Best Buy comprendieron que la apertura y la colaboración a gran escala podrían liberar el poder de uno de sus activos más importantes: los 165.000 empleados que son megagenios de la electrónica. Pero eso no ocurriría de la noche a la mañana. Después de todo, usted no solo está cambiando la mentalidad de los ejecutivos, sino de toda la organización. Además, para los líderes muy individualistas es difícil comprender esta nueva manera de trabajar. "Nos hubiera tomado cinco años llegar a esa meta. Teníamos que estar realmente alentados, y el proceso de adopción de decisiones puede necesitar mucho más tiempo, porque las personas no dicen lo que usted espera que digan. Eso requiere desarrollar una coalición y comprender que este es un proceso muy circular, lo contrario de un camino en línea recta. Pienso que acostumbrarse a eso es lo más difícil para un líder", dijo Judge.

Uno tras otro, los líderes que entrevisté compartieron este punto de vista: que la colaboración es una habilidad difícil de aprender y que las prácticas que los han hecho exitosos en el pasado no han sido necesariamente las habilidades y la mentalidad que les permitirán tener éxito en el futuro. Ellos han aprendido que deben incluir a los otros en el proceso, porque no pueden suponer que saben todo lo necesario para ser exitosos.

Creo que este es el punto crítico del liderazgo abierto: tener la confianza de renunciar al control total, ser más abierto y llevar a cabo los proyectos. Sin embargo, a lo que usted está renunciando es a su necesidad de estar *personalmente* involucrado en el proceso de adopción de decisiones. Al establecer estructuras apropiadas, puede aceptar que las decisiones adecuadas sean tomadas por las personas apropiadas del modo que corresponde. De esta manera, los líderes abiertos establecen un pacto y una estrategia clara, que garantiza que todos avancen en la misma dirección.

Cristóbal Conde, el consejero delegado de SunGard, dijo: "Es muy arrogante pensar que usted puede tomar mejores decisiones que los miles de personas que están debajo. Esto puede ser válido si usted tiene más información". Conde siguió explicando que con la información abiertamente compartida, las decisiones más estratégicas de SunGard ahora se toman en colaboración. Pero también reconoció que hay límites para la colaboración. "En los últimos cinco años he tomado una decisión estratégica clave, que fue convertir a la firma en una compañía privada. Pero tuve que tomar esa decisión, porque era muy estratégica y requería cierto punto de vista que nadie más podía tener". Conde cree que hoy el papel del líder es tomar algunas decisiones que nadie más puede tomar, para mantener un sistema de colaboración capaz de manejar todas las otras decisiones que la organización necesita adoptar. De esta manera, el líder abierto puede concentrarse principalmente en aquellas decisiones estratégicas difíciles que requieren su atención, en lugar de tratar de intervenir en cada decisión que tiene lugar.

Como vimos en el Capítulo 3, Cisco ha llevado a cabo una gran cantidad de iniciativas porque ha sido capaz de distribuir la adopción de decisiones. Pero esto fue posible debido a la inversión que se hizo en las herramientas y la cultura de la colaboración. Aunque ha sido un camino difícil, y nadie lo estableció más claramente que John Chambers, el consejero delegado de Cisco Systems. Él observó que el personal solía aferrarse a algo que había tenido éxito en el pasado y permanecía en una zona de confort. "Las personas que más difícilmente acepten un cambio, por lo general, son las que han sido más exitosas en su organización, incluyéndome a mí como consejero delegado. Todos tienen que pasar por la misma curva de aprendizaje por la que yo transité. Eso me permitió sentirme cómodo cuando dejaba a los otros empleados que tomaran las decisiones que yo solía tomar. Comprendí que si les daba acceso a la información necesaria y los desafiaba de la manera apropiada, ellos tomarían una mejor decisión que la que yo podría tomar", me explicó Chambers.

Cambiar esa mentalidad requiere años. Según me contó Chambers, hace más de 10 años que empezó la evolución de Cisco hacia un entorno de más colaboración. "En 2001, mi equipo no se sentía muy cómodo con la idea. Era necesario un cambio radical para salir del método de mando y control. En 2005, la idea había sido incorporada por 40 altos ejecutivos. Hoy está en el ADN de nuestros 600 empleados superiores y el objetivo es conseguir que la adopten los 65.000 empleados de la compañía".

Chambers destacó que gran parte de los progresos que Cisco ha hecho en los últimos dos años se deben a la adopción de las tecnologías sociales y de colaboración, que permitieron al personal comunicarse de un modo que antes no era posible. Los blogs, las redes internas, los archivos digitales de audio y otras herramientas han permitido a los líderes tomar contacto con las otras personas, pero también les han permitido a estas comprometerse en el proceso. Chambers dijo: "Sin estas tecnologías, no solo accesibles, sino que operan combinadas, no habríamos sido capaces de lograr muchas de las cosas que hoy tenemos. Pienso que el uso de la colaboración a través de la tecnología de la información está tan profundamente arraigado en la estrategia y visión de la compañía que usted no puede notar la diferencia".

Un último factor para tener en cuenta es que el liderazgo abierto es más que un título o papel específico en la organización. Muchos de los empleados que son los mejores colaboradores suelen tener diferentes *tipos* de conexiones. Saben que no es suficiente colaborar con los colegas en un equipo de un nivel más alto y más bajo. También colaboran con los colegas de diferentes departamentos, y con sus contactos en múltiples niveles dentro de la organización. Además, tienen profundas relaciones de colaboración con personas fuera de la organización.

Ahora tratemos de comprender cómo se combinan las dos mentalidades del liderazgo abierto, el optimismo y la colaboración, para crear líderes arquetípicos dentro de la organización: porque saber qué tipo de líder es usted y las otras personas en la organización será crucial para llevar a cabo su estrategia abierta.

Los arquetipos del liderazgo abierto

Así como hay un equilibrio de la apertura en las organizaciones, con muy pocas que son abiertas o cerradas totalmente, también existe un equilibrio para los líderes abiertos. Los individuos entran en una de cuatro categorías y comprender en qué medida son abiertos puede ayudarle a desarrollar sus propias habilidades de liderazgo abierto.

Como ya hemos discutido, los líderes pueden ser clasificados en dos dimensiones, optimistas versus pesimistas, y colaboradores versus independientes. Por supuesto, ninguno es totalmente paranoide (o, si alguien lo es, esa persona no anda suelta) ni enteramente optimista (todos tenemos nuestros días malos). Del mismo modo, nadie es cien por ciento independiente o colaborador. Todos actuamos en algún punto de estas escalas, y podemos deslizarnos hacia un extremo o el otro, cuando la situación cambia. No obstante, para explicarlo con claridad, he combinado estas características entre sí para crear cuatro arquetipos específicos de liderazgo abierto: el optimista realista, el escéptico inquieto, el comprobador precavido y el predicador transparente (véase la Figura 7.1). Mientras lee, recuerde que usted puede encontrar líderes que representan estos arquetipos en todos los niveles de una organización, desde el líder de equipo hasta el gerente de división, desde el director de departamento hasta el presidente.

	Pesimista	Optimista
Colaborador	Comprobador precavido	Optimista realista
Independiente	Escéptico inquieto	Predicador transparente

FIGURA 7.1. Los cuatro arquetipos del liderazgo abierto

En cada una de las siguientes secciones, explicaré las características de cada tipo de líder y los papeles que cada arquetipo desempeña generalmente dentro de la organización.

El *optimista realista* es el más poderoso y eficaz de los arquetipos de líder abierto: es alguien que puede ver los beneficios de ser abierto, pero también comprende los límites. Este arquetipo puede resolver las situaciones difíciles, tiene una mentalidad y habilidades para la colaboración y, lo más importante, sabe cómo superar las dificultades organizacionales, mostrando a los incrédulos los beneficios genuinos de ser abierto y ganar su confianza. Los optimistas realistas serán los promotores de su estrategia abierta y quizá no sean las personas que se encuentran en la categoría más alta de su organización.

Por ejemplo, Wendy Harman, la gerente de medios sociales en la Cruz Roja Americana, dice que un tiempo después de haber ingresado a la organización no podía obtener la aprobación para iniciar un blog o tener una cuenta Flickr, a fin de mostrar a los voluntarios de la Cruz Roja mientras ayudaban a los bomberos, a los trabajadores de primeros auxilios y a los donantes de sangre. "Pero seguí adelante. Sabía que si el personal superior podía ver el efecto de lo que hacía, me daría el visto bueno", explicó. Utilizó su tarjeta de crédito personal para comprar un nombre de dominio en Internet, creó varias cuentas y las abrió con su propio dinero, porque sabía que nunca podría obtener la aprobación hasta que la gerencia viera los resultados positivos. Afortunadamente, los vieron. Cuando los plazos de pago de Harman vencieron, ella acudió a su jefe y le preguntó si ahora podía cargar los gastos en la cuenta de la Cruz Roja, para continuar sus esfuerzos en nombre de la organización. ¿Cuál fue la respuesta? "Sí, desde luego", recordó Harman. "Ya no hubo necesidad de aprobación alguna."

Los optimistas realistas tienen una rara combinación de optimismo y colaboración, de modo que comprenden el contexto en el cual se despliegan las tecnologías: Facebook, Twitter, YouTube y el resto. Adoptan las redes sociales, pero también comprenden que tienen que trabajar con personas que no son tan optimistas como ellas. En consecuencia, deben moderar y reprimir un poco su optimismo. Ellos conocen bien la realidad de sus organizaciones y tienen la voluntad y paciencia para alentar el cambio duradero.

Además, mantienen relaciones profundas con el personal de toda la organización, a través de las cuales realizan sus tareas. Creen en los beneficios de ser abiertos, pero también comprenden dónde deben aplicar sus habilidades para promover la transparencia en la organización. Al reconocer que el éxito de la compañía depende de su apertura y colaboración, el optimista realista comprende cuál es su posición en la empresa y el papel que debe desempeñar para liderarla.

El *escéptico inquieto* es exactamente lo contrario del optimista realista, ya que suele ser pesimista e independiente. Por naturaleza, estas personas se preocupan por todas las cosas que pueden fracasar; y con una buena razón, porque son generalmente las personas que se encuentran en la cúspide de la organización, reciben las llamadas de la prensa y de los miembros de la junta directiva. Al tener una mentalidad independiente, creen que el éxito proviene de la fuerza y las habilidades de los individuos, y esa creencia empieza con ellos mismos. Atribuyen un valor enorme a la individualidad y, como líderes, esperan que un individuo asuma el mando y control de los acontecimientos y sus consecuencias.

Los escépticos inquietos pueden ser considerados como *los guardianes*. Se ven a sí mismos como héroes que impiden que los acontecimientos negativos afecten a la empresa. Además, son escépticos acerca de las cosas que se pueden hacer con las nuevas herramientas de los medios sociales; después de todo, ellos tuvieron éxito sin ellas, y no creen que las personas con perspectivas y responsabilidades diferentes puedan comprenderlos o ayudarlos. No piensan que pueda surgir algo positivo de Twitter, porque consume demasiado tiempo. Saben que hay cientos de millones de personas en Facebook, pero no encuentran a nadie como ellos que haya abierto una cuenta, y no ven el atractivo.

Los escépticos inquietos dependen principalmente de sus competencias analíticas e intuitivas para resolver los problemas. No practican a menudo las habilidades del liderazgo abierto, como establecer un diálogo con las audiencias clave, porque experimentan una fuerte sensación de riesgo e inseguridad. En lugar de la oportunidad, ellos ven el paisaje lleno de minas a punto de explotar.

El *comprobador precavido* difiere del escéptico inquieto en una dimensión más importante. Si bien es pesimista y teme los aspectos peligrosos de ser más abierto, comprende la necesidad de colaborar porque puede ver los beneficios que es posible obtener de involucrar a un mayor número de personas.

Los comprobadores precavidos están dispuestos a probar las opciones, los planes y las nuevas ideas, y son capaces de hacerlo con otras personas, pero su pesimismo les quita entusiasmo. Sus colegas pueden conversar con ellos acerca de las oportunidades y los beneficios, y gracias a las relaciones y confianza que han desarrollado son capaces de aportar algo nuevo o diferente. Además, pueden moderar su pesimismo acerca de las personas mediante pactos, que expanden las fronteras solamente después de haber desarrollado una relación fiable y sólida. Pero pocas veces toman la iniciativa, porque las personas en las que ellos confían se encargan de hacerlo.

Como los escépticos inquietos, los comprobadores no tienen mucha experiencia directa con las actividades y tecnologías sociales. Solo poseen suficiente experiencia con la colaboración y la delegación de responsabilidades. Están empezando a ver las ventajas del liderazgo abierto, pero no están dispuestos a abandonar sus prácticas de mando y control, porque temen lo que podría ocurrir si se comprometieran totalmente con la apertura.

El *predicador transparente* es optimista e individualista. Estas personas han sido picadas por el bicho de la tecnología. En mis conferencias, suelo caracterizarlas irónicamente como individuos que usan camisetas negras de cuello alto, vaqueros del mismo color y peinado estilo *punk*. Ellos creen en la capacidad de las nuevas tecnologías para transformar a las personas y las organizaciones, y las promueven todo el tiempo. Han experimentado personalmente una transformación y obtienen una enorme satisfacción personal del compromiso con la gente a través de las tecnologías sociales. Son transparentes; usted puede reconocerlos con facilidad, muestran y dicen lo que son. Ellos creen totalmente en su mensaje: "La tecnología es la respuesta. ¿Cuál es la pregunta?".

Pero los predicadores transparentes también son independientes en su manera de considerar y pensar en las tecnologías. Suelen verlas en forma aislada de la organización y de su punto de vista personal. Además, no comprenden de qué modo la tecnología debe ser coordinada dentro de la organización para operar de manera eficaz.

A menudo, me he encontrado con predicadores –expertos en medios sociales– frustrados dentro de las organizaciones que he visitado. Se topan con un muro de escepticismo gerencial, y les dicen: "¿Cómo es posible que no lo haya conseguido? Necesitamos estar presentes en Facebook, un blog de la compañía. Necesitamos alentar los comentarios del cliente". Pero no hacen ningún progreso, porque no tienen una mentalidad de colaboración que formule y responda a preguntas como: ¿en qué medida debería ser abierta mi organización?, ¿de qué modo se beneficiaría de la apertura?, ¿cuáles son las barreras para conseguirlo?, ¿cuáles son los beneficios para los clientes?, ¿para la dirección?, ¿para los empleados? Los predicadores transparentes no tienen la capacidad ni las relaciones fundamentales de los otros tres arquetipos para ser capaces de traducir la oportunidad que ven en el mercado, de un modo muy realista.

Los predicadores transparentes tienen fe en el credo de la apertura y con frecuencia instan al personal a ser abierto. Pero creen que una organización no puede ser demasiado abierta. Dado que operan independientemente, no tienen un sentido de cómo sortear las limitaciones organizacionales para ser eficaces.

Son similares a los escépticos inquietos porque tienen fe en sí mismos. Creen que son los únicos que tienen razón, y están tan comprometidos con la causa de la apertura y la transparencia que no piensan en las implicaciones que podría tener la apertura para la organización, ni en cómo la afectaría. Desde luego, esta es la otra cara de los escépticos inquietos. *Tienen* tanta aversión a los riesgos que no pueden ver las oportunidades. Pero los predicadores transparentes y los escépticos inquietos a menudo se expresan del mismo modo, con igual tono, y con el mismo fervor para transmitir sus visiones del mundo. No pueden creer que haya otro punto de vista posible.

Evaluación del liderazgo abierto

Como he dicho antes, la conciencia de sí mismo es un atributo clave de los líderes abiertos. Creo que es importante comprender su mentalidad ya que expresa de qué modo usted aborda la apertura y, además, hacer una evaluación de los líderes clave dentro de su organización. La razón: si tener e implementar una estrategia abierta es de importancia para usted, entonces necesitará líderes abiertos eficaces para conducir la organización. Por otra parte, precisará saber si alguien *no* tiene un criterio similar cuando se trata de compartir la información y/o distribuir la adopción de decisiones, ya que esta podría ser una barrera significativa para la implementación de su estrategia.

Le sugiero conducir una simple autoevaluación de su liderazgo abierto para comprender mejor cuáles son sus tendencias. En la Tabla 7.1 se muestra una lista de preguntas de evaluación. También hay un examen accesible en línea, en open-leadership.com. Las preguntas determinan dónde se encuentra usted en el conjunto de mentalidades:

1. ¿Usted es pesimista u optimista acerca del modo en que las personas usan la información y el poder de tomar decisiones? Por ejemplo, ¿considera que el tiempo empleado en Facebook es improductivo o una manera eficaz de conectarse con las personas en un nivel personal y profesional? ¿Cuál piensa que sería el resultado si los empleados tuvieran un mayor acceso a la información?

2. ¿Cómo suele llevar a cabo la tarea? ¿Suele realizarla en forma individual o trabaja fácilmente con las otras personas, incluso con quienes usted no tiene una conexión natural?

TABLA 7.1. Autoevaluación del liderazgo abierto

A continuación, se muestran declaraciones contrastantes acerca de las mentalidades pesimista y optimista. Califíquese en cada par de declaraciones como: **1 (totalmente de acuerdo con la declaración de la izquierda), 2 (un poco de acuerdo con la declaración de la izquierda), 3 (un poco de acuerdo con la declaración de la derecha), 4 (totalmente de acuerdo con la declaración de la derecha)**. Luego sume sus calificaciones y divida el total por 8 para obtener su puntaje promedio.

Más pesimista ⬅ ➡		Más optimista	Calificación
Las personas serán dañinas si se les da la oportunidad.	1 2 3 4	Las personas harán lo correcto cuando se les dé la oportunidad.	
Las personas serán negativas y tratarán de causar daño con sus comentarios.	1 2 3 4	Las personas serán positivas y constructivas en sus comentarios.	
Tenemos más para perder que para ganar con el hecho de compartir públicamente la información.	1 2 3 4	Tenemos más para ganar que para perder con el hecho de compartir públicamente la información.	
Los empleados no pueden ser fiables con la información confidencial.	1 2 3 4	Los empleados pueden ser fiables con la información confidencial.	
Los empleados solo deberían recibir la información necesaria para hacer sus tareas.	1 2 3 4	Los empleados deberían obtener tanta información como sea posible para hacer sus tareas.	
La mayoría de los clientes y empleados de primera línea se quejan.	1 2 3 4	Puedo aprender mucho de los clientes y empleados de primera línea.	
Cuando alguien me critica, lo tomo como algo personal.	1 2 3 4	Cuando alguien me critica, uso la oportunidad para aprender.	
Los errores se deberían evitar a toda costa.	1 2 3 4	Cuando se comete un error, es una oportunidad para aprender.	
Puntaje promedio			

Usted es pesimista si su calificación es igual o menor a 2.
Usted es optimista si su calificación es mayor a 2.   *(Continúa)*

A continuación, se muestran declaraciones contrastantes acerca de las mentalidades individualista y colaboradora. Califíquese en cada par de declaraciones como: 1 (**totalmente de acuerdo con la declaración de la izquierda**), 2 (**un poco de acuerdo con la declaración de la izquierda**), 3 (**un poco de acuerdo con la declaración de la derecha**), 4 (**totalmente de acuerdo con la declaración de la derecha**). Luego sume sus calificaciones y divida el total por 8 para obtener su puntaje promedio.

Más individualista ←——→		Más colaboradora	Calificación
Atribuyo gran parte de mi éxito a mi capacidad para realizar personalmente la tarea.	1 2 3 4	Atribuyo gran parte de mi éxito a mi capacidad para colaborar con otras personas.	
En los momentos difíciles, dependo principalmente de mí mismo.	1 2 3 4	En los momentos difíciles, dependo de otras personas.	
Involucro a los interesados clave y las decisiones se toman lentamente.	1 2 3 4	Involucro a los interesados clave y las decisiones se toman rápidamente.	
Involucro a las pocas personas más informadas que pueden mejorar el resultado final	1 2 3 4	Involucro a más personas en una decisión que puede mejorar el resultado final.	
Cuando empiezo un nuevo proyecto, pienso antes qué debo hacer.	1 2 3 4	Cuando empiezo un nuevo proyecto, pienso antes a quiénes debo comprometer.	
La opinión de un individuo prevalece sobre el conocimiento colectivo del grupo.	1 2 3 4	El conocimiento colectivo del grupo prevalece sobre la opinión de un individuo.	
Es mejor delegar la autoridad para tomar decisiones en las personas que saben lo que la organización está haciendo.	1 2 3 4	Es mejor delegar la autoridad para tomar decisiones en las personas que están más cerca de los clientes.	
Mi conocimiento y liderazgo son necesarios para tomar las decisiones importantes.	1 2 3 4	Las decisiones importantes se pueden tomar sin mi compromiso directo.	
Puntaje promedio			

Usted es individualista si su calificación es igual o menor a 2.
Usted es colaborador si su calificación es mayor a 2.

Como se describe en la Figura 7.2, usted puede determinar qué tipo de líder abierto es a través de los resultados. Sea honesto con su evaluación: esto no consiste, digamos, en posicionarse en el cuadrante superior derecho y ser un optimista realista, sino en comprender verdaderamente cómo abordar la apertura. Si el conocimiento de sí mismo es un atributo clave para ser un líder abierto, entonces un paso inicial importante es ser honesto acerca de su modo de pensar.

El objetivo de la autoevaluación es comprender en qué medida su estrategia abierta para compartir información y tomar decisiones está influenciada por su tendencia o renuencia personal a ser más abierto. Sus empleados y clientes pueden estar reclamando una mayor apertura, y su estrategia le está señalando la necesidad de compartir la información y la autoridad para tomar decisiones, pero quizá esté actuando contra su voluntad. Del mismo modo, usted puede ser una persona muy abierta, pero pensar que su estrategia no está haciendo lo suficiente para lograr la apertura.

	Pesimista	Optimista
Colaborador	**Comprobador precavido** • Pesimista (<2) • Colaborador (>2)	**Optimista realista** • Optimista (>2) • Colaborador (>2)
Independiente	**Escéptico inquieto** • Pesimista (<2) • Independiente (<2)	**Predicador transparente** • Optimista (>2) • Independiente (<2)

FIGURA 7.2. Identifique su arquetipo de líder abierto

Creo que si su estrategia abierta y los estilos de liderazgo no son congruentes, tendrá muchas dificultades para implementar eficazmente la estrategia porque no cree realmente en ella. Por esta razón, pienso que también es importante conducir la evaluación con los miembros de su equipo de liderazgo, de tal modo que todos sean conscientes de cómo abordan la apertura. Usted necesitará asegurarse de que haya suficientes líderes abiertos capaces de promover la apertura.

El esfuerzo para comprender e identificar claramente estos modos de pensar no es un intento de etiquetar a los individuos, sino de comprender qué competencias y personas se necesitan para promover su estrategia abierta. Si usted está siendo impulsado a adoptar una amplia estrategia abierta debido a las condiciones del mercado –del mismo modo que Ford–, quizá tenga que salir de la organización para encontrar un líder abierto como Scott Monty a fin de que lidere el cambio.

De qué modo los arquetipos se apoyan mutuamente

Algo que usted puede hacer para cambiar las mentalidades y competencias de su equipo de liderazgo es emparejar los diferentes arquetipos, de tal modo que puedan estar deliberadamente expuestos y aprender de una mentalidad diferente. Por ejemplo, podría emparejar a los escépticos inquietos y los comprobadores precavidos, con el objetivo específico de que los últimos compartan el éxito a través de la colaboración. Además, puede ver hasta qué punto son capaces de conciliar la mentalidad pesimista con la colaboración a través del uso de pequeños experimentos que desarrollan una mayor confianza, así como el uso de pactos, a fin de asegurar directivas y procedimientos claros.

Una combinación que he comprobado que no da tan buen resultado es la del predicador transparente con un escéptico inquieto o un comprobador precavido. El problema es que cada uno se aferra a la creencia de que su punto de vista –su visión optimista o pesimista del mundo– es la "verdadera", y no están dispuestos a colaborar ni son capaces de moderar sus tendencias individualistas. El resultado es que el predicador aboga por la tecnología que permite ser más abierto, ¡cuando ser abierto es lo que menos desea el escéptico inquieto o incluso el comprobador precavido!

Es mejor emparejar al optimista realista con escépticos inquietos y comprobadores precavidos, y tener cerca a los predicadores transparentes para observar el proceso. Los optimistas realistas tienen el respeto y las relaciones para luchar contra la resistencia, además del optimismo para creer que los escépticos inquietos y los comprobadores precavidos *pueden aprender* a sentirse más cómodos con la apertura, especialmente cuando comprenden los beneficios. El optimista realista tiene la paciencia de un santo, está dispuesto a dar tiempo a los pesimistas para que exploren una nueva manera de hacer las cosas, y es capaz de alentarlos y apoyarlos a lo largo del proceso.

Para los predicadores transparentes, es importante observar este proceso, ya que necesitarán desarrollar sus habilidades de colaboración, especialmente porque carecen de una tendencia innata a ser colaboradores. Mientras tanto, pueden desempeñar un papel crucial en la labor con las partes interesadas externas, como los clientes y socios, que ya están dispuestos a comprometerse con la organización. También pueden ayudar a identificar a otros líderes abiertos optimistas en la organización, y encontrar a los "seguidores" que contribuirán a promover su estrategia abierta. De este modo, los predicadores transparentes llegan a ser la tropa de avanzada en la implementación de su estrategia abierta, y serán más eficaces y versátiles a medida que incorporen habilidades de colaboración.

Finalmente, consideremos el papel importante que desempeña el optimista realista. Como ya he mencionado, los optimistas realistas son las piezas clave de su estrategia abierta. Son los que tienen el conocimiento y las relaciones organizacionales para ser catalizadores y agentes del cambio, y son diestros en el uso y la comprensión de las tecnologías abiertas que permiten estas nuevas relaciones. Estas son personas excepcionales, como Lionel Menchaca en Dell, Michelle Azar en Best Buy, Wendy Harman en la Cruz Roja Americana, y Scott Monty en Ford. Las dos primeras (Menchaca y Azar) habían sido antiguos empleados en sus compañías, mientras que Harman y Monty fueron contratados para desempeñar sus funciones. Lo más curioso es que fueron nombrados o contratados en sus puestos por ejecutivos que no eran necesariamente optimistas, sino más bien comprobadores precavidos. Estos optimistas originales siguieron desarrollando y formando a los líderes más abiertos y, de hecho, impulsaron las estrategias abiertas en esas compañías, junto a los ejecutivos de la organización, que en su mayoría eran precavidos cautelosos.

Hago mención de esto porque, si bien usted puede ser un comprobador precavido o un escéptico inquieto, necesita ser consciente de ello y, por lo tanto, ser capaz de compensar sus carencias con la ayuda del optimista realista, así como del predicador transparente, que serán los ejecutores de su estrategia abierta. Aun cuando usted no tenga la predisposición para ser un líder abierto, el hecho de comprender y apreciar la apertura, y tener una estrategia abierta, es un importante avance estratégico. Muchos de los ejecutivos con quienes he conversado, como Barry Judge y John Chambers, al principio no eran abiertos, pero evolucionaron lentamente hasta llegar a serlo.

PLAN DE ACCIÓN: CAMBIAR SU MENTALIDAD PARA EL LIDERAZGO ABIERTO

Si la estrategia abierta que ha desarrollado requiere que usted y el liderazgo de su organización sean más abiertos en su adopción de decisiones, ¿hasta qué punto está personalmente preparado para hacer esto? Si usted no se siente seguro de compartir la información y las decisiones, necesitará considerar las razones de esta inseguridad; principalmente, su pesimismo acerca de los resultados. Si no se siente cómodo con la colaboración y el compromiso de las personas en el proceso de adopción de decisiones, necesitará ampliar su círculo de confianza. Transformar la mentalidad requiere tiempo, paciencia y pequeños éxitos repetidos para crear confianza. He aquí algunas medidas que puede tomar para empezar a desarrollar una mentalidad más optimista y colaboradora:

- *Desarrolle "pactos del cajón de arena" que proporcionen asideros para el compromiso.* Cuando usted comparte información o delega la adopción de decisiones, ¿cuáles son sus expectativas sobre lo que se hará con este poder? ¿Qué responsabilidades desea que los empleados y clientes asuman?

- *Asóciese con optimistas y colaboradores.* Probablemente usted conozca a alguien en su organización a quien considera un líder abierto y optimista. Reúnase con esta persona para comprender su perspectiva y visión general del mundo. ¿Qué hace esta persona para asegurarse el control mientras es abierta? ¿Qué hace esta persona para que la apertura surta efecto en su organización?

- *Examine su propia experiencia y conocimientos con las personas que le conocen bien.* Su modo de pensar se ha desarrollado a través de experiencias personales cruciales, por eso sería conveniente que usted hablara con las personas que le conocen bien en un nivel personal. Las personas suelen tener un poco de optimismo, de modo que recurra a aquellas en las que usted confía para que le ayuden a encontrar ese punto de partida en el que se sienta más cómodo con el compromiso.

- *Empiece a desarrollar confianza poco a poco.* Es difícil dejar de lado una mentalidad que le ha impulsado durante toda su carrera profesional, eso puede ser completamente forzado para usted y va en contra de sus tendencias naturales. Usted no puede anunciar de manera repentina: "De hoy en adelante seré colaborador, seré optimista". Cambiar su modo de pensar requiere tiempo y solamente ocurre con los éxitos repetidos. Dé un paso a la vez, para poder desarrollar confianza, compartir la información y delegar las decisiones en un círculo de personas cada vez más amplio.

En el próximo capítulo consideraremos las habilidades y conductas específicas necesarias para desarrollarse como un líder abierto, tanto en usted mismo como en los otros en toda su organización. Las mentalidades y los rasgos de la personalidad son muy difíciles de cambiar; si es naturalmente pesimista, o se siente más cómodo como una persona que rehúye la compañía de las demás, eso es difícil de superar. Sin embargo, las habilidades y las conductas son más tácticas, y usted puede empezar a practicar con ellas. Aprenda una nueva habilidad o transforme conscientemente su conducta, y a través del tiempo su mentalidad también puede empezar a cambiar. En el Capítulo 8 abordaremos cómo desarrollar el liderazgo abierto alentando las habilidades y conductas específicas.

CAPÍTULO 8

CULTIVAR EL LIDERAZGO ABIERTO

¿Qué significa ser un líder abierto? Y más importante, ¿cómo se *llega a ser* un buen líder? Cientos de libros han abordado este tema, y no voy a volver a escribir sobre algo que ya han tratado otros autores. En este capítulo, discutiré cómo se llega a ser un buen líder *abierto*, porque las nuevas reglas de las relaciones creadas con el advenimiento de las tecnologías sociales requieren que usted desarrolle nuevas habilidades y conductas, que promuevan y apoyen su estilo de liderazgo individual. Explicaré qué significa ser "auténtico" y "transparente", cómo usar personalmente las tecnologías sociales para ser un líder eficaz, y también cómo desarrollar a otros líderes abiertos mediante el uso de esas tecnologías.

Empecemos por analizar dos de los conceptos usados de manera excesiva en lo que respecta a ser abierto: la autenticidad y la transparencia.

La verdad detrás de la autenticidad

Para ser un líder, antes usted debe ser una buena persona con valores intangibles como la integridad, la honestidad, la ecuanimidad, el respeto por las personas, la audacia y el sentido del humor; en síntesis, los rasgos descritos por Warren Bennis en su libro *On Becoming a Leader*, para que las personas confíen en usted y le sigan[1]. Se han escrito cientos de libros que describen estas características y solo me voy a sumar al coro, pero con una pequeña variante. En este sentido, citaré a Marco Aurelio, que hace casi dos mil años dijo: "No pierda más tiempo discutiendo lo que debería ser un buen hombre, simplemente séalo".

La mayoría de los adultos saben lo que significa tener integridad, honestidad y ecuanimidad. Un amigo que imparte un curso empresarial en una prisión de hombres me dijo que en uno de sus ejercicios les pide a los convictos que mencionen tres características de alguien que respetan. Luego escribe las palabras en la pizarra. En una sesión tras otra, los resultados son los mismos: los individuos que estas personas respetan son honestos, dignos de confianza, justos, inteligentes y responsables, lo cual evoca la ley del Boy Scout.

La gente comprende lo que significa ser una persona de buen carácter, sin importar si es el jefe de una banda o el líder de una iglesia. Las cualidades que movilizan a una banda a seguir a un líder son las mismas que inspiran a una congregación a seguir a un pastor carismático. El líder de la banda y el pastor no comparten los mismos fines, pero sí las mismas características de liderazgo.

Sin embargo, en un mundo donde las tecnologías sociales influyen en las relaciones, tener estas cualidades ya no es suficiente. Las acciones personales y organizacionales son escudriñadas por cualquiera que esté dispuesto a prestar atención; por lo tanto, el liderazgo —el bueno y

---

1. Warren Bennis, *On Becoming a Leader*, Basic Books, Nueva York, 1994, pág. 39.

el malo– queda rápidamente expuesto. Los líderes que son capaces de adoptar la nueva cultura de compartir y sacar ventaja de ella pueden amplificar sus buenas acciones y cualidades, pero eso también se les puede volver en contra.

Por consiguiente, además de características como la integridad, el liderazgo abierto requiere una cualidad sobre todas las otras: la autenticidad. Esta palabra ha perdido gran parte de su significado debido a su uso excesivo y a la dificultad para definirla. Un artículo publicado en la *Harvard Business Review* en 2005, "Manejar la autenticidad: la paradoja del buen liderazgo", explica el problema de origen: "La autenticidad es una cualidad que los otros deben atribuirle a usted. Ningún líder puede mirarse en un espejo y decir 'soy auténtico'. Una persona no puede ser auténtica por su cuenta. La autenticidad está principalmente definida por lo que otras personas ven en usted, y eso puede ser en gran medida controlado por usted"[2].

Por lo tanto, todos los requisitos para "ser auténtico" son curiosamente correctos, pero la paradoja es que usted controla hasta qué punto desea serlo, de acuerdo con la situación en la que se encuentra. Como resultado, podría aparecer como poco auténtico si la información que comparte y publica es vista por la audiencia indebida. Por ejemplo, usted me conoce como autora, pero también me definen mis experiencias como integrante de la colectividad chino-norteamericana en Detroit, como madre de dos hijos y, en el mundo empresarial, como una mujer graduada en Harvard. Todos estos elementos se mezclan en mi

---

2. Rob Goffee y Gareth Jones, "Managing Authenticity: The Paradox of Great Leadership", *Harvard Business Review*, diciembre de 2005, disponible en: http://hbr.org/2005/12/managing-authenticity/ar/1.

sentido de mí misma, pero eso no significa que muestre todos los aspectos al mismo tiempo. Una que otra vez, mi personalidad laboral sale a la superficie en las reuniones universitarias. Espero hacer estas cosas cuando es apropiado, pero esas visiones momentáneas pueden parecer poco auténticas si las revelo en el momento inapropiado, a la audiencia indebida.

Los líderes abiertos tienen la capacidad y destreza para introducir las partes pertinentes de su auténtica personalidad en la conversación; saben intuitivamente a quiénes y cuándo mostrar aspectos de su identidad y personalidad. Saben que "identificarse de entrada" es una habilidad muy apreciada para llegar a ser aceptados por una comunidad; algo que muchas mujeres y minorías comprenden de manera intuitiva[3]. Por consiguiente, los líderes abiertos necesitan aprender cómo manejar su autenticidad, especialmente en relación con las variadas audiencias a las que pueden acceder a través de las tecnologías sociales. Quizá usted conozca personas que son *demasiado* auténticas, tan inexorablemente auténticas que terminan socavando su capacidad para comprometerse y trabajar dentro de una organización. Estas personas no pueden realizar todo su potencial porque carecen de la capacidad para moderar y manejar su autenticidad en un contexto específico.

La nueva cultura de compartir creada por las tecnologías sociales hace necesario el desarrollo más urgente de esta habilidad. Quizá usted sea un "principiante" en

---

3. La frase "identificarse de entrada" se usa para describir lo que una persona hace para entrar en un mundo específico que quizá no acepte sus diferencias. Véase el informe "Do We Check It at the Door", de Keith Woods, en: http://www.namme.org/career/publications/report_checkit.pdf.

estos canales y puede parecer insuficientemente auténtico o, peor aún, divulgar demasiada información y parecer poco auténtico. Es natural que los líderes tengan dudas acerca del compromiso: las apuestas no solo son altas, sino que las probabilidades de conseguir un equilibrio apropiado son bajas, al menos al principio. Entonces, ¿cómo puede empezar a ser un líder abierto "auténtico"?

En primer lugar, usted debe seguir siendo fiel a sus valores y concentrase en lo que desea lograr. Por ejemplo, consideremos a Chris Pratley, uno de los primeros blogueros de Microsoft, presentado en el Capítulo 5. Él fue el principal artífice de OneNote y, como usted podría suponer, la mayoría de las personas pensaban que era un empleado de marketing, que no estaba interesado de verdad en una relación. Antes de empezar siquiera, se pensó que no era auténtico simplemente debido a su asociación con una gran compañía. Pero, en vista de que mostró un respeto e interés genuinos en desarrollar una relación –respondía de inmediato a las preguntas y los retos, y proporcionaba información detallada–, la gente empezó a confiar en él. Pratley demostró su integridad, fiabilidad y honestidad en cada uno de los blogs y comentarios que hizo.

Los retos a su integridad le instaron a demostrar que era digno de confianza. Chris Pratley me comentó: "Las personas me decían constantemente: 'Gracias por hacer esto, porque es evidente que usted realmente se preocupa. Pasa por alto los comentarios negativos y responde a todos, aun cuando no estén de acuerdo con usted. Y luego vuelve con más detalles. Es evidente que usted es una persona auténtica que realmente se preocupa por lo que representa su producto, y eso se refleja en lo que escribe'". Pratley logró ser auténtico para su audiencia, pero eso requirió perseverancia y determinación de su parte para que la audiencia creyera en su palabra. De esta manera, Pratley estaba aplicando una de las nuevas reglas del liderazgo abierto detalladas al final del Capítulo 1: compartir constantemente para desarrollar confianza.

El segundo recurso que usted puede usar para desarrollar su autenticidad es empezar poco a poco. Esto fue exactamente lo que hizo Barry Judge, el director ejecutivo de marketing de Best Buy. Barry recuerda que cuando su equipo de marketing le habló acerca de la publicación de su blog, "ellos adujeron cómo podría pasar por alto a la oficina empresarial y hablar directamente a las personas que estaban comprando el producto. Era una idea en verdad maravillosa, ¡pero mi primer blog fue alarmante! Me quedé tan aliviado cuando lo terminé, fueron solo dos frases para empezar"[4]. Pero rápidamente aprendió a usarlo. "Uno solo tiene que comprometerse, imaginar qué hacer y cómo hacerlo. Enseguida llegué a ser consciente del poder de ser abierto".

La experiencia de Jugde es semejante a la de muchas otras personas cuando se comprometen con las tecnologías sociales: usted no sabrá qué decir ni cómo actuar, y la primera vez que haga clic en el botón "publicar", puede ser aterrador. ¡Lo sé por experiencia propia![5]. Pero, al concentrarse en la persona que usted es y centrar sus esfuerzos en las audiencias a las que quiere llegar, pronto encontrará y desarrollará su voz.

---

4. El primer blog de Barry Judge está disponible en: http://barryjudge. com/hello-world.
5. Escribí mi primer blog en septiembre de 2004 y, en efecto, fue absolutamente aterrador hacer clic en: "publicar". Hasta ese día, tuve pequeños momentos de pánico antes de publicar, pero ahora sé por experiencia que todo irá bien.

La transparencia no es mostrar-y-decir todo

La otra habilidad clave que usted necesita desarrollar es la transparencia. Como muchos ejecutivos, Brian Moynihan, el nuevo consejero delegado del Bank of America, comprende la importancia de la transparencia y dice: "Estamos cambiando la manera de hacer negocios. Estamos comprometidos con la rectitud y la transparencia"[6]. Moynihan reconoce que después de las transgresiones de la década pasada, las organizaciones necesitan ser más fiables acerca de cómo conducir los negocios. Al igual que con la autenticidad, la transparencia no es definida por usted, el líder, sino por las personas que precisan confiar en usted y en su organización. ¿Cuánta información necesitan para seguirle y confiarle su dinero o negocio?

Analicemos más profundamente lo que significa "transparencia". En lugar de usar esta palabra que implica una sinceridad y apertura completas, prefiero describir esta habilidad como "hacer visibles" la información y los procesos. Usted hace visibles sus objetivos, y también los retos, las amenazas y oportunidades que afronta. Para una estrategia determinada, comunica las actualizaciones al personal, y comparte las opciones consideradas, los retos y los resultados de una decisión. La mayor visibilidad incorpora los dos principales elementos de la apertura: "explicar" y "actualizar", definidos en el Capítulo 2. Esta mayor visibilidad también puede provenir del hecho de *no* compartir, siempre que esté fundamentado por razones que le impiden al líder ser más abierto (por ejemplo,

---

6. El comunicado de prensa anunciando la designación de Brian Moynihan como consejero delegado del Bank of America está disponible en: http://multivu.prnewswire.com/mnr/bankofamerica/41726.

"estamos en negociaciones", "estamos en un período inactivo", o "estamos en un proceso judicial").

Harriet Green, consejera delegada de Premier Farnell, una firma distribuidora de componentes electrónicos, reconoció que se necesitaba una mayor transparencia en la compañía cuando asumió su cargo en 2006. Una de las primeras medidas que tomó fue implementar una nueva estrategia que estableció la gestión en línea de la mayoría de las transacciones, lo cual involucraba el seguimiento y manejo del inventario de cientos de miles de tipos diferentes de componentes en todo el mundo. Green comprendió que una barrera dentro de la compañía globalmente dispersa era que los empleados no sabían cómo estaban contribuyendo los demás a la ejecución de la estrategia, de modo que no podían coordinar ni colaborar con ellos hacia un objetivo común.

Green vio que era necesaria una nueva generación de trabajadores con un estilo de liderazgo diferente, y que más transparencia conduciría a una confianza y una responsabilidad mayores y, por lo tanto, a un rendimiento más alto. Para permitir esa transparencia, Green implementó un programa llamado "eLife". Su elemento principal era SuccessFactors, un programa informático que podía describir visualmente el objetivo del personal y hacer visible de qué era responsable cada persona en la compañía, desde el encargado del almacén hasta el consejero delegado. Al hacer visible la responsabilidad, Green eliminó el misterio y la distracción, y determinó cómo iba a ser evaluada y remunerada cada persona.

Pero eLife no solo consistía en una solución tecnológica, también involucraba un compromiso de parte del liderazgo de Premier Farnell para alentar una mayor participación y apoyo a las iniciativas y los logros de cada persona. Como se mencionó en el Capítulo 2, Green distribuyó cámaras portátiles de vídeo para que todos documentaran y compartieran las mejores prácticas en un canal interno llamado "OurTube". La transparencia también se extendió, interna y externamente, al flujo de información. La compañía lanzó una comunidad externa para los ingenieros denominada "Element 14", y la propia Green empezó a escribir blogs internos en forma regular.

Ella dijo que a veces es difícil mantener estos nuevos canales de comunicación. "Después de cada reunión, luego de cada sesión, usted tiene que pensar en cómo comunicarse con la organización. Si deja de hacerlo durante una semana, la gente empieza a pensar lo peor. Esta forma de comunicación abierta es muy adictiva. Genera una enorme atención, y usted no puede hacerlo de manera fría e indiferente. Tiene que ser un compromiso de por vida". Green comprendió que construir confianza también requería un compromiso significativo, que solo fue posible debido a su creencia en el nuevo papel de la transparencia en el liderazgo.

Green explicó que necesitó algún tiempo para acostumbrarse, no solo a la naturaleza de la comunicación bilateral, sino también al *volumen*.

"Hay días en los que entran 254 correos electrónicos sobre un tema particular y usted piensa: '¿Por qué voy a seguir este camino? ¿No sería mucho más simple comunicar los resultados por un memorando al final del trimestre?'. Por consiguiente, esto genera una gran cantidad de actividad, y usted podría aducir que una parte de ella no es completamente valiosa. Pero pienso que, en general, eso mejora nuestra productividad. Cuando usted les da a los empleados toda esta información y los emancipa de este modo, ellos van a desafiarle. Creo que esto es correcto, pero no siempre es fácil."

Apoyar el liderazgo abierto con la tecnología

Green y otros líderes han aprendido que son capaces de usar las tecnologías sociales para ampliar y apoyar su liderazgo. Como vimos en la Parte II de este libro, los líderes necesitarán sentirse cómodos con el uso de las tecnologías sociales para implementar una estrategia abierta. Esto tiene que empezar en un nivel personal: ¿hasta qué punto usted se siente cómodo con estas tecnologías? Quizá se sienta cómodo al ser auténtico y transparente con las personas dentro de una distancia física limitada, pero eso no es suficiente en este nuevo contexto. Para desarrollar nuevas relaciones abiertas, usted tendrá que extender su autenticidad y transparencia.

Tal vez en algún punto puede estar considerando el uso de Twitter o Facebook y, por momentos, resistirse a ello, ¡quizá no pueda imaginarse usando esas herramientas junto a sus empleados de la Generación Y! Si este es el caso, en lugar de concentrarse en las tecnologías, tenga en cuenta los objetivos fundamentales que usted desea lograr con su estrategia abierta –aprender, dialogar, apoyar e innovar– e imagine de qué modo usar *personalmente* estas herramientas para lograrlos.

Por ejemplo, consideremos a Bill Marriott, el consejero delegado de la cadena de hoteles Marriott International, que ha estado escribiendo blogs desde enero de 2007[7]. A sus 78 años de edad, no es precisamente diestro con la tecnología, ¡incluso admite que no sabe mecanografiar! En consecuencia, cuando necesita escribir un blog, un miem-

---

7. El blog de Bill Marriott se puede ver en: http://www.marriott.com.

bro del equipo de comunicaciones de Marriott graba lo que él desea decir, lo transcribe, y publica el archivo de texto y audio en su blog. A veces, Marriott escribe a mano lo que desea decir, a veces usa notas y ocasionalmente habla con el jefe de su equipo. "Ser un tecnófobo como yo añade una serie de etapas, pero consigo que surta efecto, porque sé que es una buena manera de comunicarme con nuestros clientes e interesados a esta edad y en estos tiempos", explica[8].

Lo que impulsa a Marriott no es la tecnología, sino su deseo de tener un tipo nuevo y diferente de relación con las personas que lidera. Como se puede deducir de la discusión precedente, es importante tener un plan sobre cuándo y cómo ser abierto, auténtico y transparente, porque usted está estableciendo un compromiso en la relación con las personas que lidera. Del mismo modo que usted desarrolla una estrategia abierta para su organización, también necesita tener una estrategia *personal* para sí mismo.

Haga una pausa y formúlese las siguientes preguntas para determinar en qué medida usted practica la autenticidad y la transparencia como líder abierto, en particular su capacidad personal para usar las tecnologías sociales con ese fin. Al final del capítulo, encontrará una herramienta de evaluación más completa sobre las competencias del liderazgo abierto, a la que también puede acceder en open-leadership.com.

- ¿Cuáles son los valores que definen quién soy como persona?

---

8. Bill Marriott, "Why Do I Blog?", en: http://www.blogs.marriott.com/marriott-on-the-move/2007/08/why-do-i-blog.html.

- ¿Cuáles son las reglas que rigen lo que compartiré y con quién? ¿Cómo se aplica esto cuando uso la tecnología para facilitar el proceso de compartir?

- ¿Hasta qué punto comunico mis decisiones e ideas? ¿Me siento cómodo haciendo esto con las tecnologías sociales que pueden amplificar las conversaciones?

- ¿En qué medida aliento el diálogo y el disenso en torno a las decisiones? ¿Cómo puedo usar la tecnología para facilitar ese diálogo?

- ¿Me siento cómodo cuando admito que no sé algo, que he cometido un error o que necesito ayuda?

Ahora pasemos de su propio desarrollo como líder abierto a considerar cómo puede fomentar y cultivar el liderazgo abierto en su organización.

Los líderes abiertos como catalizadores

En una organización abierta, el líder todavía establece los objetivos, la estrategia y el programa, pero con la información compartida y la distribución de la adopción de decisiones, su papel en la organización cambia de un modo sutil pero significativo. El líder abierto necesita ser un catalizador, el inspirador de las personas que hacen el esfuerzo conjunto y logran cosas. Todos tienen que estar coordinados para que el esfuerzo sea exitoso.

Como usted sabe, ser un catalizador es un reto porque le está pidiendo a un grupo de personas que hagan las cosas de un modo diferente que en el pasado. Esta sección considera de qué modo los líderes abiertos que actúan como catalizadores crean y cultivan un entorno en el cual prevalece la apertura: cómo se establecen y comunican los objetivos, cómo se alienta a las personas para que ellas mismas sean líderes abiertos, cómo se crea una cultura que tienda a la innovación y la aceptación del riesgo, y cómo se pueden eliminar las barreras. En primer lugar, consideremos de qué modo los líderes abiertos establecen y comunican los objetivos, y en el proceso crean aún más líderes abiertos.

Creación de metas y una visión compartidas

Un tema común entre los líderes abiertos que entrevisté fue la importancia de establecer una idea clara de las metas compartidas entre todos los empleados y comunicarla ampliamente, tanto dentro como fuera de la organización. Usted recordará del Capítulo 1 que la campaña proselitista de Obama fue capaz de unificar a todos con la misma meta –que fuera elegido presidente– y luego ejecutó la estrategia casi impecablemente con el compromiso de la línea de frente, porque todos actuaban con el mismo conjunto de valores fundamentales. Al asegurarse de que los valores apropiados impulsaran lo que la gente hacía, la campaña permitió omitir el control y, en el proceso, liberar una poderosa fuente de energía y dinero.

Sin embargo, la empresa no genera el mismo nivel de pasión y compromiso que una campaña política, como lo demuestran los problemas que tuvo el gobierno de Obama para tratar de obtener la aprobación de un Congreso recalcitrante con respecto a una serie de iniciativas que iban desde la atención sanitaria hasta los planes de estímulo. John Chambers, el consejero delegado de Cisco Systems, afronta este problema cada día; aun cuando él es el CEO, simplemente no puede ejercer una estrategia de mando y control sobre sus 65.000 empleados. Descubrió que todos tienen una manera diferente de comprender y expresar la estrategia empresarial. Por consiguiente, Chambers estableció un nuevo proceso estratégico con un vocabulario claro, valores y metas que se tienen en cuenta en cada discusión estratégica.

Chambers reconoció que necesitaba ayuda para comunicar y crear la estructura requerida para introducir la nueva manera de pensar. Para esta tarea, recurrió a Ron Ricci, el vicepresidente de posicionamiento empresarial, que fue capaz de adoptar las ideas de Chambers y crear un nuevo proceso de adopción de decisiones y un nuevo liderazgo. En el centro de la estrategia está la colaboración, que permitió a Cisco hacer realidad la distribución de la adopción de decisiones. Ricci me explicó por qué la tecnología desempeñó un papel tan importante: "Las metas compartidas requieren confianza; y la confianza, conducta. ¿Y sabe para qué sirve la tecnología? Expone la conducta".

Por ejemplo, si el jefe de un departamento va a invertir recursos significativos en una nueva iniciativa, es necesaria una enorme cantidad de confianza de parte de los otros departamentos que se ven afectados. Cisco invirtió considerablemente en las herramientas de colaboración remota como WebEx y su sistema de videoconferencia TelePresence, haciéndolo directamente accesible a todos los que necesitaban usarlo. ¿Por qué esto es importante? "Cuando toma decisiones que afectan a la posición del valor de la empresa, no hay nada más importante para usted que preguntar a su socio comercial: '¿Estamos juntos en esto?'. Y cuando esa persona asiente con entusiasmo, usted puede mirarla a los ojos y ver la sinceridad. Este es un gran paso hacia el desarrollo de la confianza. También hay muchos beneficios para la productividad, pero el beneficio real es la mayor confianza", responde Ricci.

Los blogs internos y el foro de discusión de Cisco proporcionan un apoyo adicional para las decisiones y la responsabilidad de la ejecución. ¿Necesita saber qué ha hecho su socio sobre un proyecto últimamente? Es fácil: simplemente vea el blog del proyecto para obtener la última actualización. Lo que está ocurriendo es menos sorprendente, se ha invertido menos tiempo en verificar los detalles de la implementación y más tiempo en pensar estratégicamente acerca de las iniciativas.

El propio Chambers lideró el cambio hacia una mayor colaboración. Lo hizo desde el principio, cuando fue abordado por los jóvenes empleados que le dijeron que estaba definiendo la colaboración en forma demasiado limitada. Al respecto, recordó: "Ellos decían que todo debería estar centrado en la Web 2.0*, y que tenía que adoptar estas tecnologías y liderar con el ejemplo sobre cómo usarlas, incluyendo los blogs". Chambers temía que escribir blogs no fuera una buena idea. "Podía pronunciar doscientas palabras por minuto, pero no deseaba escribir un blog. No soy un buen redactor y cometo errores gramaticales", explica. En lugar de escribir, le dijeron que probara con un blog de vídeo. A regañadientes, aceptó hacer dos intentos de blogs audiovisuales "Lo hice la primera vez para comunicarme con nuestro equipo de liderazgo, y no fue hasta entonces cuando supe que ellos tenían razón"[9].

Desde la cúpula de la organización, Chambers dio un ejemplo personal de cómo ser un líder abierto. Como Bill

---

* Sitios web que facilitan el compartir información y el diseño centrado en el usuario y la colaboración. (N. del T.)

9. Generalmente, los videoblogs de Chambers son internos, pero usted puede ver su primer videoblog externo en: http://blogs.cisco.com/news/comments/john_chambers_video_blog_if_there_is_a_killer_application_its_video.

Marriott, Chambers tuvo que superar su resistencia inicial al uso de la tecnología para lograr su objetivo, no solo de comunicar una estrategia, sino también de aplicarla. Su consejo: tenga miembros en su equipo que compensen sus debilidades y le permitan pensar –y actuar– de un modo original.

Desarrollo de líderes abiertos

Una habilidad clave del liderazgo abierto es el desarrollo de otros líderes abiertos. Si bien no todos tienen la experiencia, la personalidad o el deseo para ser líderes abiertos, supongo que hay muchas más personas con la capacidad para liderar de lo que se suele creer. Usted puede hallar los candidatos en lugares inesperados, y a veces necesita salir de su organización para encontrarlos.

El desarrollo de líderes abiertos exige reconsiderar la línea de liderazgo. En su libro *The Leadership Pipeline*, Ram Charan, Stephen Drotter y James Noel destacan que la transición de contribuyente individual a gerente puede ser difícil porque muchos son técnicos que saben cómo hacer una tarea específica. "Ellos han pasado su carrera desarrollando una gran habilidad para llevar a cabo una tarea determinada, en lugar de estar en contacto con las necesidades y expectativas de sus colegas"[10]. Pero esto está cambiando rápidamente con el advenimiento de las tec-

---

10. Ram Charan, Stephen Drotter y James Noel, *The Leadership Pipeline: How to Build the Leadership-Powered Company*, Jossey-Bass, San Francisco, 2000, pág. 35.

nologías sociales y el empleado conectado. Los autores explican en su obra que estos tipos de conexiones se desarrollan generalmente en niveles mucho más altos de la gerencia, no solo en el nivel del contribuyente individual. La adopción de las tecnologías sociales significa que ahora el personal en las líneas de frente tiene relaciones que le permiten moverse con rapidez y libertad a través de la organización.

Además, con las nuevas herramientas, *ahora* los contribuyentes individuales pueden ejercer el liderazgo. Desarrollan sus propias relaciones dentro de la organización, ofrecen asistencia a sus colegas, hacen sugerencias a los otros grupos y piden ayuda a los contactos externos. Esto significa que usted podría ser un líder solo porque las personas le siguen –literalmente– en su blog, en Twitter, en Facebook o en otra parte. El liderazgo se define no por la posición que usted ocupa, sino por las personas que le siguen. Esto significa que hay oportunidades para que los trabajadores individuales practiquen las habilidades del liderazgo abierto, para que colaboren y adquieran influencia en sus profesiones. Cuantas más relaciones positivas desarrolle, más poder tendrá.

En resumen, el liderazgo abierto no es algo para ser practicado solamente en los niveles superiores de la compañía. Es algo que debe ocurrir en todos los niveles de la organización, con los líderes de equipos y los empleados que lo practican en distintas medidas y de un modo diferente de los ejecutivos. John Chambers o Bill Marriott pueden hablar en nombre de la corporación, como consejeros delegados, pero con el nuevo poder de las tecnologías sociales, cualquier empleado o cliente podría tener una voz igualmente poderosa para su organización.

Encuentre sus líderes abiertos

A menudo, me preguntan dónde se encuentran los aspirantes a líderes abiertos, y cómo se identifican. En su libro *The Starfish and the Spider*, Ori Brafman y Rod A. Beckstrom describen de qué modo un catalizador con visión da con el paladín que se convierte en el responsable de la estrategia[11]. Es importante que usted comprenda su papel como catalizador –la persona que formula la visión y establece la estrategia– versus el de paladín que ejecuta la visión.

En Best Buy, Michele Azar –vicepresidente de Best Buy para la Empresa– es una catalizadora. Como una líder abierta, Azar reconoció en 2007 que Best Buy poseía un enorme activo: sus miles de fanáticos de la electrónica que estaban usando los enfoques abiertos y las tecnologías sociales. En el pasado, había estado personalmente comprometida en la transformación de Best Buy, tienda por tienda, y de inmediato reconoció el poder y la influencia de entrenar a los empleados en el uso de las tecnologías sociales y de la web como una plataforma. Ella se abrió camino hacia un nuevo puesto en el equipo de Best Buy, y empezó a crear una estrategia abierta para la compañía[12].

En el proceso, identificó a quienes llegó a llamar sus "fanáticos" dentro de la compañía. Como Brafman y Beckstrom, estos individuos estaban inspirados por una causa: tenían una visión, algo que debían construir. Eran

---

11. Ori Brafman y Rod A. Beckstrom, *The Starfish and the Spider*, Portfolio, 2006, pág. 98.
12. Para saber más acerca de la estrategia abierta de Best Buy, véase el vídeo "Open for Business: Best Buy's Social Technology Strategy" en: http://www.youtube.com/watch?v=whzN-7uCiZw.

verdaderos creyentes en una causa, que en el caso de Best Buy significaba aproximarse a los otros empleados o a los clientes, o a ambos. Ellos incorporaron a otras personas a su causa, y eran optimistas porque pensaban que la visión se podía realizar. Azar observó: "Si usted tiene fanáticos, ellos le hablarán de las cosas que les apasionan y, para nosotros, eso significaba concentrarse intensamente en las relaciones con el cliente, con eje en la electrónica. Tuvieron éxito porque hablaban de cosas que se les ocurrían naturalmente; eran auténticos porque conocían al detalle los productos o servicios sobre los que deseaban hablar. Y sus intenciones de desarrollar relaciones y ayudar a los clientes eran genuinas".

Best Buy comprendió que era importante encontrar y capacitar a estos líderes abiertos porque ellos serían el motor que impulsaría la estrategia abierta de la compañía. Yo aliento a las organizaciones a buscar determinadas características cuando identifican a sus líderes abiertos; quizá no tengan las competencias tradicionales de un líder, pero poseen las siguientes aptitudes y habilidades que son esenciales para el liderazgo abierto:

- **Pasión por la visión.** Cuando usted comparte su visión y estrategia, ellos son los que acuden a usted y le preguntan: "¿Cómo puedo ayudar?". Captan la idea en un nivel personal y están dispuestos a invertir todo su esfuerzo en la estrategia. En cierto sentido, su pasión puede ser inquietante, ya que es aún más poderosa que la pasión *suya* por la visión.

- **Concentración en las relaciones.** No es suficiente ir en pos de la visión; estas personas también necesitan ser apasionadas en el desarrollo y la consolidación de las relaciones con los empleados y/o los clientes. Quizá usted ya sepa quiénes son estas personas: son las que alientan permanentemente a la organización a considerar las oportunidades y los problemas desde el punto de vista del cliente.

- **Mentalidad de *hacker*.** Sus fanáticos no están satisfechos con el statu quo, e incluso si consiguen hacer el cambio con éxito, todavía no están satisfechos. Ellos creen en el principio de que todo puede y debería ser "analizado" y mejorado.

Aquí debo aclarar lo que quiero significar con "*hacker*": no me refiero a las brechas de seguridad de las redes o programas de informática, sino a alguien con la pasión para mejorar un sistema existente. En este sentido, los "fanáticos" tienen el mismo sentido de colaboración que los optimistas realistas sobre cómo mejorar los sistemas dentro de los confines de una organización. Facebook requiere exactamente este tipo de personas. Lori Goler, la vicepresidente de recursos humanos de Facebook, me confesó que una de las características que ellos buscan en los candidatos es la habilidad para crear. "Nosotros los llamamos creadores y *hackers*. ¿De qué manera usted desafía el statu quo? ¿Qué piensa acerca de hacer las cosas de un modo diferente? Ellos son emprendedores. Los *hackers* van a encontrar una nueva manera de hacer algo."

Cómo manejar a los líderes abiertos

Emplear a los "fanáticos" plantea una cuestión fundamental: ¿cómo manejarlos? Como líder abierto, ¿de qué manera usted alienta y fomenta el liderazgo abierto en los otros, especialmente si ellos no desean ser *liderados* en una

forma tradicional? Pienso que los líderes abiertos despliegan cuatro conductas fundamentales:

1. Emplean, forman y promueven a las personas apropiadas.
2. Crean una cultura que fomenta la apertura.
3. Eliminan las barreras para ser abierto.
4. Alientan la aceptación del riesgo y la recuperación
   del fracaso.

Empecemos por considerar en qué se diferencian los
líderes abiertos de los tradicionales en cuanto al empleo,
la formación y la promoción de las personas.

El empleo de los líderes abiertos

Quizá usted sea afortunado, como Michele Azar de Best
Buy, y ya cuente con un gran número de fanáticos en su
compañía. Pero, si no los tiene, o si pretende emplear a las
personas con mayor potencial para el liderazgo abierto,
entonces necesitará considerar cómo seleccionar y contratar a los candidatos. Un buen ejemplo de una organización que está cambiando sus métodos de selección es
Sodexo, una empresa de administración de medios y alimentos que es el vigésimo segundo empleador más grande del mundo, con operaciones en 80 países y 350.000
empleados (un tercio solamente en los Estados Unidos).
Su producto es su personal, que maneja los servicios de
apoyo en muchas industrias diferentes: atención sanitaria,
instituciones educativas, corporaciones y otras.

Con tantos empleados en una industria que se destaca por su alto movimiento de personal y con un nombre

que no es una palabra de uso corriente, Sodexo tiene un gran reto con la selección. Hace poco conversé con Kerry Noone, la gerente de comunicaciones de marketing del grupo de adquisición de talentos de Sodexo en los Estados Unidos. Ella me dijo que la compañía reconocía que las tecnologías sociales podían contribuir a mejorar el proceso de contratación de Sodexo. Pero la compañía no solo adopta superficialmente las tecnologías sociales, las aplica en todas partes. Ellos tienen presencia en Facebook, LinkedIn, YouTube y Twitter, además publican un blog. Todo esto ha triplicado el tráfico a la página de Sodexo[13]. Por otro lado, tienen comunidades en línea para diferentes grupos, como los veteranos, los reservistas y la Guardia Nacional, e incluso los ex alumnos universitarios.

El resultado: la compañía incrementó en un 25% el número de candidatos que aspiran a un empleo en Sodexo, y en un 50% la cantidad de aspirantes mujeres y de minorías. El principal objetivo de toda esta actividad, dijo Kerry, es crear relaciones personales con quienes están interesados en trabajar para la compañía. "Esto es parte de nuestra política de empleo. Les estamos diciendo a nuestros candidatos y a las personas interesadas cómo es trabajar para Sodexo; les contamos historias que provienen de personas reales."

Si usted es una persona joven que se está iniciando en el mundo laboral y busca un empleo, ¿adónde acudiría: a una compañía que bloquea y evita las tecnologías sociales o a una empresa como Sodexo, que las adopta como una manera de desarrollar relaciones iniciales?

---

13. Una lista de los canales de medios sociales de Sodexo se puede ver en: http://www.sodexousa.com/usen/careers/network/network.asp.

Encontrar líderes abiertos empieza desde el momento que alguien comienza a pensar en trabajar para usted, ya sea a través de la recomendación de un amigo o de la mención de su compañía en el muro de Facebook de otra persona. Si usted no está presente en los medios sociales, los futuros líderes abiertos de su organización lo pasarán por alto.

La formación de los líderes abiertos de su organización

Durante mi investigación, también pregunté en muchas compañías cómo formaban y desarrollaban a sus líderes, especialmente en las áreas de liderazgo abierto. Uno de los mejores ejemplos –y el más extremo– de contratación y formación para encontrar y desarrollar a las personas apropiadas es el de Zappos. Todos los nuevos empleados del centro de llamadas de Zappos –un lugar clave para una empresa que vende calzado y prendas en línea y por teléfono– reciben cuatro semanas de formación. Al final del curso, Zappos ofrece 2.000 dólares a todos los nuevos empleados, además de un pago por el tiempo invertido en la formación (11 dólares por hora). Tony Hsieh, el consejero delegado de Zappos, empezó la práctica en 2005, en la que se descartaba a las personas que solo asistían por la paga. La compañía quería que los empleados sintieran pasión por su tarea, y que estuvieran dispuestos a ser fanáticos del servicio al cliente.

Recientemente, Zappos lanzó un programa de estudios aun más amplio para desarrollar las habilidades de liderazgo. El primer curso, destinado a los empleados que han trabajado en la compañía dos años o menos, incluye más de doscientas horas de clases (durante el horario laboral) y exige que los estudiantes lean nueve libros de empresa. Los temas incluyen el cumplimiento de la ley

Sarbanes-Oxley y el uso de Twitter, por nombrar dos aparentemente contradictorios. Los estudiantes avanzados pueden seguir cursos de oratoria y planificación financiera. "El objetivo es que en tres años casi todos nuestros empleados sean líderes en ciernes. Les proporcionaremos formación y asesoramiento, de tal modo que dentro de cinco a siete años puedan llegar a ser líderes superiores dentro de la compañía", dice Hsieh[14].

Zappos introdujo una línea de liderazgo que alienta y desarrolla las habilidades de liderazgo abierto en el servicio al cliente: los empleados son facultados para tomar decisiones relacionadas con este servicio, sin que tengan que pedir autorización. Desde el principio, estos líderes se sienten cómodos con el papel de catalizadores, y alientan las habilidades y conductas del liderazgo abierto, porque ellos mismos las practican en el servicio al cliente. Todavía queda por ver si la compañía tendrá éxito en desarrollar toda una organización dotada de líderes abiertos, pero la perspectiva y la audacia de lo que está tratando de lograr debería ser una inspiración y una aspiración que otras compañías tendrían que emular.

Creación de una cultura que apoya la apertura

Una de las mayores inquietudes que he oído de los líderes es que las culturas de sus compañías les impiden ser más abiertos. En el Capítulo 10 discutiré con más detalle cómo

---

14. Max Chafkin, "The Zappos Way of Managing", *Inc.*, mayo de 2009, pág 66; disponible en: http://www.inc.com/magazine/20090501/the-zappos-way-of-managing.html

transformar la cultura de una compañía, pero hay algunas cosas que usted puede hacer inmediatamente dentro de su equipo u organización con el propósito de crear un entorno propicio para compartir la información y distribuir las decisiones.

Una de las cosas más importantes es el reconocimiento y los incentivos que usted puede usar para premiar la conducta abierta. Los mejores sistemas son los de autorrefuerzo, lo que significa que las acciones positivas generan premios que alientan directamente a hacer más. Por ejemplo, David Michael, el director ejecutivo de información en United Business Media (UBM), me dijo que la compañía establecida en Londres necesitaba mejorar la eficiencia interna. Cuando UBM mantuvo reuniones periódicas de líderes entre sus 16 divisiones, el consejero delegado descubrió que una persona estaba tratando de resolver un problema que alguien más en la mesa ya había resuelto. Entonces comprendieron que si ellos –y sus subordinados– trabajaban juntos, quizá podrían solucionar los problemas dos veces más rápido que trabajando solos.

Este discernimiento condujo a UBM a instalar el programa Jive para promover la colaboración, que consideré en el Capítulo 6. Pero el software, por sí mismo, no resuelve los problemas. La compañía constató que los ejecutivos no eran las personas apropiadas para alentar a los 6.500 empleados a usar la nueva herramienta. Sin embargo, según recordó Michael, ellos comprendieron que este debía ser un movimiento de bases, donde las personas en el servicio al cliente pudieran ver directamente los beneficios de participar.

Por consiguiente, la compañía estableció lo que se llamó "Wiki Wins": si alguien usaba la wiki interna para resolver un problema, ellos lo publicaban en el área de Wiki Wins. El personal tenía el incentivo de difundirlo, porque esa área de la wiki recibía una gran cantidad de publicidad interna, particularmente del grupo directivo. En consecuencia, este llegó a ser un ejercicio de autorrefuerzo. Michael explicó: "Si yo estoy a cargo de las comisiones de redactores independientes, y alguien en China me ayuda en la tarea y, como resultado, ahorro decenas de miles de dólares, tengo el incentivo para publicarlo en Wiki Wins". El sistema es principalmente autónomo, ellos publican, y todos en UBM pueden ver el éxito y el beneficio real de la colaboración.

¿Pero qué hace falta para que los empleados de UBM usen el tiempo de sus ajustados programas para ayudar a otro empleado en otro país? En primer lugar, hay un "reconocimiento por adelantado": algún día usted puede necesitar hacer uso de este recurso, de modo que ofrece su apoyo en el corto plazo. Pero otra razón más irresistible es que las personas comprenden que tienen un propósito más elevado y una necesidad de participar, un sentido de que están ayudando a la organización a lograr su objetivo y que han hecho una contribución valiosa. El efecto multiplicador del liderazgo abierto se refleja en este sentido de la propiedad de la visión y la estrategia, que penetra profundamente en la organización.

Stephen Elop, presidente del Grupo de soluciones empresariales de Microsoft, que hace productos como Microsoft Office, es un alto ejecutivo excepcional que ingresó en la compañía en 2008. Como alguien que se incorporó a una de las unidades empresariales más importantes de Microsoft, Elop comprendió la importancia de comunicar ampliamente la estrategia de la organización en torno a la interoperatividad: muchas personas dentro y fuera de la compañía no creían que Microsoft estuviera interesada en forjar estas nuevas relaciones. Pero Elop explicaba la visión de interoperatividad una y otra vez a todos los que estuvieran dispuestos a escucharla. Él compartió su visión conmigo: "Si todos los miles y miles de empleados que trabajan en las áreas relacionadas de Microsoft comprenden una parte de la estraTegia, entonces cada individuo en su trabajo cotidiano tomará cientos de pequeñas decisiones que colectivamente se reflejarán en la oferta de Microsoft o en el compromiso con sus clientes. Cada una de estas decisiones estará relacionada con esa estrategia, con esa apertura, con esa interoperatividad que queremos impulsar".

Con ese fin, como catalizador del liderazgo abierto, usted debe hacerse cargo de establecer esa visión y comunicarla una y otra vez. Esto llega a ser la esencia de la cultura que usted fomenta, en la que ser abierto es un tema central. Los incentivos y reconocimientos, las historias de éxito y los ejemplos que usted da personalmente constituyen parte de la ciencia de su organización, con la cual crea lentamente una cultura de la apertura.

Eliminar las barreras que impiden ser abierto

Piense en todas las barreras que existen para ser abierto. Estas incluyen problemas como las bases de datos incompatibles y las dificultades burocráticas, por ejemplo las políticas restrictivas de la compañía. Pero las más infranqueables provienen de los gerentes funcionales. Ellos están motivados por la eficiencia y son compensados por responder a los objetivos de producción trimestral. Cuando se les pide que dediquen el 20% del tiempo de un subordinado a una iniciativa de colaboración –aunque los objetivos del equipo sigan siendo los mismos–, ellos ven ese 20% como un drenaje del esfuerzo del equipo. Además, esos gerentes pueden sentirse amenazados por el poder que acumulan los empleados a medida que desarrollan más y más relaciones en torno a la organización, lo que los excluye del flujo de información. Si usted es un empleado con ese poder, ¿cómo puede ayudar al gerente a sentirse más seguro? O si usted es el ejecutivo que está tratando de ayudar a ese gerente a ser más abierto, ¿cómo puede vencer el temor de esa persona? De acuerdo con mi experiencia, un jefe temeroso es un jefe despreciable: arbitrario, mezquino y vindicativo. ¿De qué modo puede alentar al gerente a ser abierto, especialmente en el contexto de una gran organización que, en sí misma, puede no ser abierta?

En primer lugar, su objetivo no es convertirlos en fanáticos, sino hacerles entender y apreciar los objetivos y romper con las reglas. Para hacer eso, usted debe exponer los beneficios concretos, muchos de los cuales resumí en el Capítulo 4. Pídales que adopten una manera de ser abiertas: por ejemplo, escuchar a los clientes que están usando las nuevas tecnologías, porque eso ayudará al equipo a lograr uno de sus objetivos a corto plazo. Cuanto más visibles sean los beneficios de las actividades abiertas, más éxito tendrá en vencer los temores del gerente.

En otros casos, el gerente ya puede estar familiarizado con las tecnologías sociales, pero no ver los beneficios de ser abierto. Hoy están mejorando las habilidades de comunicación, conexión y colaboración de la mayoría de los gerentes: en una encuesta reciente, el 72% de ellos respondieron que visitan personalmente los sitios de medios sociales, al menos una vez por semana[15]. Pero un análisis

---

15. El estudio realizado por Russell Herder, "Social Media: Embracing the Opportunities, Averting the Risks", está disponible en: http://www.russellherder.com/SocialMediaResearch/TCHRA_Resources/RHP_089_WhitePaper.pdf.

más a fondo de la información muestra que lo hacen principalmente por razones defensivas o reactivas: la mayoría usa las tecnologías sociales para ver qué están diciendo los clientes (52%), para supervisar el uso que hacen los competidores de los medios sociales (47%) y para ver qué están compartiendo los empleados (36%). Como grupo, los líderes empresariales están mayormente ausentes de la conversación en línea, tanto en el ámbito público como interno.

En estas circunstancias, el gerente puede sentirse amenazado por la pérdida de control como consecuencia del diálogo abierto, especialmente con los clientes. Por lo tanto, procure involucrar al gerente en un "pacto del cajón de arena" para asegurar su participación. En general, reducir el temor y la ansiedad de los gerentes medios requiere que usted colabore y los eduque para que comprendan los beneficios de ser abierto. Si esto exige que usted ralentice temporalmente sus esfuerzos para asegurar que las personas clave se comprometan con la apertura, vale la pena hacerlo.

Convencer al cascarrabias

Así como cada compañía tiene líderes abiertos, también tiene al menos un cascarrabias: el negativista y guardián autoproclamado de la norma "así es como hacemos las cosas aquí"[16]. Si usted es capaz de convencer a esta persona de que comprenda y apoye el liderazgo abierto, ten-

---

16. Reconocimiento a Erica Driver en ThinkBalm por acuñar la frase "convencer al cascarrabias", el tema de un foro de discusión que ella condujo. Para conocer más detalles, véase: http://www.thinkbalm. com/2008/12/17/thinkbalm-storytelling-series-1-role-play-redux-convince-the-curmudgeon.

drá un poderoso abogado defensor. Pero si no puede, tendrá un fiscal que estará constantemente cuestionando la idea de ser más abierto. He aquí algunas objeciones comunes que plantea el cascarrabias y cómo responder a ellas:

- *"Esto es una moda y una pérdida de tiempo".* Los cascarrabias no comprenden realmente cómo funcionan las tecnologías sociales, ni cómo se puede compartir la información o la adopción de decisiones. La clave es hacerlas reales para ellos: realizar alguna investigación sobre el mal humor personal o un área de su interés que se vea positivamente afectada por la apertura. Por ejemplo, podría conectarlos con una comunidad en línea de cazadores de patos o mostrarles conversaciones con clientes reales, donde les enseñen algo que ellos ignoran. O ponerlos en contacto con viejos amigos o ejecutivos de otras compañías que ahora están usando estas herramientas. La clave es proyectar esto a un nivel personal, donde ellos puedan experimentar el poder de ser abiertos y conectarse de manera directa.

- *"En esto no hay un rendimiento de la inversión".* Es probable que los cascarrabias sean suficientemente antiguos en la organización como para que la estrategia empresarial sea de gran importancia personal. Por lo tanto, demuéstreles de qué modo el liderazgo abierto y la estrategia abierta promoverán esos objetivos estratégicos. Además, apele a su experiencia en el desarrollo de relaciones y a su reconocimiento de que es difícil cuantificar el valor de esas relaciones. Luego demuestre hasta qué punto el liderazgo abierto puede inspirar a los empleados, y fortalecer y profundizar esas relaciones, en especial con los socios y clientes clave.

- *"Es una medida demasiado arriesgada"*. Esta objeción es quizá la más difícil de superar. Como un buen líder abierto, usted establecerá los pactos *sandbox* necesarios y se comprometerá en la planificación del escenario, todo con el propósito de reducir el riesgo. Pero la misma naturaleza de ser abierto requiere confianza, y si el cascarrabias no confía en las otras personas, es difícil cambiar. Su única esperanza es encontrar alguna fisura, alguna grieta en el muro de la desconfianza para que el cascarrabias esté dispuesto a asumir el riesgo. Puede ser infinitamente pequeña. Pero inténtelo, ya que será un comienzo. Una vez que usted haya identificado un resquicio en ese muro, ¡asegúrese de seguir empleando sus esfuerzos!

Aun cuando sea muy atractivo pensar que todos pueden ser abiertos, inevitablemente surgirán situaciones en las que habrá una desconexión entre la capacidad de una persona para ser un líder abierto y la necesidad de apertura de la organización. En estos casos, usted necesita estar preparado para separar los caminos, lo cual es especialmente difícil si esa persona era muy eficiente en el período previo a la estrategia abierta.

Cisco se encontró en varias de estas situaciones difíciles. John Chambers explicó en una entrevista del *New York Times* que la colaboración transformó a Cisco: "Si las personas no son colaboradoras, si no son naturalmente propensas a la colaboración y al trabajo en equipo, si se sienten incómodas con el uso de la tecnología para que el cambio ocurra en Cisco y en su propia vida, probablemente aquí no van a ser útiles"[17]. Durante los últimos años, Cisco se ha visto obligada a prescindir de personas valiosas, porque descubrió que algunas no podrían ser colaboradoras. Aun cuando lo puedan haber intentado, estas personas no se sentían cómodas con la cantidad de colaboración y participación requeridas en sus nuevos papeles.

Mi esperanza es que usted pueda encontrar un papel para los muy diferentes tipos de líderes de su organización, aun aquellos que pueden necesitar más tiempo para aceptar la idea de ser abiertos. Pero si usted se encuentra en una situación en la que alguien simplemente no puede encontrar una manera de ser abierto, espero que tenga el coraje de abordar la difícil conversación sobre el papel futuro de esa persona. Ser capaz de tener estas conversaciones honestas, para asegurar el éxito de su organización en el largo plazo, es parte de la tarea de un líder abierto.

Alentar la aceptación del riesgo y acelerar la recuperación del fracaso

Ahora consideraré brevemente esta última habilidad porque la discutiremos con más detalle en el próximo capítulo. Una conducta inherente a los líderes abiertos es alentar la aceptación responsable del riesgo. Esto es coherente con fomentar la mentalidad *hacker* de sus fanáticos, y también alienta una mayor innovación desde

---

17. Adam Bryant, "In a Near-Death Event, a Corporate Rite of Passage", *New York Times,* 2 de agosto de 2009, pág. B2.

el interior y el exterior de la compañía. Pero asumir riesgos también implica aceptar los inevitables fracasos, y los líderes abiertos deben preparar a sus organizaciones para afrontarlos; en particular, cómo abordar y recuperarse del fracaso.

Una vez más, esto empieza con la mentalidad y el rasgo fundamental de la humildad, que discutimos en el Capítulo 7. Su manera de abordar personalmente sus propias faltas y fracasos establece el tono y da un ejemplo de cómo actuará el resto de su equipo u organización. No hay por qué sentir vergüenza en admitir un error o fracaso; la vergüenza solamente es no aprender de ellos. Los líderes abiertos comprenden que otras personas cometan errores, y usan la ocasión como una enseñanza, en lugar de culpar y castigar.

PLAN DE ACCIÓN: EVALUACIÓN DE LAS HABILIDADES DEL LIDERAZGO ABIERTO

Si bien las características de los buenos líderes son universales, hay nuevas habilidades y conductas que los líderes abiertos necesitan aprender y dominar para ser eficaces. En particular, los líderes abiertos deben actuar como catalizadores para crear una mayor apertura en la organización, de una manera que difiere significativamente del liderazgo tradicional. En la Tabla 8.1, resumiré algunas de esas diferencias.

Mientras usted considera cómo desarrollar sus habilidades de liderazgo abierto, así como las competencias de su organización, formúlese las siguientes preguntas:

- ¿Dónde se necesita con más urgencia el liderazgo abierto en su organización?
- ¿Dónde ya se está aplicando de manera natural?
- ¿Quiénes son los candidatos más prometedores para ser líderes abiertos en su organización? ¿Cómo los identificará, formará y desarrollará?

- ¿Cómo puede facilitar a los líderes abiertos encontrar a otros y apoyarse mutuamente?
- ¿Qué tipo de apoyo necesita para desarrollar sus líderes abiertos?
- ¿Qué barreras e impedimentos deben ser eliminados?
- ¿De qué modo pondrá personalmente en práctica los principios del liderazgo abierto?

Por último, pero más importante, ¿en qué medida está dispuesto a ser un líder abierto? ¿Hasta qué punto son apropiadas sus conductas y habilidades de liderazgo abierto? ¿Necesita mejorarlas o compensar las debilidades? En la Tabla 8.2, he destacado algunas de las habilidades más importantes que necesita tener, tanto en relación con las capacidades generales del liderazgo como en el uso de la tecnología social en tanto herramienta para extender su liderazgo abierto a través de la organización y el mercado. También puede conectarse en línea con open-leadership.com para obtener una evaluación completa y comparar sus resultados con otros.

WEB

TABLA 8.1. En qué difiere el liderazgo abierto del liderazgo tradicional

El liderazgo abierto como una función	El liderazgo abierto como un catalizador
Pasa un tiempo limitado pensando en cómo ser auténtico y transparente.	Promueve activamente la autenticidad y la transparencia para crear relaciones.
Establece una estrategia de mando y control a través de la cadena de liderazgo.	Establece una estrategia y genera un compromiso con una visión común compartida.
Usa las comunicaciones para transmitir el mensaje de la visión y la estrategia.	Utiliza las redes para difundir la visión y la estrategia.
Cree que el liderazgo es una característica valiosa y excepcional.	Cree que en cada persona hay un potencial de liderazgo.
Se compromete principalmente en el círculo ejecutivo.	Se compromete en todos los niveles, tanto dentro como fuera de la organización.
Desarrolla confianza con las transacciones.	Inspira confianza con el compromiso.
Controla estrictamente la información por temor a la filtración.	Desarrolla una cultura de compartir la información fiable.
Establece reglas para la conformidad y la coherencia.	Establece reglas para asumir el riesgo.

TABLA 8.2. Prueba de evaluación de las habilidades del liderazgo abierto

Califíquese sobre una escala de 1 ("esto me parece difícil de hacer") a 5 ("puedo hacer esto muy bien y practicarlo activamente en forma regular").

Demostrar autenticidad	Puntaje
Trato de obtener y escuchar diferentes puntos de vista.	1 2 3 4 5
Soy accesible a las personas en todos los niveles de la organización.	1 2 3 4 5
Uso con eficacia las tecnologías sociales para comunicar.	1 2 3 4 5
Manejo activamente cómo ser auténtico.	1 2 3 4 5
Promedio	1 2 3 4 5

Practicar la transparencia	Puntaje
Dedico un tiempo a explicar cómo se toman las decisiones.	1 2 3 4 5
Me comunico de manera frecuente con los clientes a través de las tecnologías sociales, donde quiera que se encuentren.	1 2 3 4 5
Aliento al personal a compartir la información.	1 2 3 4 5
Ofrezco actualizaciones regulares a las personas mediante el uso de las tecnologías sociales.	1 2 3 4 5
Reconozco públicamente cuando estoy equivocado.	1 2 3 4 5
Promedio	1 2 3 4 5

Desarrollar y alentar el liderazgo abierto	Puntaje
Identifico y desarrollo activamente a los potenciales líderes abiertos en todos los niveles de la organización.	1 2 3 4 5
Instruyo y aliento a las personas a usar las habilidades del liderazgo abierto.	1 2 3 4 5
Promuevo el uso de las tecnologías sociales en toda la organización.	1 2 3 4 5
Creo una red de apoyo para los líderes abiertos.	1 2 3 4 5
Cuando algo fracasa, pregunto "¿qué he/hemos aprendido?".	1 2 3 4 5
Promedio	1 2 3 4 5

Ahora pasemos al Capítulo 9, donde discutiremos algo que hace recular a la mayoría de las personas: el fracaso.

303

CAPÍTULO 9

EL IMPERATIVO DEL FRACASO

En mi trabajo con las organizaciones, un gran obstáculo que he debido sortear ha sido la aversión sistémica y cultural al fracaso. Cuando empiezo a discutir la probabilidad de que las cosas vayan mal con la apertura y el uso de las tecnologías sociales, a menudo veo que las personas se sienten incómodas en sus asientos. Quizá usted esté leyendo este capítulo con una sensación de incomodidad; después de todo, a nadie le gusta hablar del fracaso.

Pero estoy convencida de que un aspecto clave de ser un líder abierto es la capacidad para abordar eficazmente el fracaso, porque hasta con las mejores estructuras y la mejor planificación las cosas pueden resultar mal. Al dominar el fracaso, usted crea un entorno en el que la aceptación del riesgo y la recuperación del fracaso llegan a ser habilidades que todos poseen en la organización. Básicamente, estoy hablando de su capacidad para crear una cultura donde las personas puedan confiar entre sí y sepan que es posible asumir riesgos, con seguridad.

Su manera de manejar el fracaso, como líder abierto, es tan importante como su modo de abordar el éxito.

¿Puede ser abierto y aceptar el hecho de que las personas cometen errores? ¿Es capaz de aceptar que los productos fracasarán en el mercado? ¿Admite que las decisiones tendrán consecuencias imprevistas y, a veces, desafortunadas? Si usted cree que no puede ser abierto y aceptar los errores y fracasos, piense en las consecuencias de esta mentalidad cerrada. Sus colegas tendrán miedo de dar la cara y hablar claro, y eso va en contra de la misma esencia de la apertura.

El liderazgo abierto consiste en relacionarse de un modo diferente con sus empleados, clientes y socios. En cualquier relación, hay altibajos, errores y cosas que van mal. La solidez de una relación no reside en lo perfecta que es, sino en la flexibilidad con que aborda los inevitables contratiempos. Con el advenimiento de las tecnologías sociales, hay nuevas maneras de formar estos vínculos y relaciones pero, como hemos visto, también más probabilidades de amplificar los errores.

En esencia, este capítulo aborda la última de las nuevas reglas discutidas al final del Capítulo 1: la capacidad de perdonar el fracaso para desarrollar confianza, pero también la necesidad de crear confianza para que las personas sepan que los errores serán perdonados. Aquí discutiré la importancia de reconocer el fracaso para que usted y su organización puedan mejorar y aprender de él. Luego describiré las habilidades, conductas y sistemas que un líder abierto debe tener para crear una organización fiable y flexible, capaz de recuperarse rápidamente y aprender de sus fracasos. Como dijo en cierta ocasión Winston Churchill: "El éxito es la capacidad de pasar de un fracaso a otro sin perder el entusiasmo". Mi objetivo es que al final del capítulo usted tenga una hoja de ruta que le ayude a desarrollar la cultura de confianza que necesita para ser un líder abierto eficaz.

Desarrollar la confianza
que proviene del fracaso

Cada verano, voy con mi familia a un campamento donde el punto culminante es la desafiante carrera de las cuerdas. Una de mis actividades favoritas es el Salto de la Fe: trepar a una secuoya unos 12 metros aproximadamente, encaramarse en una pequeña plataforma precaria y balancearse en un trapecio. La idea es lanzarse fuera de la plataforma y agarrar el trapecio con las manos desnudas. Yo uso un casco protector y un arnés atado a una cuerda por seguridad, pero lo único que me impide caer y dar con mi cara en la tierra es mi familia, que agarra muy bien el otro extremo de la cuerda. Allí están mi esposo, hermanos e hijos, algunos de los cuales apenas pueden sostener la cuerda. Las manos me sudan, mi corazón late violentamente pero me armo de coraje, deposito mi confianza en ellos y me lanzo de la plataforma para agarrar el trapecio. Y siempre fracaso.

La única razón por la que soy capaz de asumir este riesgo es que confío en que mi familia esté allí para evitar mi caída. Cada verano me resulta más fácil trepar a ese árbol y lanzarme de la plataforma: estoy acostumbrada al riesgo, y eso me da la esperanza de que este podría ser el año en que finalmente consiga agarrar ese trapecio.

¿Hasta qué punto es importante en su organización que las personas asuman riesgos y sean innovadoras? Si la iniciativa y la innovación son fundamentales para su éxito futuro, entonces necesita considerar seriamente cómo generar confianza y abordar el fracaso, porque eso se reflejará en la cultura que usted crea. Como he discutido en los capítulos anteriores, para ser un líder abierto necesita tener confianza en usted mismo y humildad para reconocer sus límites y también para conocer el papel que desempeña el fracaso en su éxito.

En mi entrevista con John Chambers, el consejero delegado de Cisco, él me dijo que a menudo conversa con los probables empleados acerca de los resultados. "Nunca me he dejado confundir con el éxito. Por lo tanto, repasemos sus éxitos y lo que usted ha logrado. También le pido que me hable de sus fracasos. Todos nosotros cometemos errores y tenemos fracasos, pero me sorprende que muchas personas digan: 'Bueno, no se me ocurre ninguno'. Esa persona inmediatamente pierde credibilidad conmigo. Es importante la capacidad para ser muy sincero sobre los errores cometidos, y la pregunta es: ¿qué haría de un modo diferente esta vez?."

El comentario de Chambers confirma que la capacidad para reconocer y aprender del fracaso es importante. De hecho, los mejores líderes están preparados para el fracaso y procuran que todos, incluso ellos mismos, puedan aprender de estas experiencias.

La asombrosa máquina del fracaso de Google

Una organización que es realmente eficaz de cara al fracaso es Google. Conocida como una de las compañías más innovadoras del mundo, Google entiende que para tener éxito en la innovación, también debe experimentar una gran cantidad de fracasos[1]. La compañía tiene un lema: "Fracaso rápido, fracaso inteligente". Una de las cosas que

---

1. Se han escrito varios libros acerca del alcance y éxito de Google. Por ejemplo, léase de Jeff Jarvis, *What Would Google Do?*, Collins Business, Nueva York, 2009; y de Ken Auletta, *Googled: The End of the World as We Know It*, Penguin Press, Nueva York, 2009.

Google hace especialmente bien es abordar el reto del liderazgo de "recoger las piezas" después de un fracaso.

Por ejemplo, la revista *Fortune* cuenta la historia de Sheryl Sandberg, una vicepresidenta de 37 años a cargo del sistema de propaganda automatizada de Google. Ella cometió un error que le costó varios millones de dólares a la compañía. Todo lo que ella dijo acerca del error fue: "Una mala decisión, actué con demasiada rapidez sin los controles necesarios y se perdió algún dinero". Cuando comprendió la magnitud de lo que había hecho, fue a informar a Larry Page, cofundador y líder extraoficial de Google. "¡Dios mío! Me siento realmente mal con esto", le dijo a Page, que aceptó sus disculpas. Cuando Sandberg estaba saliendo del despacho, Page añadió: "Me alegro de que haya cometido este error. Porque necesito dirigir una compañía donde podamos actuar rápidamente y hacer muchas cosas, y no ser cautelosos y hacer pocas cosas. Si no cometiéramos ninguno de estos errores, no estaríamos asumiendo suficientes riesgos"[2].

Hace poco conversé con Chris DiBona, el gerente del sector público y fuente abierta de Google, acerca del fracaso y cómo lo aborda la organización. "He fracasado muchas veces, de modo que puedo ayudarle con eso", dijo, medio en broma. Me habló acerca de un proyecto en el que había trabajado, que había sido implementado dentro de la compañía como una prueba: un servicio que Google podría usar de manera interna y que se esperaba lanzar al mercado. "Francamente, su uso no

---

2. Adam Lashinsky, "Chaos by Design: The Inside Story of Disorder, Disarray, and Uncertainty at Google. And Why It's All Part of the Plan. (They Hope)", *Fortune*, 2 de octubre de 2006, disponible en: http://money.cnn.com/magazines/fortune/fortune_archive/2006/10/02/8387489.

fue lo que esperábamos. No surtió efecto. La gente no necesitaba lo que estábamos creando". Google comprendió que ofrecer el servicio al público habría sido una pérdida de tiempo y dinero. Cuenta DiBona que una vez que eso llegó a ser evidente, a las pocas semanas se canceló: un proyecto sobre el cual los ingenieros habían trabajado durante casi dos años. Obviamente, los ingenieros no estaban contentos con la cancelación. "Podía vislumbrarse el fracaso. Simplemente había indicios", dijo DiBona.

¿Qué pasó después?

"Me sentí peor que muchos otros en la compañía con la cancelación del proyecto", recordó DiBona. Pero nadie hizo responsable a ninguno de los ingenieros. De hecho, mi jefe, Alfred Spector, dijo: 'Oye, deberíamos hacer lo que podemos y dar a esas personas una gran flexibilidad para encontrar proyectos en los que realmente quieran trabajar para que sigan respetando a Google, y sepan que los necesitamos para responder a nuestro compromiso con la gente, los recursos y las oportunidades'".

Según sostiene DiBona, Google hace mucho más que tolerar el fracaso de mala gana: crea activamente un sistema de apoyo para el personal, de tal modo que se sienta cómodo con el fracaso. Pero más importante, es capaz de identificar y separar las competencias individuales de las personas de los fracasos producidos en un proyecto particular, lo cual les permite asumir nuevos riesgos. Los ingenieros que mantienen sus empleos ahora tienen mucha más confianza para probar cosas nuevas. "En todo nuestro proceso de selección y contratación del personal destacamos requisitos como este. Lo expresamos con toda claridad, de modo que cuando ingresan las personas sepan que pueden probar cosas nuevas, y que el fracaso es aceptable."

Con esta cultura, Google crea la confianza necesaria para asumir riesgos, y demuestra regularmente ese apoyo a través de sus acciones. Por supuesto, este nivel de tolerancia del fracaso será diferente para cada organización, ya que cada compañía tiene su propio perfil de tolerancia al riesgo. La clave es imaginar cuánto riesgo usted tolerará como líder y cuánto puede manejar su organización, luego procure que ambos guarismos estén alineados.

Hay cuatro medidas que un líder abierto puede tomar para asegurar que la organización sea flexible frente al fracaso, y capaz de crecer y aprender de los retos:

1. Reconocer que el fracaso ocurre.
2. Alentar el diálogo para crear confianza.
3. Separar a la persona del fracaso.
4. Aprender de sus errores.

En las páginas siguientes analizaré con más profundidad cada una de estas medidas.

Reconocer que el fracaso ocurre

El fracaso es inevitable. A veces, las cosas salen mal. Por ejemplo, usted puede perder clientes o el personal cometer errores. Las personas asociadas con el fracaso pueden empezar a buscar otros empleos o prever un traslado a una oficina alejada. En el pasado, las organizaciones solían ocultar sus fracasos del público. Hoy es mucho más difícil hacer esto, pues los empleados y clientes involucrados pueden comentar sobre ellos en Twitter o en los blogs, y usted no tendrá manera de evitarlo. No solo debe guiar a la organización a través del fracaso, sino que quizá tenga que hacerlo público para que el mundo lo vea. Reconocer abiertamente un fracaso es un aspecto crucial de la apertura. La clave es mantener a todos concentrados en la meta más amplia, no en el contratiempo momentáneo. Los generales más eficaces no ganan cada batalla, sino que son capaces de reunir a las tropas, considerar cuál fue el error y hacer los ajustes necesarios para la próxima batalla.

Aunque hacerse cargo públicamente del fracaso puede ser muy difícil para muchas organizaciones, reconocer el problema y actuar rápido a fin de resolverlo es esencial para generar confianza con sus clientes. Facebook afrontó una situación de estas características a principios de 2009, después que el sitio cambió sus Condiciones del Servicio el 4 de febrero de ese año. Durante más de una semana nadie lo advirtió. Pero el 15 de febrero, el sitio web del consumidor publicó su análisis de las nuevas condiciones, con el título "Las nuevas Condiciones del Servicio de Facebook: 'Nosotros siempre podemos hacer lo que queremos con su contenido'", lo cual generó una serie de protestas violentas en *Consumerist*[3]. El problema: las nuevas condiciones parecían otorgar un derecho irrevocable a Facebook sobre el contenido creado por los usuarios, aun cuando estos cancelaran sus cuentas y no desearan hacer nada más con el sitio.

Casi de inmediato, Facebook respondió con comentarios aclaratorios, que incluían un blog escrito el 16 de febrero por el consejero delegado de Facebook, Mark Zuckerberg, donde intentaba explicar la lógica que había

---

3. El blog *Consumerist* está disponible en: http://consumerist.com/2009/02/facebooks-new-terms-of-service-we-can-do-anything-we-want-with-your-content-forever.html#comments-content.

inspirado las nuevas condiciones. Al final de su blog, incluso admitió: "Este es un difícil terreno para transitar y nosotros vamos a dar algunos pasos en falso, pero como el principal servicio para compartir información, nosotros asumimos muy seriamente estos riesgos y nuestra responsabilidad de ayudar a resolverlos"[4]. Pero las nuevas condiciones siguieron estando vigentes y la explicación no contribuyó en gran medida a mitigar el creciente alboroto y la cobertura de los medios de comunicación.

Al día siguiente, el 17 de febrero por la noche, Zuckerberg escribió otro blog que revirtió las condiciones al estado original:

> Durante el último par de días, hemos recibido una gran cantidad de preguntas y comentarios acerca de los cambios y lo que ellos significan para las personas y su información. Sobre la base de esta respuesta, hemos decidido volver a nuestras condiciones de uso anteriores, mientras resolvemos los problemas que la gente ha planteado... Hemos decidido adoptar un nuevo enfoque para el desarrollo de nuestras condiciones... En vista de que este será el documento sobre el cual nos regiremos, los usuarios de Facebook tendrán una gran participación en el diseño de estas condiciones... Si usted desea estar involucrado en el diseño de nuestras nuevas condiciones, puede empezar a enviar sus preguntas, comentarios y peticiones al grupo que hemos creado con ese fin: Declaración de los derechos y responsabilidades de Facebook.[5]

---

4. El artículo de Mark Zuckerberg "On Facebook, People Own and Control Their Information" está en: http://blog.facebook.com/blog.php?post=54434097130.
5. El segundo artículo de Zuckerberg, "Update on Terms", está disponible en: http://blog.facebook.com/blog.php?post=5474616730. El grupo "Facebook Bill of Rights and Responsabilities" está disponible en: http://www.facebook.com/group.php?gid=69048030774.

Los directivos de Facebook reconocieron claramente que habían cometido un error, se disculparon y dieron un paso adelante no solo al explicar cómo abordarían el problema (revertir las condiciones a la versión anterior), sino también al crear un proceso para desarrollar las nuevas condiciones con la contribución de los usuarios de Facebook. Como expliqué en el Capítulo 2, la cultura abierta de Facebook le permite actuar rápidamente y probar nuevas modalidades, pero también les da a los usuarios un enorme poder que Facebook debe respetar. Al referirse a la debacle de las condiciones del servicio, así como a otros fracasos, Lori Goler, la vicepresidente de recursos humanos de Facebook, comentó: "En todos estos errores buscamos la oportunidad de aprender o el momento de enseñar, y luego los consideramos como una oportunidad para la innovación. Cuando se cuestionaron las condiciones del servicio, asumimos la responsabilidad y nos disculpamos. Luego dimos con un paradigma completamente nuevo con respecto a nuestra relación con los usuarios y creo que en esto hemos ido más lejos que la mayoría de las otras compañías".

Todo esto nos remite a las nuevas reglas que discutimos en el Capítulo 1. Los líderes abiertos admiten que hoy los clientes, socios y otras partes interesadas de una organización tengan poder para compartir la información. Usted puede considerar esto como una manera de exponer los fracasos, y temerlos. Pero los líderes abiertos eficaces también lo ven como un modo de fortalecer las relaciones que serán necesarias para recuperarse de estos fracasos y superarlos.

Ahora que usted comprende por qué es importante reconocer que los fracasos ocurren, consideremos qué hacer al respecto y, en particular, cómo desarrollar una cultura de la confianza que permita a las personas asumir riesgos.

Alentar el diálogo para crear confianza

¿Alguna vez ha estado en esta situación? Usted asiste a una reunión donde todos evitan hablar "del problema". Quizá sea algo importante, pero por más grande que sea la cuestión nadie quiere ser quien la ponga en evidencia, de modo que el tema nunca se aborda. Pero poco después, cuando termina la reunión, todos empiezan a hablar del asunto, aunque en forma privada. Jeffrey Hayzlett, el director ejecutivo de marketing de Kodak, recuerda su experiencia: "Nosotros tenemos que abordar el problema en primer lugar. Cuando se procede de esta manera, las relaciones se hacen mucho más poderosas, porque usted tiene la transparencia para afrontar esa discusión".

Kodak es una corporación interesante porque su negocio principal de larga data, la película fotográfica, está desapareciendo rápidamente. Por suerte para Kodak, el cambio del mercado no ocurrió de repente, y la gerencia ha tenido tiempo de hacer la transición a la fotografía y la impresión digital. Tuvo que comprar compañías, integrarlas y seguir haciendo funcionar su motor de innovación. Al emprender una transformación masiva de esta naturaleza, explicó Hayzlett, muchas cosas no estaban funcionando bien. "No teníamos la confianza necesaria y, francamente, usted no puede tomar la iniciativa e introducir un programa de formación para corregir esto".

Por consiguiente, el liderazgo de Kodak creó una serie de valores fundamentales que la organización deseaba ejemplificar: concentración, responsabilidad, simplicidad y confianza, conocida por el acrónimo FAST (según las siglas de las palabras en inglés: *Focus, Accountability, Simplicity* y *Trust*). El consejero delegado Antonio Pérez se concentró en el último elemento de la confianza, una consecuencia de lo que él llamó "debate saludable". Hayzlett recordó: "Si no consiguiéramos otra cosa de FAST, más que librarnos de cometer errores frecuentes, habríamos dado un paso adelante". Kodak comprendió que el debate saludable y el intercambio honesto entre las personas sería el fundamento de la confianza en las relaciones que necesitaba desarrollar. Ellos debían estar dispuestos a tener desacuerdos, resolverlos y seguir siendo capaces de trabajar juntos.

Para promover este diálogo honesto, Kodak introdujo una red social interna, como una manera de que las personas llegaran a conocerse mutuamente. Los empleados usan la red para desarrollar relaciones internas, y en ese momento el plan era abrirla a los clientes para que ellos también pudieran conocer mejor al personal de Kodak. Esto es especialmente importante para las nuevas relaciones de empresa a empresa con cientos de miles de clientes: con un simple clic, estos pueden ver los perfiles de su gerente de cuentas, el equipo del servicio al cliente y los técnicos, e iniciar un diálogo con ellos.

Separar a la persona del fracaso

Una medida clave que Kodak tomó para fomentar este debate fue separar lo que la persona hizo de los detalles específicos del fracaso. En lugar de decir, simplemente: "Usted fracasó, de modo que no puede ser fiable", Kodak comunicó al personal: "*Usted* no fracasó, fue el proyecto el que no sirvió; entonces, ¿qué podemos aprender de esto para hacerlo mejor la próxima vez?". Hayzlett compartió su método para la comprensión de los tres elementos requeridos para la confianza: sinceridad, competencia y fiabilidad. Estos elementos siempre han sido necesarios, pero las tecnologías sociales les añaden nuevas dimensiones.

Sinceridad. Esto significa que lo que usted está diciendo lo cree o lo piensa genuinamente, y se basa en el contacto visual, el lenguaje corporal, el tono de la voz y la experiencia pasada. Usted no es deshonesto ni hipócrita. Si bien en muchas situaciones de los medios sociales carecemos del contacto visual y el lenguaje corporal de un encuentro personal, algunas herramientas como TelePresence de Cisco permiten a las personas verse mutuamente durante las conversaciones. Pero cuando usted se compromete en un diálogo regular, responde a las preguntas, ayuda con los problemas y ofrece consejos útiles, necesita convencer al cliente de que es sincero (auténtico) en su deseo de tener una relación. Ellos pueden ver en sus blogs, sus vídeos y sus interacciones que sinceramente desea ayudarlos.

Desde luego, usted puede equivocarse de manera sincera. Quienes creen haber sido abducidos por extraterrestres pueden ser perfectamente sinceros. Pero eso no es suficiente para garantizar la aceptación de la declaración de la persona como una realidad verificable. Además, a menudo veo el problema de sinceridad que se plantea cuando alguien aprueba o condena un producto: por ejemplo, en un blog o un mensaje de Twitter. ¿Acaso el autor del blog realmente aprecia el producto o le han pagado para que lo apruebe? A la inversa, ¿esa persona ha tenido de verdad una mala experiencia o es un competidor que simula ser un cliente? Así como somos generalmente capaces de determinar la veracidad de los comentarios en línea de una persona, estamos adquiriendo con rapidez esta habilidad para diferenciar entre lo que es real y sincero, y lo que no los es.

Competencia. Este elemento concierne a su capacidad para hacer algo y, aún más importante, a la *creencia* en que usted es capaz de hacer lo que dice que puede hacer con eficiencia y éxito. Por lo tanto, sus acciones reflejan su capacidad: por ejemplo, usted muestra públicamente

317

su competencia y destreza en sus blogs, los foros, sus comentarios de libros, música, productos, servicios, etcétera. Quizá en varias ocasiones ha dado un buen consejo a las personas en un foro de apoyo, de modo que, en lo sucesivo, ellas van a confiar en usted. Tal vez saben que los productos que ha creado en el pasado han sido eficaces. Usted ha demostrado que puede desarrollar un automóvil fiable, un motor de búsqueda eficaz, un ordenador portátil elegante, de modo que ellas esperan que los nuevos productos que desarrolle también sean muy eficaces. Además, las otras personas en las clasificaciones y las reseñas comprueban que usted es capaz de hacer lo que ellas necesitan.

Fiabilidad. Su calidad y desempeño son siempre satisfactorios, tanto en las circunstancias de rutina como en las situaciones adversas o imprevistas. Los clientes saben que pueden confiar en usted. Pueden esperar que usted esté allí cuando lo necesiten. Cuando dice que hará algo, lo hace, y si no puede en forma puntual, lo comunica a los clientes y les da una razón convincente por la que no puede responder a sus expectativas.

La confianza se pierde cuando uno o más de estos tres elementos *no* están presentes. Esto no significa en sí que una persona que ha fracasado sea moralmente inicua o depravada, sino solo que puede ser sincera y competente, pero no fiable. Por ejemplo, un niño puede ser perfectamente sincero cuando dice que traerá su chaqueta del colegio. Usted sabe que es bastante competente para hacerlo porque así ha sido en el pasado. Pero no es fiable; en algunas oportunidades trae consigo la chaqueta, y otras veces no. Dado que es un niño, y la chaqueta olvidada no es una falta grave, usted no le castiga. Pero usa un sistema para asegurarse de que habitualmente traiga la chaqueta consigo. Del mismo modo, si los fracasos suelen repetirse en su organización, ¿qué estructuras puede introducir para evitarlos en el futuro?

Por otro lado, alguien puede ser sincero y fiable pero no competente. Un niño disléxico puede pronunciar "zúcar" cada vez que debe leer la palabra. Usted sabe que es sincero y que desea decir bien "azúcar", pero lo hace de un modo incorrecto; por lo tanto, su competencia es muy baja. Es incapaz de pronunciar "azúcar", de modo que usted busca maneras de mejorar esa competencia. Si usted tiene un empleado que carece de habilidad para hacer la tarea, y por ello fracasa, quizá necesite determinar si esa persona a la que le ha asignado una responsabilidad cuenta con la debida formación. La medida lógica sería ofrecerle la formación apropiada para incrementar la competencia que necesita para la tarea.

Finalmente, algunas personas son fiables y competentes pero no sinceras. Por lo general, esto es consecuencia de una conducta pasiva-agresiva en la organización. Ellas son capaces de hacer la tarea y, a su manera, son fiables cuando la realizan. Dicen que se encargarán de algo, con lo que pueden estar de acuerdo, pero no lo hacen bien porque no es de su interés hacerlo. Por ejemplo, un gerente de informática puede comprometerse en algún programa para un proyecto empresarial, pero en lugar de elegir al mejor programador, le asigna la tarea al empleado que está libre. El resultado: el trabajo se lleva a cabo, pero no con la calidad que se esperaba.

Esta última situación acerca de la conducta pasiva-agresiva es especialmente difícil en los contextos de colaboración, una razón por la cual Cisco invierte una cantidad significativa de tiempo para asegurarse de que las personas estén alineadas en torno a metas compartidas. Ron Ricci, el vicepresidente de posicionamiento de la compañía en Cisco, dice que si bien él y sus colegas pocas veces tienen desacuerdos, "cuando aparecen, es importante que esas diferencias no sean de índole *personal*. Uno de los factores clave de la cultura de metas compartidas es que usted sea capaz de disentir en la sustancia del problema, sin que eso sea algo personal". Ron y sus colegas pueden tener puntos de vista muy diferentes acerca de lo que hacen, pero al final de la reunión, si la idea del colega es mejor que la de Ron, y el grupo está de acuerdo con ella, Ron tiene que aceptar que esa decisión no es personal. Y después de acatar completamente la idea, *hacerse responsable de ella*.

En Cisco y Kodak, el diálogo regular facilitado por las tecnologías sociales permite a los líderes abiertos tener una relación personal con todos los empleados de la compañía y también, cada vez más, con los socios y clientes. Esto les permite identificar los problemas, abordarlos y seguir manteniendo la relación. Si la conducta pasiva-agresiva es un problema en su organización, procure obtener el compromiso pleno de las personas con perspectivas distintas y comprobar que están claramente de acuerdo.

Ahora consideremos el imperativo de aprender de sus errores: no solo evitar repetirlos, sino también fortalecer su organización.

Aprender de sus errores

Un amigo trabajaba para una marca nacional de café torrado. Hace algunos años, la compañía introdujo una variedad especial de café para el mercado del Oeste de los Estados Unidos. El lema era: "Negro como la noche, caliente como el fuego". Dado que los habitantes del Oeste preferían el café liviano y relativamente suave, el producto fracasó por completo. Tres años más tarde, cuando mi amigo se comprometió en la introducción de otra marca, quiso llevar a cabo una investigación previa con la variedad. Fue como hacer una investigación en un estado totalitario paranoico. La gerencia no solo eliminó el producto y la campaña, sino que también destruyó casi todas las evidencias de la existencia de la marca. Por temor al fracaso, la compañía perdió la oportunidad de aprender del error.

Por el contrario, consideremos de qué modo Walmart fue capaz de aprender de sus errores. Esto ocurrió en el otoño de 2007, y desde la perspectiva de muchos observadores de los medios sociales, los esfuerzos de Walmart en los medios resultaron desastrosos. En 2006, la empresa lanzó su propia red social ("The Hub") en un vano intento de desafiar al entonces líder MySpace. The Hub duró solamente diez semanas, sobre todo porque el sitio usaba a actores y modelos para difundir el contenido e invitaba continuamente a los visitantes a comprar la mercadería de Walmart[6]. Pero en septiembre de 2006, se descubrió que un blog muy informal acerca de una pareja que viajaba a través del país en un vehículo de recreo y se detenía en el estacionamiento de Walmart estaba auspiciado por la compañía[7]. La confianza defraudada suscitó una gran cobertura de los medios de comunicación.

Pero hay más. Walmart volvió en el otoño de 2007 con un grupo en Facebook dedicado a las compras escolares[8].

6. Usted puede leer más sobre "The Hub" de Walmart en "Walmart's MySpace Clone Dead On Arrival", disponible en: http://mashable. com/2006/10/03/walmarts-myspace-clone-dead-on-arrival.

7. Véase el artículo "Wal-Mart's Jim and Laura: The Real Story", *Business Week*, 9 de octubre de 2006, en: http://www.businessweek.com/bwdaily/ dnflash/content/oct2006/db20061009_579137.htm.

8. Los detalles sobre "las compras escolares" en Walmart se pueden encontrar en: http://mashable.com/2007/08/08/wal-marts-facebook-group-for-back-to-school-shopping. Y más información sobre lo que sucedió con la incursión inicial de Walmart en Facebook está disponible en: http://social-media-optimization.com/2007/10/a-failed-facebook-marketing-campaign.

A pesar de estar bien organizado, el grupo en Facebook se centró en la moda, mientras que Walmart era conocido por los precios bajos, de modo que había una desconexión con la audiencia objetivo de los estudiantes. Peor aún, los miembros de Facebook empezaron a protestar por las prácticas laborales de Walmart a través de comentarios, y pusieron al sitio en contra de la compañía.

Simplemente, parecía que Walmart no comprendía las tecnologías sociales, y que nunca lo haría.

Pero detrás de la escena, había una firme determinación de la empresa para comprometerse con los clientes a través de las tecnologías sociales, casi del mismo modo que se comprometía con los clientes en sus tiendas. Con cada contratiempo, aprendía algo nuevo y se lo tomaba muy a pecho. Por ejemplo, supo que necesitaba ser coherente con su misión empresarial de ayudar a las familias a ahorrar dinero. También comprendió que había detractores con problemas que sería difícil abordar en un foro abierto, de modo que tenía que penetrar en los medios sociales para tener un diálogo verdaderamente abierto con las personas, sin que la conversación fuera boicoteada por los detractores.

En diciembre de 2007, Walmart lanzó su sitio CheckOutBlog.com, con empleados como Susan Chronister, una compradora en la categoría de películas, que escribía los blogs. El sitio fue un éxito, ya que compartía la perspectiva de lo que los compradores de Walmart pensaban mientras seleccionaban la mercadería de las tiendas. Esto fue rápidamente seguido por calificaciones y reseñas de Bazaarvoice, y en diciembre de 2008 por el lanzamiento del blog Elevenmoms.com, escrito por una serie de madres blogueras que compartían consejos sobre cómo ahorrar dinero. Walmart no se amilanó con sus previos contratiempos; no solo trató de imaginar una manera de comprometerse, sino que también se dispuso a probar muchas cosas nuevas, aun cuando procuraba imaginar qué surtiría efecto. El resultado: si bien no es activa en todos los canales de redes sociales, la firma está aprendiendo a dominar estas tecnologías. Mientras se escribía este libro, sus miembros de Facebook sumaban más de medio millón y sus empleados tenían docenas de cuentas en Twitter para comunicarse con los clientes[9].

¿Cuál es la capacidad de su organización para aprender de los errores? ¿Es como la compañía de café, que suprime sus fracasos de un plumazo, con la esperanza de ignorar lo que ha ocurrido, o usted ayuda a la organización a recuperarse rápidamente? ¿Afronta el fracaso, como hizo Walmart, centrado en una visión común para aprender de la experiencia y lograr su objetivo? En la siguiente sección, explicaré de qué modo puede concentrar su energía en recuperarse de un fracaso, de tal modo que eso llegue a ser una segunda oportunidad para usted y su organización.

Estructurar los sistemas para asumir riesgos y aceptar el fracaso

Consideremos la parte más sustancial de cómo crear la estructura y la disciplina que le darán a usted y a su organización la flexibilidad que necesitan para abordar el fracaso. Hay cuatro procesos y habilidades que puede desarrollar en su organización:

---

9. La página de Walmart en Facebook se puede encontrar en: www. facebook.com/walmart. También hay una lista de las cuentas de Walmart en Twitter en: http://walmartstores.com/twitter.

- Conducir análisis retrospectivos.
- Prepararse con los peores escenarios.
- Introducir comprensión y sensibilidad.
- Estar preparado para el coste personal del fracaso.

Conducir análisis retrospectivos

Mientras que Walmart aprendió de una serie de fracasos, Johnson & Johnson experimentó un gran tropiezo público que resultó ser una excelente experiencia de aprendizaje. En el otoño de 2008, McNeil Consumer Healthcare publicó un anuncio comercial en su sitio web motrin.com, en el cual una joven madre decía[10]:

> Llevar con una a su bebé parece ser una moda. Quiero decir que, en teoría, es una buena idea. Hay cabestrillos, mochilas portabebés. Y quién sabe qué más habrá... ¿Pero qué pasa conmigo? ¿Las madres que llevan a sus bebés gritan más que aquellas que no lo hacen? ¡Yo lo hago! Estas cosas crean una tensión sobre su espalda, su cuello, sus hombros. Con esto quiero decir dolor, aunque es una buena clase de dolor; es por mi hijo. Además, esto me hace parecer como una madre oficial y, así, si parezco cansada y enajenada, la gente comprenderá por qué.

Durante seis semanas, el anuncio apareció en el sitio con apenas un comentario. Pero el viernes 15 de noviembre por la noche, una madre que llevaba a su bebé en una mochila se sintió ofendida: Motrin parecía estar dicien-

---

10. Usted puede ver el anuncio comercial de Motrin en: http://www.youtube.com/watch?v=XO6SITUBA38.

do que las madres que llevan a sus bebés en mochilas lo hacen solo para estar a la moda y sufrir un poco. Como escribió un ama de casa en homemakerbarbi.com: "Me gusta mi mochila y no me agrada que me digan que parezco enajenada por llevar a mi bebé. Esta vez hicieron un mal trabajo, Motrin"[11].

A las pocas horas de aparecer el primer tweet ese viernes por la noche, el anuncio y tweet "#motrinmom" llegaron a ser el tema más abordado en Twitter. El sábado alguien publicó un vídeo de nueve minutos en YouTube: capturas de pantalla de los mensajes ultrajantes intercalados con fotografías de mamás llevando a sus bebés en mochilas[12]. El torbellino siguió haciendo remolinos durante todo el fin de semana, y el tono cambió del ultraje en Motrin al desconcierto acerca de la falta de respuesta de la empresa. ¿La compañía no estaba escuchando lo que esas madres ofendidas decían acerca de su producto? ¿Los responsables del anuncio *no estaban enterados*?

En realidad, Motrin fue sorprendida con la guardia baja. Cuando pregunté acerca del movimiento de Motrin Moms, Marc Monseau, el director de medios sociales de Johnson & Johnson –la compañía matriz del fabricante de Motrin, McNeil Consumer Healthcare–, me dijo que estaba supervisando personalmente las menciones de Johnson & Johnson, pero no de todos los cientos de submarcas dentro de la compañía. Al respecto, recordó: "Yo solo llegué a ser consciente de esto cuando el domingo

---

11. Los detalles de cómo empezó el incidente de Motrin Moms se pueden ver en: http://www.scientificamerican.com/blog/60-second-science/post.cfm?id=motrin-moms-a-twitter-over-ad-take-2008-11-17.
12. El vídeo en YouTube de los mensajes de Motrin Moms está disponible en: http://www.youtube.com/watch?v=LhR-ylN6RSQ.

recibí una llamada de un amigo que me dijo: '¿Has visto lo que están diciendo acerca de Motrin?'. Una vez que el equipo de la marca vio lo que se estaba comentando, la organización entró en acción muy rápidamente. Hicimos un esfuerzo conjunto y enseguida se tomaron algunas decisiones".

Alertada del problema, Motrin retiró de inmediato el anuncio de su sitio web, y Kathy Widmer, quien en esa época era vicepresidente de marketing en McNeil, escribió un blog de Johnson & Johnson: "La intención era generar la simpatía y el cariño de todas las madres por sus hijos. Desde luego, no queríamos ofender a las mamás a través de nuestra publicidad... En nombre de McNeil presento mis disculpas, si usted se ha sentido ultrajada por esta publicidad. Estamos en el proceso de eliminarla de nuestro sitio web... a través de este incidente hemos aprendido la importancia de prestar atención a la conversación que está teniendo lugar en línea"[13]. Widmer también se comunicó con algunas de las blogueras clave y empezó a comprometerse con las personas en Twitter.

El suceso destacó la necesidad para las compañías de escuchar lo que se está diciendo en línea acerca de sus marcas y productos. En este sentido, Monseau comentó: "Las organizaciones necesitan estar preparadas para este tipo de situaciones, de tal modo que si algo sucede puedan actuar con mayor velocidad de reacción... las compañías deben actuar en cuestión de minutos en lugar de horas, o de horas en lugar de días. En las organizaciones

---

13. La respuesta de McNeil a la controversia de Motrin Moms se puede encontrar en: http://jnjbtw.com/2008/11/mcneil-meets-twitter-we-hear-you.

más tradicionales donde pueden ser necesarias doce horas para dar una respuesta a los medios, esto debe ser mucho más dinámico".

El compromiso con la tecnología social ha llegado a ser crucial para todas las divisiones dentro de Johnson & Johnson, que están empezando a supervisar las discusiones, en lugar de depender del grupo de comunicaciones empresariales de Monseau. "Hay cada vez más empresas que están considerando la necesidad de estructurar, crear un programa y, al menos, empezar a escuchar la conversación en línea. La situación de Motrin Moms destacó la importancia de empezar a escuchar y observar más cuidadosamente."

Espero que su organización no necesite pasar por una experiencia perjudicial como la de Motrin Moms para ver la luz, y que usted considere adoptar una estrategia abierta más proactiva. Pero si su organización se encuentra en una situación difícil, considere cómo se recuperará. En la siguiente sección, explicaré cómo crear una estructura y un sistema que promuevan la aceptación del riesgo y el aprendizaje a partir de los fracasos.

Prepararse con los peores escenarios

Si su organización es temerosa del fracaso, quizá necesite adaptar gradualmente la mentalidad, de tal modo que el fracaso sea al menos previsto, si no aceptado por completo. Una manera de hacer esto es planificar con los peores escenarios, en los que usted imagina todas las cosas que posiblemente podrían fracasar, las discute, y desarrolla planes de contingencia para reducir el riesgo y la ansiedad.

Esto fue lo que hizo Ford para el lanzamiento del modelo Fiesta en los Estados Unidos en 2009, un tema que se abordó brevemente en el Capítulo 4. Usted puede recordar que la compañía entregó un centenar de automóviles nuevos a los ciudadanos durante seis meses, y les pidió que relataran sus experiencias en los medios sociales. ¿Ford estaba invitando a los usuarios a compartir los problemas si algo les ocurría? ¿Qué pasaría si alguien se lesionaba? Para prepararse, la automotriz planificó todo tipo de escenarios y simulacros de guerra. Previó todas las posibilidades que ellos podían imaginar y planeó la respuesta: quién debería estar involucrado, quién podría responder, cuándo y cómo. Todo esto dio sus frutos en mayo cuando, un viernes por la tarde, uno de los "agentes" en Brooklyn informó que había perdido su Ford Fiesta.

El vehículo era de un color rosa intenso con un diseño formado por lunares, y solamente una fracción de los cien automóviles tenía el mismo diseño, de modo que no era muy difícil identificarlo. Pero, dado que la compañía no tenía registrado que hubiera sido remolcado, se informó que había sido robado. Los vehículos tenían un sistema de rastreo GPS, pero no estaba funcionando bien, y el último informe decía que el automóvil estaba en alguna parte en el sur de Connecticut.

"Básicamente, publicamos un APB en Twitter", recordó Scott Monty, el gerente de comunicaciones globales digitales y multimedia de Ford. "Si usted está en el sur de California, se dirige hacia el norte y ve un Ford Fiesta color rosa intenso con un diseño de lunares, comuníquese con nosotros." El sábado por la mañana, el vehículo fue localizado en Georgetown, en el distrito de Washington, pero resultó ser de otro agente, que ese fin de semana se había graduado en la Universidad de Georgetown. De inmediato, Monty escribió en Twitter: "Hubiera sido mejor que usted devolviera su Fiesta antes de salir de la ceremonia".

De vuelta en Brooklyn, el agente que había perdido su vehículo pensó dónde lo había aparcado. Tuvo un presentimiento y fue a un lote cercado de Nueva York donde subió a un amigo sobre sus hombros; este localizó el Fiesta en medio del lote. Todos los coches tenían matrículas de Michigan, de modo que el Fiesta remolcado no estaba en el lote donde se suponía que debía estar. Ford pudo convencer a la policía de la ciudad de Nueva York de que le permitieran al agente pagar su multa y recuperar el vehículo.

Si bien este no fue uno de los "peores escenarios", lo que podría haber resultado más que un inconveniente menor acabó siendo un episodio insignificante, principalmente debido al esfuerzo de preparación de Ford. Ellos habían previsto muchos tipos de incidentes y estaban preparados para responder con rapidez a través de los medios sociales, en caso de que fuera necesario. Pero, además de estar preparados para los problemas, la planificación tuvo un efecto importante: le dio al equipo directivo de Ford la confianza de que, si surgía algún inconveniente, el equipo actuaría de una manera responsable y los riesgos serían suficientemente reducidos.

Introducir comprensión y sensibilidad

Uno de los beneficios de la innovación orientada al empleado de Best Buy fue un pequeño programa de seguimiento llamado Spy, que permitía supervisar las menciones acerca de la compañía[14]. El director ejecutivo de marketing,

---

14. La aplicación Spy fue creada por el empleado de Best Buy, Ben Hedrington, y está disponible en: http://spy-appspot.com.

Barry Judge, lo valoraba tanto que lo instaló como una pantalla rotativa electrónica sobre un gran aparato de televisión en su oficina y la del consejero delegado Brian Dunn. Esto les dio a Judge y Dunn un acceso en tiempo real a las conversaciones no filtradas, algo que habría sido difícil o imposible en el pasado.

El hecho de tener el programa muy visible significaba que Judge podía ver todo lo que estaba ocurriendo, y un día de septiembre de 2008 lo que vio no fue agradable: algo había desencadenado una tempestad. El gigante minorista de la electrónica intentaba probar un nuevo programa de tarjetas de recompensa para sus mejores clientes. Sin embargo, en lugar de enviar la oferta por correo electrónico a 1.000 personas en una prueba, el vendedor la envió erróneamente a 6,8 millones de clientes. El mensaje felicitaba a cada persona por ser un cliente VIP y le decía que estaba cualificada para la nueva tarjeta Negra de recompensa[15]. La oferta de Best Buy fue seguida casi de inmediato por un correo electrónico que decía: "Hoy usted pudo haber recibido por error este mensaje durante un proceso de prueba inicial por correo electrónico. Nos disculpamos sinceramente por cualquier inconveniente o confusión que le hayamos causado". De inmediato, un gran número de receptores descalificados empezaron a enviar mensajes llenos de furia.

Judge entró en acción y rápidamente comenzó a responder a las personas. En su blog, escribió: "… Hemos resuelto un problema que me preocupa mucho por el impacto que ha tenido en la confianza del cliente. Iba a decir 'impacto

---

15. Usted puede ver una copia del correo electrónico con la oferta errónea en: http://www.crunchgear.com/2008/09/03/best-buy-intros-premier-black-reward-zone-program.

potencial', pero es muy difícil ver hasta qué punto esto nos ha afectado. Lo sé porque lo he discutido con mi jefe"[16]. Su respuesta pública fue humana, directa y sincera; la antítesis de la declaración empresarial elaborada con sumo cuidado, que comúnmente se oye de un alto ejecutivo ante un problema. Pero lo más importante fue que en su mensaje Judge pedía una orientación: "Pienso que este diálogo es solo un comienzo. Le invito a darme su punto de vista sobre cómo hemos manejado esta situación. Agradezco a todos aquellos que están participando". En efecto, Judge siguió teniendo un diálogo con las personas acerca del error de las tarjetas, desde la respuesta a los comentarios en su blog ("Trust and the Reward Zone Black Card Test") hasta sus réplicas en Twitter (que había empezado a usar algunas semanas antes) a los clientes indignados.

Lo que más me impresiona es que Judge vea a los medios sociales como una oportunidad constante para comprometerse. Él me comentó que desea "hacer esto tan fácil como sea posible para que la gente pueda presentar sus quejas". En lugar de ver las quejas como algo negativo, las ve como una oportunidad para conocer los errores y fracasos cotidianos en Best Buy, en un esfuerzo para resolver los problemas, pero también para mejorar a la compañía en el largo plazo.

De un modo similar, Stephen Elop, el presidente del grupo de soluciones empresariales de Microsoft, quiere asegurarse de que está creando una cultura que promueve una actitud positiva hacia los fracasos. Al respecto, me dijo: "Uno de los consejos que doy al personal es superar

---

16. El blog de Barry Judge, "Trust and the Reward Zone Black Card Test", está disponible en: http://barryjudge.com/trust-and-the-reward-zone-black-card-test.

las malas noticias rápidamente. Si usted piensa que está al borde del fracaso, pida ayuda. La tendrá mucho antes de lo que podría haber imaginado. La idea misma de 'no acudir nunca a su jefe sin una solución para un problema' es absurda. Discuta el problema cuanto antes y en el nivel más alto de la organización. De lo contrario, estará perdiendo el tiempo y negando la capacidad de la organización para utilizar todos sus recursos a fin de resolver el inconveniente. Si usted acude a mí al final y dice que hemos fracasado, no hay nada que yo pueda hacer para ayudar. Por consiguiente, para manejar el fracaso, usted debe escalar antes, de manera más rápida y agresiva".

Elop comentó que una experiencia formativa de su filosofía había surtido efecto en una compañía que él describió como una "organización que acepta los riesgos", lo cual implica que estaba dispuesta a correr riesgos y, por lo tanto, a fracasar. Pero uno de los principios fundamentales era "nosotros admitimos los *nuevos* errores". Por consiguiente, la primera reacción de Elop cuando alguien entra en su oficina con un problema o fracaso es: "¿Qué puedo hacer para ayudar?", y reducir el temor que alguien pueda tener al revelar un problema. Pero una vez superada la crisis, Elop procura cerrar el circuito, al preguntar: "¿Qué hemos aprendido?". Después de introducir sistemáticamente esta simple práctica, Elop establece en persona las medidas para asumir riesgos en su organización.

Estar preparado para el coste personal del fracaso

Los líderes de todas las organizaciones siempre han estado preocupados por el riesgo y el fracaso; y deberían estarlo. Esto está incluido en la descripción del trabajo. Pero mi impresión es que el fracaso personal nunca ha estado tan expuesto como con los medios sociales. Si usted fracasa, no puede ocultarlo. No puede esconderlo con tanta facilidad como lo hacía en el pasado. En consecuencia, debemos tener una actitud totalmente distinta acerca del fracaso y cómo abordarlo; acerca del hecho de intentar algo que no surte efecto.

Esto le ocurrió a mi colega, Jeremiah Owyang, cuando escribió un blog donde discutía los rumores de despidos en la compañía tecnológica Mzinga: "Recomiendo encarecidamente a todos los clientes existentes y potenciales de Mzinga que suspendan todo movimiento adicional hasta que ellos me informen el próximo lunes"[17]. Jeremiah fue criticado en los comentarios subsiguientes y en muchos blogs por haber abusado de su posición como analista y líder del pensamiento en el espacio. Un comentario revelador en su blog decía: "Considero que este es un tráfico de rumores. Publicar una información no verificada en Internet COMO UN ANALISTA es una irresponsabilidad… Esto… parece estar dirigido a elevar su perfil".

Owyang enseguida reconoció su error y presentó sus disculpas[18]. "Si bien lo hice con las mejores intenciones, publiqué algo sin tener una información completa, lo cual fue un error de mi parte… Sé que tengo influencia en el espacio y necesito asegurarme de que procedo con responsabilidad… Los comentarios son abiertos, y seguiré leyendo y asimilando todos los mensajes duros y reflexivos", expresó.

---

17. Usted puede leer el artículo de Jeremiah Owyang, "Expect Changes at Mzinga", en: http://www.web-strategist.com/blog/2009/03/16/expect-changes-at-mzinga.
18. El artículo de Owyang, "A Public Apology to Mzinga", está disponible en: http://www.web-strategist.com/blog/2009/03/17/a-public-apology-to-mzinga.

Hablé con Owyang poco después del incidente. Pude ver que estaba profundamente afectado, pero también agradecido a las personas que habían acudido a él y le habían dado su apoyo y consejo. Al recordar el incidente varios meses más tarde, describió lo que había aprendido: "Usted puede tener políticas y evaluaciones de prioridades, pero no sabe lo que sucederá hasta que haya experimentado una protesta social importante. Las personas se unirán a la causa triunfante y tratarán de ser hirientes, pero usted tiene que comprender que ellas no cuentan. Quienes sí importan son los amigos que acuden a usted cuando está deprimido. Los mejores amigos le dirán en qué se equivocó y cómo puede hacerlo mejor la próxima vez".

Owyang alienta a las organizaciones a contratar personas con lo que él llama "tejido con cicatriz": personas que han estado en las trincheras de los medios sociales y han experimentado altibajos. Cada vez que usted se expone, se vuelve vulnerable pero seguramente su red y comunidad estarán allí para amortiguar la caída. Hágase un favor y encuentre personas con ese tejido con cicatriz, de tal modo que usted no tenga que andar solo por las calles oscuras del fracaso. Ellas han estado allí, saben cómo es, y le darán el apoyo que necesita para salir de allí nuevamente.

PLAN DE ACCIÓN: PREPARE SU PLAN DEL FRACASO

En lo que respecta al uso de las tecnologías sociales, puedo garantizarle que en algún momento usted fracasará. Algunas personas experimentarán un gran fracaso, como las que hemos visto en este libro. Pero la mayoría cometerá errores menos graves, como decepcionar a sus colegas y clientes con un desacierto o un paso en falso involuntario. Usted necesitará tener una visión más amplia, ya que se estará moviendo en un campo inexplorado donde no conoce el terreno ni las reglas y, más importante aún, no ha desarrollado confianza en sus capacidades. Pero debe hacerlo, si espera profundizar estas nuevas relaciones. Las relaciones sólidas y positivas no se crean de manera repentina. No en la vida real, no en su vida personal, y tampoco en la empresa. Todo lo que se requiere para comprometerse en estas tecnologías sociales es un cierto nivel de confianza y apertura para ser bien recibido.

Por lo tanto, ¿cómo dará este primer paso? Como he dicho antes, dé un pequeño paso inicial. La clave es hacer aceptable el fracaso, de tal modo que usted no tenga miedo de fallar. Al principio, asuma pequeños riesgos que su compañía pueda tolerar. Pero, además, hay algunas otras maneras concretas de desarrollar flexibilidad, para sentirse cómodo con la aceptación de los riesgos:

- *Examine los fracasos más recientes que usted o su organización han experimentado.* ¿Cuál fue el error? ¿Qué se podría mejorar? Una recomendación que he oído es que en un análisis retrospectivo, solamente una cuarta parte del tiempo se debería emplear en descubrir cuál fue el error, otra cuarta parte en discutir lo que usted ha aprendido, y la mayor cantidad de tiempo, en lo que la organización *hará después.*

- *Lleve un registro del fracaso.* Así como es probable que lleve un registro de sus éxitos, renombre y cartas de agradecimiento, cree uno de sus fracasos; incluya lo que ha aprendido y también las notas personales de aliento y apoyo. Consúltelo de vez en cuando, mientras se congratula por haber superado los fracasos, aprendido de sus errores pasados y encontrado consuelo en las palabras de sus amigos. Ralp Heath, escribió en "Celebrating Failure" [Celebrar el fracaso] de qué modo se sintió "cautivado" por las historias en su carpeta de fracasos, y observó: "Me siento más orgulloso de haber progresado en el intento de tener éxito que por mis propios logros"[19].

- **Identifique las necesidades de formación para asumir riesgos.** Tanto en el deporte como en la vida, usted necesita desarrollar flexibilidad a través del tiempo, ya que no es innata. Esto también es válido para la aceptación del riesgo y la recuperación del fracaso: usted y sus empleados necesitan formación y apoyo sobre cómo hacerlo. Identifique dónde es débil; por ejemplo, si los elefantes blancos (los problemas que nadie quiere abordar) son tan populares en el salón que dificultan la conversación, concéntrese en fortalecer las verdaderas habilidades de comunicación. Si los gerentes sancionan habitualmente al personal que comete errores, considere la posibilidad de ofrecer cursos de formación para los ejecutivos.

- **Introduzca el fracaso en su planificación y procesos operativos.** Incluya la planificación de los peores escenarios y cómo usar los medios sociales para responder a ellos, como una parte rutinaria de la planificación día a día, a fin de prever y prepararse para el fracaso. Además, es necesario introducir planes de contingencia para ser capaz de abordar los problemas cuando surgen.

- **Cree redes de apoyo para los inevitables fracasos.** Como vimos antes, fallar puede ser una experiencia solitaria, de modo que cuando alguien fracase de una manera visible en su organización, asegúrese de contar con consejeros y colegas que hayan tenido experiencias similares, y que estén dispuestos a ofrecer apoyo.

- **Tenga a mano un frasco de su antiácido preferido.** Digo esto un poco en broma, porque usted nunca superará verdaderamente el fracaso: solo puede manejar su respuesta al fracaso. Creo que el activo más importante que necesita poseer es un estómago resistente o, en su defecto, un gran frasco de antiácido. Abordar el fracaso llega a ser más fácil a través del tiempo, con la formación, los recursos

---

19. Ralph Heath, *Celebrating Failure: The Power of Taking Risks, Making Mistakes, and Thinking Big*, The Career Press, 2009.

y los procesos apropiados, pero la sensación de estómago revuelto nunca se supera por completo. Usted puede sentir un ligero malestar de estómago por el hecho de asumir un riesgo, pero también puede sentirse cómodo al saber que usted y su organización están preparados para afrontarlo. Los fracasos nunca son fáciles de aceptar, pero espero que usted no experimente demasiados en su camino hacia una mayor apertura y éxito.

En el próximo capítulo, consideraremos el camino que han seguido varias compañías en su proceso para ser abiertas, y hasta qué punto sus líderes fueron capaces de transformar las culturas arraigadas de la compañía en organizaciones flexibles, comprensibles y abiertas.

CAPÍTULO 10

DE QUÉ MODO LA APERTURA TRANSFORMA LAS ORGANIZACIONES

A estas alturas, espero que usted tenga una mejor comprensión de lo que significa ser un líder abierto y de qué forma la apertura puede beneficiar a su organización. Pero mientras medita sobre la perspectiva de ser más abierto, quizá esté pensando que de *ningún modo* puede ver que su organización llegue a ser más abierta. Simplemente, hay demasiados obstáculos –valores arraigados y rituales apreciados– para permitir el cambio. Estoy hablando de la dimensión inmutable llamada *cultura de la compañía*, que probablemente se interpone en el camino hacia la apertura.

En su clásico libro *Corporate Cultures*, T.E. Deal y A.A. Kennedy definieron la cultura organizacional como "nuestra manera de hacer las cosas", un reflejo del "conjunto específico de valores y normas compartidos por las personas en una organización, y que rigen su manera de interactuar entre sí y con las partes interesadas fuera de la organización"[1].

---

1. T.E. Deal y A.A. Kennedy, *Corporate Cultures: The Rites and Rituals of Corporate Life*, Penguin Books, Harmondsworth, Reino Unido, 1982.

Los líderes establecen estos valores no por lo que dicen, sino por las acciones que premian y por la conducta que sancionan. Como escribió Ralph Waldo Emerson: "Todas las grandes instituciones son la sombra alargada de un solo hombre. Su personalidad determina el carácter de la organización". Si el líder de la organización no ve valor alguno en la apertura o avizora más riesgo que beneficio, la organización no será abierta, a pesar de la inquietud interna o las presiones competitivas.

Sin embargo, voy a suponer que si usted ha llegado hasta aquí en la lectura de este libro, ve tanto el valor como la necesidad de una mayor apertura. De hecho, puede creer que, para que su organización logre objetivos audaces, su cultura debe evolucionar y ser transformada, del mismo modo que su liderazgo. Pero, paradójicamente, la parte difícil es que conseguir una mayor apertura requiere una gran cantidad de autoridad centralizada y mando-y-control. Básicamente, ¿cómo controla usted el proceso de llegar a ser una organización más abierta?

En este capítulo, describo de qué manera un puñado de organizaciones –Best Buy, Dell, Cisco, Procter & Gamble, el Banco del Estado de la India y el Departamento de Estado de los Estados Unidos– están manejando la transformación y el cambio, y abriendo sus culturas. Estas son enormes organizaciones, en algunos casos, con siglos de tradición detrás de ellas, y tan solo la idea de tratar de transformar esas culturas es intimidante. Pero en todos los casos, las personas audaces están adoptando la idea del liderazgo abierto porque lo ven como la mejor manera de lograr su objetivo de transformación. Ellas no adoptan la apertura improvisadamente, sino que lo hacen de un modo pragmático y diestro.

El propósito de este capítulo es reunir las ideas que hemos explorado en las páginas precedentes, desde la formulación de la estrategia abierta hasta los matices del liderazgo abierto, de tal modo que usted pueda imaginar cómo liderar su organización a través de la transformación. Tenga en cuenta que los valores y las normas de cada líder abierto, así como la cultura organizacional existente, constituyen la base para esta transformación. Además, considere de qué manera cada organización reestructurada es capaz de apoyar y sostener la apertura. Verá que surgen cuatro temas importantes, que analizaré en cada uno de los casos de estudio.

- *Los valores rigen la visión.* No hay nada como un plazo apremiante para concentrar la mente, y en muchos de los casos estudiados la compañía afrontaba una situación crítica del mercado, que exigía un nuevo enfoque. En otros, había una visión general de lo que era necesario hacer estratégicamente para apoyar el proceso de transformación. Después de declinar en su cuota de mercado durante décadas, el Banco del Estado de la India hizo de la recuperación de la vieja gloria una prioridad y se convirtió nuevamente en líder del mercado. Por otro lado, los éxitos en la colaboración de Cisco surgieron de la capacidad de la compañía para dejar a un lado las agendas personales y perseguir las metas compartidas.

- *Los líderes establecen el tono y el ejemplo para que otros los sigan.* En cada caso, un líder se abre camino para ser abierto y ejemplifica la apertura en la acción. El liderazgo de Best Buy adoptó la apertura y eliminó sistemáticamente los obstáculos que impedían participar a los empleados del servicio al cliente, mientras destacaba la necesidad de experimentación y aceptación de los riesgos.

- *Extender la vieja cultura dentro de los nuevos procesos.* Si la cultura está formada por normas y valores, entonces todas estas organizaciones necesitan crear nuevos procesos para definir cómo funcionarán estas nuevas relaciones. Por ejemplo, la cultura de Procter & Gamble de "crecer desde adentro" tenía que ser modificada para aceptar que las innovaciones podían venir de afuera de la compañía, pero también usó la oportunidad para concentrar a la organización en lo que mejor hacía: desarrollar e introducir productos en los mercados.

- *Los sistemas y la estructura sostienen la transformación.* Los elementos que apoyan la nueva cultura son los nuevos sistemas de reconocimiento e incentivo, así como los procesos y procedimientos reformados que rigen las interacciones tanto dentro como fuera de la organización. El éxito continuado que obtuvo Dell y la participación inicial del Departamento de Estado en los medios sociales son el resultado directo de una reflexión profunda sobre cómo los sistemas –desde los "pactos *sandbox*" hasta el desarrollo de herramientas de colaboración– crean los valores y las normas que definen los fundamentos de la cultura.

Por consiguiente, si cree que usted y su organización necesitan transformar su cultura con la apertura para lograr sus objetivos empresariales, continúe leyendo para ver cómo lo hicieron estas organizaciones.

Banco del Estado de la India: hacer bailar al elefante

El Banco del Estado de la India (sbi, según sus siglas en inglés) es el segundo banco más grande del mundo, con más de 200.000 empleados en 10.000 sucursales y operaciones en 32 países. Fundado en 1806, tiene más de doscientos años de antigüedad y una larga y gloriosa historia; lo cual implica que será difícil cambiar las tradiciones y los procesos. Además de eso, como una entidad de propiedad del gobierno, su personal tiene un empleo vitalicio garantizado, de modo que cualquier tipo de reestructuración o transformación tiene que incluir a todos los empleados, sin posibilidad alguna de despidos.

En 2006, el sbi tuvo que afrontar una serie de problemas; por ejemplo, estaba perdiendo su cuota de mercado, tanto en los depósitos como en los préstamos, frente a los competidores desregularizados y liberalizados. La cuota disminuyó desde el 35% a principios de la década de los setenta hasta aproximadamente el 15%. Si bien aún crecía, lo estaba haciendo mucho más lentamente que los competidores. Sus procesos anticuados y la intensificación de la competencia estaban haciendo mella, mientras los competidores disputaban la posición del banco en el mercado. El sbi ya no era la primera opción de los clientes jóvenes y acaudalados, quienes describían al banco como antiguo y formal[2].

En medio de esta lamentable situación, Om Bhatt fue designado presidente del sbi en 2006. Como empleado de la entidad desde 1972, Bhatt recordaba los días de gloria y creía que la institución podía recuperar su posición de liderazgo. "Sé que esta organización fue muy respetada en el pasado. Había un gran orgullo en la organización y, conociendo al personal, pensé que podríamos lograrlo

---

2. La situación del Banco del Estado de la India (sbi) se detalla en una entrevista del *McKinsey Quarterly* con Om Bhatt, disponible en: http://www.mckinseyquarterly.com/Remaking_a_government_owned_giant_An_interview_with_the_chairman_of_the_State_Bank_of_India_2249.

otra vez. Pero sabía que, a menos que pudiera comunicarme física y espiritualmente con todos los empleados, ellos no comprenderían y no estarían unidos. Aun cuando les diera instrucciones detalladas de lo que era necesario hacer, no las seguirían, a no ser que estuvieran unidos a mí en cuerpo y alma", me dijo Bhatt.

Por consiguiente, estableció un programa ambicioso para transformar la entidad, con la información abiertamente compartida y la distribución de la adopción de decisiones como elementos centrales. Empezó con los líderes superiores del banco, a quienes invitó a participar en una experiencia de cinco días fuera de la oficina, en la que les hizo ver la película *The Legend of Bagger Vance*, sobre un golfista que había perdido su destreza en el *swing*. El filme actuó como metáfora para una discusión posterior sobre cómo el banco podría conseguir su "*swing*", con el beneficio añadido de que se basaba en el *Bhagavad Gita*, una historia sagrada hindú sobre el servicio desinteresado[3]. Bhatt fue capaz de establecer conexiones entre la situación del banco y la película, y también inspirarse en los valores culturales indios para infundir aliento en su equipo ejecutivo. Bhatt recordó la conversación: "La idea era que los contratiempos les ocurren a todos los tipos de personas, pero que ellos eran capaces de probar su *swing*. No había ninguna razón por la cual el banco no pudiera lograr un *swing* impecable".

Al día siguiente, Bhatt ofreció una conferencia sobre "el estado del banco" que explicaba la grave si-

---

3. Un resumen del *Bhagavad Gita* está disponible en: http://www. hinduwebsite.com/summary.asp. El libro *Gita on the Green: The Mystical Tradition Behind Bagger Vance*, de Stephen J. Rosen (Continuum, 2008), explora la conexión entre la leyenda de Bagger Vance y el *Bhagavad Gita*.

tuación de la entidad, y no tuvo piedad con el equipo ejecutivo que fue el principal responsable de dirigir el banco durante la década precedente. Pero en lugar de echar culpas, Bhatt pidió ayuda. Al respecto, recordó: "Cualquiera de esos caballeros podría haber estado en mi posición; por lo tanto, les pedí que trabajaran conmigo como pares y que reconocieran que yo no podía hacer mi trabajo sin sus ideas y convicción. Mi apertura y transparencia sobre la situación, y el reconocimiento de mis límites, tocó una fibra sensible en la mayoría de ellos".

A partir de esto, Bhatt diseñó una estrategia para la renovación del banco y detalló catorce iniciativas. Pero Bhatt y su equipo comprendían que el plan sería inútil, a no ser que pudieran asegurar el apoyo de los empleados. El banco desarrolló un programa llamado *Parivartan* ("transformación", en hindú), para informar a los empleados acerca de la situación del banco. Si bien se necesitaron siete semanas para desarrollar el programa, *Parivartan* fue presentado en solo cien días a los 138.000 empleados. Una sucursal del banco cerró sus puertas para que todos los empleados pudieran asistir al curso junto al equipo. ¿Por qué se necesitaba celeridad? Bhatt comprendía que, si lo hacía lentamente, los escépticos podían malograr sus esfuerzos. Por otra parte, solo tenía un plazo de cuatro años como presidente, y ya se encontraba en el segundo año de su gestión. La respuesta fue inmediata: "Todos los empleados nos preguntaron: '¿Por qué no nos dijeron esto antes?'. Ellos estaban agradecidos de que les hubiéramos dicho la verdad acerca de la situación del banco", recordó Bhatt.

Además de establecer la necesidad de un cambio, *Parivartan* actuó como una convocatoria entre todos los empleados. Durante las sesiones, los directores alentaron y recogieron información del personal. Algunos empleados manifestaron públicamente su resentimiento con los gerentes, muchos se quejaron de los clientes o la gerencia, y otros ofrecieron sugerencias. Bhatt se reunió en persona con 2.000 subgerentes generales en la sesión más larga que duró más de diez horas. Durante las discusiones, él sobre todo escuchaba y tomaba notas, y al final ofrecía alguna respuesta. Al respecto, me dijo: "Mi objetivo era hacerles sentir que esta era *su* organización, y que ella *los* necesitaba. Por eso, les preguntaba: '¿Por qué no está haciendo algo acerca de estos problemas? ¿Qué es lo que le impide concretar algo al respecto? ¿Es la falta de conocimiento? ¿Es porque no tiene tiempo, coraje o convicción? Usted me está diciendo a mí, el presidente, que el servicio al cliente tiene problemas. Pero yo no puedo resolverlos. Puedo decirle a *usted* cómo hacerlo'. Mi argumento para ellos era decirles: *usted* es la persona más importante en la organización".

Bhatt reconocía que para que esta transformación tuviera éxito, él tendría que darle a cada empleado un sentido del poder que antes no existía. Usó la información compartida para acelerar las cosas, seguida rápidamente por la autoridad para tomar decisiones en las líneas de frente. Para abrir más a la compañía, SBI estableció blogs especiales para la gerencia superior y otros funcionarios clave, a fin de crear canales de comunicación informales con las diferentes categorías. El banco modificó el diseño de su sitio en Internet y lo hizo más informativo y favorable al empleado. Asimismo, estableció boletines internos (*Colleague, NBG Bulletin, Customer Care, Wholesale Banking Bulletin*, y otros) para difundir la información. Además, proporcionó a cada empleado una identificación SBI de correo electrónico para mejorar la comunicación con los clientes.

El resultado ha sido evidente. El programa *Parivartan* captó la imaginación de los empleados. Algunos lo describieron como un *tsunami* que tomó al banco por asalto; otros lo definieron como una revelación y como el mejor programa al que habían asistido en toda su carrera; algunos se preguntaban por qué no había ocurrido diez años antes. Bhatt dijo que "ahora los empleados estaban sintiendo un gran orgullo en la organización. Van más erguidos, trabajan con más empeño y contribuyen más. No piden horas extras y se quedan en la oficina hasta tarde. Quizá no sean capaces de ayudar a los clientes todo el tiempo, pero al menos lo intentan".

Los resultados empresariales son aún más tangibles. Un estudio reveló un mejoramiento significativo (20%) en el servicio al cliente y la reorientación de las actitudes del empleado, y un incremento del 20% en la satisfacción del cliente. Los depósitos crecieron 33,4% en 2009, el beneficio neto aumentó 36% y el margen de intermediación creció 22,6%[4]. El banco incrementó la cuota de mercado hasta casi 20% y ganó numerosos premios de la industria, como el Banco del Año en la India por su transformación.

Yo tenía curiosidad por saber de qué manera Bhatt, que había pasado toda su carrera en la organización, pudo desarrollar un punto de vista tan diferente acerca

---

4. El caso del Banco del Estado de la India se basa en el artículo de Tamal Bandyopadhyay, "Om Prakash Bhatt: The Chairman in a Hurry", accesible en: http://www.livemint.com/2008/05/03000522/Om-Prakash-Bhatt-The-chairman.html; en el artículo de Vivek Kaul, "The elephant can dance: O.P. Bhatt", disponible en: http://www.dnaindia.com/money/report_the-elephant-can-dance-o-p-bhatt_1201401; en "It is Parivartan time at SBI", accesible en: http://www.financialexpress.com/news/it-is-parivartan-time-at-sbi/208256/#; y en el artículo de Ryan Rodrigues, "Change Manager", *Business India*, 23 de agosto, 2009, págs. 58-76.

de cómo dar poder a los empleados, así que le pregunté de dónde surgió su visión optimista. Él me respondió: "Fue intuición, y surgió de mi sistema de valores y mi propia convicción personal. En realidad, creo que cualquier persona es capaz de hacer mucho más de lo que normalmente hace, que la mayoría de nosotros producimos solo una pequeña fracción de lo que somos capaces de generar. Veo que nuestros 200.000 empleados están en condiciones de hacer cosas extraordinarias, pero la cuestión es cómo permitirles que las hagan". Lo que Bhatt hizo fue posible gracias a su propio sistema de valores personales, que le dio la confianza para abrirse, de tal modo que sus empleados pudieran liberarse.

El Dr. Prasad Kaipa, un profesor en la Indian School of Business en Hyderabad y consejero del SBI, observó que Bhatt no solo es optimista acerca de las personas, sino que también es profundamente filosófico, y cree que los objetivos se pueden lograr tan solo con el apoyo de muchas otras personas, en especial durante las épocas turbulentas y ambiguas. Kaipa comentó: "Bhatt no renunció al control, se liberó de él". Además explicó: "Para Bhatt es fácil despertar el talento dentro de las personas. Es una apuesta segura para él, pero parece arriesgada para las personas que son extremadamente racionales". De mi discusión con Bhatt resultó muy evidente que él tenía el control del Banco y que también confiaba en que si se abría sería capaz de mantener ese control, mientras otorgaba poder a los empleados para asumir responsabilidades.

Lo que más me impresionó con respecto a la transformación del SBI es hasta qué punto Bhatt usó el liderazgo abierto para realizar el cambio. Como líder, él explicó con suma claridad el reto que afrontaba el banco y también las perspectivas futuras. Apeló a valores ampliamente reconocidos y respetados en la cultura india para conectar a las personas con los objetivos de la compañía. Creía sinceramente que las personas en las primeras líneas de la organización podrían cambiar sus mentalidades y, con el nuevo poder adquirido, hacer las cosas apropiadas. Pero también los hizo responsables, a los mismos ejecutivos, gerentes y empleados, de adoptar una estructura, estimaciones y objetivos claros.

Cisco: el crecimiento orgánico de la colaboración requiere tiempo

En los capítulos precedentes, he discutido acerca de la transformación de la colaboración en Cisco, de modo que ahora solo reiteraré algunos de los puntos clave: John Chambers hizo de la colaboración y la distribución de la adopción de decisiones el elemento central de las operaciones de la compañía, lo cual le permitió avanzar a una velocidad asombrosa (véase el Capítulo 2). La tecnología promueve la colaboración, y Cisco ha sido meticulosa en la estimación del impacto y los beneficios (Capítulo 5). Pero la colaboración es difícil, especialmente para los participantes existentes, de modo que Cisco procuró que sus consejos y juntas directivas incluyeran a personas con poder de decisión que liderarían conjuntamente el equipo (Capítulo 6). Detrás de todo esto, estaba el liderazgo colaborador de John Chambers (Capítulo 7), que usó los objetivos compartidos como un catalizador (Capítulo 8).

Obviamente, estoy impresionada por lo que ha hecho Cisco para promover la apertura en su organización. Pero necesito analizar más detenidamente de qué modo Chambers y su equipo cambiaron la cultura, porque muchos ejecutivos que consideran lo que Cisco fue capaz de hacer con 65.000 empleados, luego dicen con más deseos que esperanzas: "Ojalá pudiéramos hacer eso". Pero no es tan simple introducir la estructura de las juntas y los consejos, o promover la colaboración y las metas compartidas. Ron Ricci, vicepresidente de posicionamiento de Cisco, comentó sobre lo que Cisco estuvo intentando hacer: "Durante los últimos ocho años, hemos estado en un proceso de transición de una cultura de competencia interna a una cultura de objetivos compartidos. Para hacer esto, tuvimos que examinar cuáles eran los valores que nos sostenían en el mercado, y considerar cómo crear un proceso de colaboración orgánica en Cisco. Jamás podríamos haber traído a alguien de afuera para desarrollar el modelo que usamos para la junta y el consejo, porque eso tenía que ser orgánico y coincidir con nuestra idiosincrasia".

Es sorprendente, pero también comprensible, ver *cuánto* tiempo necesitó Cisco para llegar a donde hoy se encuentra. Chambers y Ricci explicaron que muchas veces habían intentado adoptar un nuevo enfoque, en algunas ocasiones sin resultados favorables, pero otras veces con éxito: por ejemplo, descubrieron la necesidad de tener *dos* líderes para cada junta o consejo, o desarrollaron la tecnología para apoyar sus objetivos de colaboración. Pero ante todo, Chambers dedicó su tiempo y esfuerzo para introducir su nueva manera de pensar en el liderazgo ejecutivo. Al respecto, Chambers me dijo: "Necesité casi cuatro años para que esta creencia fuera adoptada por mis 42 altos ejecutivos, de modo que fue un proceso lento. Si bien soy una persona impaciente por naturaleza, en esa oportunidad logré tener una inusual paciencia, aunque pude combinar esa perseverancia con un sentido de la urgencia, mientras estimulaba al personal a lo largo del proceso".

Para crear la nueva cultura, Chambers comprendió que Cisco debía desarrollar un nuevo sistema de remuneraciones relacionado con la conducta que deseaba promover. Esto se logró con el establecimiento de objetivos compartidos, con los que todos estaban comprometidos y por los que eran remunerados. "Ya no había un ingeniero, un vendedor, un gerente de producción o un abogado. Lo que importaba era hasta qué punto pensaban como un equipo para lograr los objetivos", explicó Chambers. Por otra parte, introdujo la estructura y la disciplina necesarias para la colaboración. "Necesitábamos crear una cultura común relacionada con este empoderamiento, y comprender lo que ella significaba." Por lo tanto, Chambers sistematizó la participación de su liderazgo superior en los grupos colaboradores. "Descubrimos que no solo debíamos darles acceso a la misma información que [nosotros] teníamos, sino también permitirles la experiencia de tomar decisiones, en diferentes niveles. Ahora actúan con mayor rapidez y eso les permite adoptar decisiones con mucha más eficacia que antes."

Como mencioné antes, John Chambers ha reproducido eficazmente su proceso de adopción de decisiones y ha institucionalizado una manera de decidir, de tal modo que él no tiene que estar presente en el lugar para fijar posición y definir algún tema. Con la introducción de la estructura, la disciplina y los procesos, Chambers, como Bhatt, se siente cómodo y seguro para ceder el control a las otras personas. Pero no caben dudas de que Chambers sigue estando en el asiento del conductor en Cisco: "No me malinterprete. En la implementación del trabajo colectivo en colaboración estaba en una posición de mando-y-control. Mi tarea era establecer la visión, diferenciar la estrategia y luego dar poder a un equipo para que la haga realidad". Esto no quiere decir que el enfoque de Cisco sea casi perfecto. Pero mientras Chambers sigue inculcando su necesidad de colaboración en un número cada vez mayor de ejecutivos y empleados, esta cultura de la colaboración se abre camino a través de las categorías.

La lección que he aprendido de la transformación de Cisco, especialmente en comparación con la urgencia del SBI, es que el proceso requiere tiempo y paciencia. Chambers fue capaz de valerse de su posición segura como consejero delegado para imaginar –principalmente a través del método de prueba y error– lo que significaba ser abierto en Cisco. Y no fue hasta que llegó la tecnología para apoyar la colaboración, que resultó capaz de acelerar sus esfuerzos. Cuando usted considere la transformación que necesita crear, tenga en cuenta su oportunidad y posición dentro de la compañía. ¿Usted tiene una posición segura desde la cual puede promover la transformación durante un período de meses y años? Porque cualquier transformación va a requerir tanto un largo tiempo, como que usted encuentre la fórmula única para que surta efecto en su organización.

Best Buy: liberar la pasión de los "fanáticos"

A menudo, las historias forman la base de la cultura, y la historia de Best Buy concierne a una fuerza de la naturaleza, literalmente. La compañía fue fundada en 1966 como un minorista de audio llamado Sound of Music en Saint Paul, Minnesota. Creció hasta incluir varias tiendas en el área de Minneapolis-Saint Paul y se expandió a los equipos de vídeo. En 1969, comenzó a cotizar en bolsa y fue creciendo a un ritmo moderado. Luego, en 1981, un tornado destruyó su tienda de Roseville, en Minneapolis. Pero en lugar de verlo como una pérdida irreparable, la compañía organizó una "liquidación del tornado" de la mercadería rescatada, identificándola como "best buy".

El impacto de ese tornado fue enorme: el liderazgo de la organización reconoció la importancia de la destrucción creativa y aprovechó rápidamente las oportunidades. "Lo que surgió del tornado fue Best Buy", dijo Gary Koelling, director de tecnología de los medios emergentes. "La mayoría de nuestros líderes superiores tenían sus raíces en la tienda, de modo que la historia fue fundamental para su manera de abordar las operaciones cotidianas. Cualquier cosa podría destruirnos, de modo que necesitábamos reconstruirnos periódicamente y dar suficiente flexibilidad al sistema para que si surgía una oportunidad pudiéramos aprovecharla". Brian Dunn, el consejero delegado de Best Buy, obtuvo sus galones en este contexto, de modo que esto era muy coherente con la cultura de la compañía, la cual, cuando surgió la oportunidad de las tecnologías sociales, llegó a ser más abierta.

La oportunidad se presentó cuando Michele Azar (a quien cité en el Capítulo 8), entonces miembro del equipo de comercialización, asistió a la Web 2.0 Expo en la primavera de 2007. "Vi que todo el mundo se estaba transformando, y nosotros ni siquiera hablábamos de eso dentro de nuestra compañía", recordó Azar. "Yo estaba sentada en el salón de la conferencia y llamé al líder de nuestro equipo de comercio electrónico, y le dije: 'Necesito unirme a su equipo'". Lo que Azar vio era el equivalente a un tornado que se dirigía hacia Best Buy, y ella deseaba asegurarse de que la compañía estuviera a la vanguardia de esa inminente tormenta.

Azar es un perfecto ejemplo de la persona apropiada para estar en el lugar apropiado y en el momento debido. Anteriormente, ella había sido vicepresidente del grupo de centralización del cliente, y se había ganado la confianza de muchas personas en la compañía. Una vez en el equipo de Internet, Azar empezó a promover una estrategia abierta para la organización. Una cosa que ella apreciaba era la sólida cultura empresarial de Best Buy, que apuesta al futuro de la compañía sobre la base de la innovación liderada por el empleado. Azar declaró con orgullo: Usted puede entrar en una tienda y hablar con un empleado de mostrador, y él le mirará a los ojos y dirá: 'Yo soy responsable de hacer crecer esta compañía en el nivel local'".

Pero ella reconoció que existían algunas barreras importantes para que esos mismos empleados llegaran a ser más abiertos. Best Buy había incorporado a muchos líderes del pensamiento y expertos en medios sociales (incluida yo misma), pero, con excepción de algunas personas, la idea no había despertado el entusiasmo de los empleados. Azar comprendió que había una gran cantidad de fricción en el sistema, que impedía a las personas tomar la iniciativa necesaria, de modo que estableció un plan para eliminar sistemáticamente cada uno de esos obstáculos.

La primera medida fue abordar la resistencia de la jerarquía, especialmente de los ejecutivos y la gerencia, que no estaban interesados en el compromiso abierto; o deseaban ponerle un freno. Se redactó un conjunto de principios sobre la apertura, que se distribuyó ampliamente en toda la compañía para explicar a más personas lo que significaba ser abierto y responder a inquietudes como "estoy asustado; ¿cómo debo actuar?, ¿cómo me comprometo?"[5]. Azar también incorporó a Peter Hirshberg del Grupo Conversación, para ayudar a describir el movimiento hacia la apertura, y plantear la cuestión del cambio a través de una serie de vídeos de personas que conversaban

---

5. La presentación "Un enfoque social abierto" está disponible en: http://www.slideshare.net/garykoelling/thebigslideshow1-presentation.

sobre cómo ser abiertas y usar las tecnologías sociales. Finalmente, ella alentó a los ejecutivos, como el entonces CEO, Brad Anderson, y el director ejecutivo de marketing, Barry Judge, para que llegaran a ser más accesibles; por ejemplo, responder a las preguntas de los empleados a través de Twitter o las redes sociales internas.

De este modo, al ver a sus colegas comprometidos en un diálogo abierto con los altos ejecutivos, los empleados empezaron a superar sus temores al compromiso. Judge recordó una de estas interacciones: "Yo estaba en una reunión con trescientas personas, cuando un empleado levantó la mano y empezó a hablar, enseguida comprendí que le conocía muy bien a través de Twitter. Dado que el trabaja en el equipo de informática de BestBuy.com, nunca lo habría conocido si no hubiera sido por Twitter. Él no trabajaba en marketing, pero estaba más comprometido y apasionado con lo que hacíamos en marketing que el mismo personal del área".

La segunda medida de Azar fue eliminar la fricción que impedía el uso de la información y la tecnología, mediante el acceso directo de las personas que realmente podían usarlas. Un progreso importante fue el desarrollo de Remix, la interfaz de programación de aplicaciones (API) de Best Buy, que permitió a todos utilizar el catálogo completo de productos en línea de la compañía y crear aplicaciones específicas[6]. Remix fue originalmente diseñada para comprometer a sitios de terceras partes, pero eso tuvo una consecuencia involuntaria: los trabajadores también empezaron a crear aplicaciones. "Un empleado de Florida decidió desarrollar una mejor herramienta de recomendación para el cine en casa, a través de la interfaz

---

6. La URL de Remix de Best Buy es: http://remix.bestbuy.com/.

API. No necesitó programar una reunión ni pedir autorización, y no tuvo que lanzar un proyecto oficial de tecnología de la información para tener acceso a los datos. Simplemente tuvo acceso", explicó Azar.

Pero el último obstáculo eliminado y el más importante fue el temor al fracaso. El acceso fácil a la información y la tecnología, así como a los ejecutivos y gerentes, significaba que se creaban experimentos y se ponían a prueba muy rápidamente. Ben Hedrington, de BestBuy.com, se conectó con Azar al principio y creó innovaciones como Spy, que supervisa las menciones de la compañía a través de los medios sociales. Un día Hedrington mostró una nueva herramienta llamada ConnectTweet, que podía añadir los mensajes de cientos de cuentas de Twitter. Su objetivo era "permitir a los empleados de Best Buy hablar en nombre de la compañía en sus cuentas en esta red social". Best Buy decidió utilizar ConnectTweet en otro nivel e invitó a los clientes a entrar y formular preguntas; entonces, la fuerza colectiva de Best Buy intentó responder. Así nació Twelpforce.

Cuando se lanzó en julio de 2009, Twelpforce fue posicionada como una manera de prestar un servicio al cliente por parte de los miles de empleados de Best Buy. John Bernier, el gerente de Twelpforce, explicó: "Utilizamos a aquellos empleados que son más apasionados acerca de este espacio y esta manera de comunicarse, y les permitimos tener acceso a todo el conocimiento que hemos acumulado dentro de la compañía". Mientras este libro estaba en la imprenta, 2.200 empleados de Best Buy participaban regularmente en twitter.com/twelpforce.

Twelpforce no estaba exenta de riesgos y detractores. Barry Judge escribió en su blog: "Twelpforce es obviamente un experimento. Un experimento muy público. Puede ser un catalizador para un pensamiento muy diferente de nuestra compañía acerca del servicio al cliente. El servicio al cliente ya no es un departamento, sino algo que todos nosotros podemos hacer"[7]. Sin embargo, enseguida aparecieron historias en las que se decía que los empleados no proporcionaban consejos correctos, daban sus propios puntos de vista (que no siempre eran profesionales) y compartían información personal inapropiada. Pero en lugar de suprimir Twelpforce o restringir el acceso, Best Buy organizó cursos y dio información directa al personal, para evitar situaciones similares en el futuro.

El beneficio a largo plazo de Twelpforce sigue siendo evidente, ya que los empleados empiezan a desarrollar seguidores por su cuenta. Ellos pueden atraer seguidores porque son expertos en un producto o tema particular, o porque crean un grupo de seguidores leales que acuden regularmente a la tienda física local. Al hacer posible una relación con un empleado en la misma tienda, Best Buy está cambiando su manera de conducir la empresa en el futuro.

Procter & Gamble: estructurar la apertura

Al comienzo del año 2000, Procter & Gamble (P&G) estaba tambaleando. Había emitido dos alertas sobre riesgos de beneficios, el crecimiento del ingreso había bajado hasta el 3-4% anual, y siete de sus diez marcas más importantes estaban perdiendo participación en el mercado. En

---

7. Del blog de Barry Judge, "Twelpforce-Blurring the Lines Between Customer Service and Marketing", al que se puede acceder en: http://barryjudge.com/twelpforce-blurring-the-lines-between-customer-service-and-marketing.

junio de 2000, la junta directiva tomó una medida sin precedentes en su historia: despidió al presidente y consejero
delegado, y lo reemplazó con A.G. Lafley (que se jubiló en
2010).

Lafley, que empezó su carrera en P&G después de
obtener una maestría en administración de empresas
en Harvard, fue introduciendo cada vez menos nuevos
productos exitosos, con mayor espacio de tiempo entre
ellos, e invirtió cada vez más en investigación y desarrollo.
La máquina de innovación estaba detenida pero, como
Lafley escribió en su libro *The Game Changer* (cuyo coautor
es Ram Charan): "Sabíamos que la innovación sería la clave para triunfar en el mediano y largo plazo... Teniendo
esto en cuenta, consideramos la necesidad de introducir
impulsores o facilitadores de una estrategia de innovación; los impulsores crearían una operación orientada a
la innovación y desarrollarían una cultura de la innovación; los impulsores atraerían a más consumidores y me-
jorarían sus vidas"[8].

Para reparar la máquina de la innovación de P&G,
Lafley puso al consumidor en el centro de todo lo que
hacía la compañía; abrió la empresa a las ideas de afuera
y empezó a pensar en nuevas maneras de innovar lo que
siempre se había hecho. Lafley reconoció que era asombroso que la compañía adoptara nuevas ideas y las intro-
dujera en el mercado, pero que el motor dentro de P&G
no podía detenerse. Jeff Weedman, el vicepresidente de
desarrollo global de la empresa y la persona responsable
de introducir la innovación en P&G, lo expresó de esta

---

8. A.G. Lafley y Ram Charan, *The Game-Changer: How You Can Drive Revenue
   and Profit Growth with Innovation*, Crown Business, 2008.

manera: "Nosotros tenemos 9.000 buenos científicos en la compañía, pero estimamos que hay aproximadamente dos millones fuera de P&G, que están haciendo un trabajo que es pertinente para la compañía, y muchos de ellos se encuentran en países que nosotros no hemos considerado, como China o Rusia". Si la compañía pudiera conectarse con todas las fuentes de innovación disponibles –y llegar a ser básicamente agnóstica en cuanto al origen de la idea–, entonces podría desarrollar las creaciones de los científicos a través de la fabricación, el *packaging*, el diseño del producto, la marca, el marketing y la distribución, un área en la cual P&G es realmente eficaz.

De esta manera, nació el programa "Connect + Develop" [Conectar + Desarrollar], que incluye un portal en pgconnectdevelop.com. Abrirse al exterior por primera vez en sus 173 años de historia fue un reto y un cambio cultural significativo porque P&G tenía una arraigada filosofía de "promover desde adentro". El personal ingresaba en P&G poco después de graduarse en la universidad y se quedaba en la compañía hasta la jubilación. Las nuevas ideas *siempre* habían surgido del personal interno, y usar una idea externa podía ser considerado como un signo de fracaso. El reto de la compañía era pasar de su desdén por los productos "no inventados aquí" –una persistente creencia en que ninguna idea externa podría ser suficientemente buena– a una mentalidad que aceptaba lo "orgullosamente encontrado en otra parte", mientras introducía la infraestructura y los incentivos apropiados. Lafley hizo una virtud de encontrar y adaptar la innovación externa, y estableció un objetivo estratégico oficial para proveerse externamente de la mitad de todas las innovaciones durante la década siguiente. Pero, además, Lafley y otros ejecutivos cumplieron el papel de modelos de las nuevas actitudes y, constantemente, formulaban preguntas como: "¿Usted busca afuera las nuevas ideas? ¿Ha pensado en las asociaciones?". También empezaron a usar la capacidad de ser abierto al exterior como un criterio para el ascenso del personal, y explicaron que el camino hacia el progreso y el éxito en la compañía era exhibir estas nuevas conductas abiertas.

Desde el principio, Lafley trató de dar personalmente un ejemplo de esta conducta. Se presentó en un evento de ex empleados de P&G en Chicago y empezó a comprometerlos en la generación de ideas. Nathan Estruth, vicepresidente y gerente general de Future Works en P&G, recordó que "nunca nos habíamos comprometido abiertamente con lo que es uno de nuestros principales activos, la red de personas que aman de verdad a esta compañía y harían todo lo posible para ayudarnos porque la firma todavía está en sus corazones. Transformamos lo que podría haber sido una debilidad llamada aislamiento en una fortaleza". Esta fue la primera incursión de Lafley en las asociaciones externas y, al empezar con un grupo conocido, pequeño y seguro, fue capaz de facilitar la transición de muchos empleados temerosos.

En el sitio web de Connect + Develop, hay oportunidades para que las personas presenten ideas (en 2009, fueron presentadas casi 4.000). También hay una "lista de necesidades" de innovaciones que P&G está considerando (como "belleza facial todo el día sin brillo"). ¡Esto parece una manera segura de que los competidores imaginen qué es lo que P&G está tratando de hacer! Chris Thoen, director de la oficina de innovación global, reconoce que esto parece fuera de toda lógica, pero explicó: "Es como una calle de doble dirección. Si no decíamos lo que estábamos buscando, las personas no iban a acudir a nosotros con soluciones potenciales. Por lo tanto, teníamos que sentirnos cómodos mostrando nuestras necesidades, sin revelar todos nuestros secretos y tesoros; solo suministrar suficiente información a las partes potencialmente interesadas para que puedan acudir a nosotros y darnos soluciones".

Lafley también tomó una sabia medida al alentar que las innovaciones internas de P&G se pudieran transferir mediante licencias a otras compañías e, incluso, a los competidores. John Weedman encabezó este equipo; él estableció reglas que protegían de forma interna las ideas durante un breve período, pero las hizo automáticamente transferibles después de algunos años, como una manera de recaudar dinero por las innovaciones de esas divisiones. El mejor ejemplo de cómo puede funcionar un acuerdo de concesión de licencias en beneficio de los investigadores es el convenio de P&G con Clorox, un competidor directo, que obtuvo la licencia de la tecnología de P&G para fabricar las máquinas GLAD de embalaje al vacío. P&G no solo concedió la licencia de la tecnología, sino que también adquirió un 20% de participación en el negocio global de GLAD. Esa tecnología era obviamente valiosa, pero no se utilizaba a menudo en P&G. La división que desarrolló la tecnología cobraba los derechos de la licencia, que luego se pudieron utilizar para llevar a cabo más investigación y desarrollo.

Hasta la fecha, hay unos mil acuerdos de concesión de licencias; aproximadamente el 40% de la tecnología de P&G se transfiere a otras empresas mediante licencias y el 60% se utiliza dentro de la compañía. Los acuerdos con otras compañías generan más de 500 millones de dólares en ventas anuales para P&G, y 3.000 millones de dólares en las ventas de otras compañías provienen de los activos y la propiedad intelectual de P&G[9]. Por otra parte, más de la mitad de los productos de P&G tienen un componente que proviene de una fuente externa, cuando en 2001 lo tenían menos del 10%.

Pero Weedman, por ejemplo, cree que todavía hay una gran cantidad de espacio para el mejoramiento. Al respecto, dijo: "Si usted visitaba nuestro sitio web hace algunos años, estaba totalmente escrito en inglés, y es una falta de previsión pensar que para ser innovador usted tiene que comunicarse en inglés. Ahora P&G ha añadido versiones del sitio 'Connect + Develop' en chino y japonés, y pronto piensa tenerlo disponible en más idiomas".

A.G. Lafley y su equipo demostraron ejercer un liderazgo audaz y clarividente en la apertura de P&G, y lo hicieron a través de la comprensión y utilización de una cultura sólida e idónea que ya existía en la compañía. Pero en lugar de ver esa cultura como algo aislado y estrecho de miras, aprovecharon lo mejor de ella –las comunicaciones constantes, la coherencia global y los valores compartidos– y la complementaron con tecnologías y oportunidades externas. Si usted tiene una sólida cultura, necesita pensar en maneras de redirigir y emplear las mejores partes de ella para su objetivo de transformación, en lugar de intentar someterla a una serie de nuevas normas y valores.

---

9. De una presentación de Jeff Weedman, el 3 de abril de 2009, disponible en: http://cusli.org/conferences/anual/anual_2009/presentations/Weedman%20Canada.pdf.

Dell: una cultura regida por el modelo directo

Ahora consideremos a Dell Computer, una compañía que he mencionado varias veces a lo largo de este libro. En muchos aspectos, Dell es ahora una empresa modelo por ser abierta y usar las tecnologías sociales. Pero no siempre fue así. De hecho, durante un tiempo, en el verano de 2005, ocurrió exactamente lo opuesto: era cuestionada por no "conseguir" esa transparencia y ese compromiso que eran importantes. Volvamos a la situación de ese verano, que condujo a lo que se conoce como "Dell Hell" ("Infierno de Dell").

La crisis estalló cuando el popular bloguero y profesor de periodismo Jeff Jarvis intentó conseguir que Dell reparara su nuevo ordenador portátil. Jarvis había pagado una suma adicional para recibir el servicio en su emplazamiento, pero Dell le hizo enviar de vuelta el ordenador para su reparación. Cuando Dell lo devolvió todavía no funcionaba correctamente. Jarvis presentó sus quejas a la compañía a través de todos los medios que pudo encontrar, virtuales y físicos. Escribió blogs en cada etapa del proceso, e hizo una crónica de su descenso al "Infierno de Dell"[10]. Sus blogs suscitaron una serie de comentarios de otros clientes insatisfechos. A los pocos días, los principales medios de comunicación habían recogido la historia, convirtiendo el descontento en una crisis profunda. Un bloguero escribió que sabía muy bien que Dell supervisaba los blogs y los foros, pero tenía una política de "mirar, no contactar". Aun cuando los empleados de la empresa conocían las quejas, nunca se unieron a las conversaciones en línea y tampoco se pusieron en contacto con los afectados.

---

10. El primer artículo de Jarvis, "Dell Lies. Dell Sucks", se encuentra en: http://www.buzzmachine.com/archives/2005_06_21.html#009911.

Le pregunté a Manish Mehta, vicepresidente de medios sociales y comunidad en Dell, qué había ocurrido ese verano y por qué la firma no estaba dispuesta a comprometerse. Mehta explicó que Dell siempre había creído en el modelo directo: "Si usted tenía un problema con la compañía, debía ponerse en contacto con ella a través de una línea de teléfono gratuita establecida para esos fines. Por lo tanto, suponíamos erróneamente que los canales de comunicación existentes permitían conversar directamente con los clientes y que estaban en condiciones de manejar los problemas como el que surgió con Dell Hell. No reconocimos que este camino era verdaderamente un medio único".

Este fue el momento de la revelación para Dell; la comprensión de que la manera tradicional de hacer negocios de la compañía tenía que cambiar. En febrero de 2006, Lionel Menchaca, un profesional de relaciones públicas con muchos años de experiencia en la firma, empezó a responder a los blogueros que estaban escribiendo acerca de los problemas con sus máquinas Dell. A Menchaca lo ayudaba un equipo de expertos en servicio técnico y al cliente, capaz de abordar cualquier problema. Dell no solo estaba comprometiendo al personal en los medios sociales, también estaba introduciendo sus operaciones comerciales en este nuevo canal.

Después de cuatro meses de escuchar con atención y resolver los problemas, Dell estaba preparada para dar otro paso en el compromiso con los medios sociales. Menchaca, que llegó a ser el principal bloguero de la compañía, recordó: "Cuando vi los comentarios en línea fue muy evidente para mí cuáles eran los problemas fundamentales que debíamos abordar. Y lo más importante, supe que podía escribir blogs sobre los temas acerca de los cuales los clientes necesitaban conversar, aun cuando fueran negativos, porque teníamos el apoyo de Michael".

Michael es, desde luego, Michael Dell, el fundador de la compañía. Si bien él no era consejero delegado en esa época, estaba observando atentamente la situación y ofrecía un apoyo continuo a los nacientes esfuerzos de apertura. Ese apoyo fue necesario desde el principio. Los primeros blogs que aparecieron en julio de 2006 estaban muy centrados en el producto, donde los gerentes hablaban acerca de productos como el sistema XPS 700. El problema fue que, solo una semana antes, un ordenador portátil Dell se había prendido fuego espontáneamente durante una conferencia en Osaka, Japón[11]. Por consiguiente, los visitantes del blog no querían hablar del XPS 700; ¡necesitaban saber qué había pasado con la explosión de los ordenadores portátiles Dell!

Muchas personas criticaron a la empresa por sus primeros esfuerzos en los medios sociales, usándolos como una evidencia más de que la compañía simplemente no comprendía cómo ser abierta, auténtica y transparente. Menchaca se tomó a pecho las críticas y de inmediato empezó a hacer cambios. Pero el momento decisivo llegó con la publicacion en su blog, el 13 de julio de 2006, del mensaje titulado simplemente "Notebook en llamas"[12]. En un breve comunicado de cien palabras, Menchaca establecía el tono para un nuevo tipo de relación, una relación centrada en el diálogo y la información compartida. Resultó que las baterías de iones de litio usadas en las máquinas Dell –así como en la

---

11. Engadget tiene un artículo titulado "Dude, Your Dell Is on Fire" que describe el incidente; está disponible en: http://www.engadget.com/2006/06/22/dude-your-dell-is-on-fire.

12. El mensaje de Menchaca, "Flaming Notebook", está disponible en: http://en.community.dell.com/blogs/direct2dell/archive/2006/07/13/431.aspx.

mayoría de las otras notebooks fabricadas por diversas empresas– debían ser eliminadas. Menchaca usó el blog para dar actualizaciones acerca de la batería eliminada, responder a las preguntas en los comentarios y compartir proactivamente la información con los clientes.

Para asombro de muchos observadores de la industria, Dell se mantuvo al margen. Pero para Menchaca y el resto del equipo fue como si estuvieran volviendo al hogar. Era natural que la compañía apelara a su valor fundamental de ser "directa", a fin de promover el objetivo de una mayor apertura, y creo que esta fue una de las razones por las que Dell ha sido tan exitosa con la apertura: estaba en su ADN.

En enero de 2007, Michael Dell volvió a ocupar el puesto de consejero delegado y enseguida reorientó a la organización hacia el compromiso directo con los clientes. Un ejemplo de la redefinición de las relaciones de la compañía fue el impulso personal que Michael Dell le dio a IdeaStorm –el sitio web del que me ocupé en el Capítulo 2–, donde las personas podían votar y hacer comentarios sobre las ideas que Dell podría adoptar. Richard Binhammer, gerente superior en Dell, recordó cómo empezó IdeaStorm: "No estábamos seguros de qué dirección iba a tomar, y eso me preocupaba. ¿Qué pasaría si alguien tuviera una gran idea? ¿Cómo íbamos a ser capaces de cerrar el círculo? ¿Cómo íbamos a manejar todos los tipos de ideas que estábamos recibiendo? Pero Michael Dell ignoró estas inquietudes y dijo: 'No me importa. Si fracasa, aprenderemos y lo intentaremos de nuevo'. Él, para aprender rápidamente, estaba dispuesto a apoyar a los empleados que ansiaban probar o experimentar. Esto ha sido fantástico". Creo que este tipo de apoyo y compromiso del liderazgo superior prepara el escenario para la incursión inicial de la compañía en la apertura, y además la sostiene mientras se redoblan los esfuerzos.

En octubre de 2007, la compañía había progresado tanto que, cuando Jeff Jarvis fue invitado a visitar las oficinas centrales de Dell, no solo aceptó de inmediato la invitación, sino que también escribió en su blog una descripción de la visita: "... Es una gran cosa que una compañía que ha sido vilipendiada como la peor en los blogs, los medios sociales y las relaciones con el cliente ahora sea, se podría aducir, la mejor en todo eso. Los ejecutivos de la compañía no lo reconocerían, pero yo me pregunto si caer tan bajo fue justo lo que necesitaban para volverse tan audaces en la blogosfera"[13]. Aunque yo no iría tan lejos como para decir que uno debería experimentar una gran caída para ser capaz de iniciar sus esfuerzos en los medios sociales, creo que eso ayudó a Dell a concentrarse en el problema fundamental: que no había comprendido el hecho de que las relaciones habían cambiado.

Si bien tener un líder como Michael Dell es una enorme ventaja cuando se emprende una transformación, el equipo de la compañía también procuró que los sistemas y las estructuras sirvieran para sostener y difundir la apertura y el compromiso en toda la organización. Manish Mehta lo describe como la inhalación y exhalación de la organización: "Al principio, muchos de nuestros esfuerzos, tanto en la gestión y la estrategia como en las operaciones y los recursos, eran dirigidos desde el centro. Luego 'exhalábamos' parte del conocimiento a las divisiones empresariales, donde

---

13. La visita de Jeff Jarvis a Dell, titulada "Dell Hell: The End?", está disponible en: http://www.buzzmachine.com/2007/10/18/dell-hell-the-end.

empezaban a experimentar y ensayar. Finalmente, lo 'inhalábamos' otra vez cuando los experimentos empezaban a fracasar".

Un ejemplo es el consejo de gestión de la comunidad y los medios sociales, presidido por Mehta, que consiste en representantes de cada división empresarial que se reúnen semanalmente. El consejo maneja la estrategia de los medios sociales para toda la compañía, pero cada división tiene a su vez su propio consejo que implementa la estrategia para esa unidad. Menchaca reflexionó sobre dónde se encuentra hoy la compañía en su proceso de transformación: "Estamos asimilando lo que hemos aprendido durante los últimos años en el 'invernadero central' y ahora hemos vuelto a plantar esas semillas en toda la organización. Estamos escalando los medios sociales al hacerlos parte de la tarea de todo el personal".

Al principio, la transformación en Dell fue un proceso discordante, pero mejoró a través del tiempo gracias a la capacidad del liderazgo para promover el valor fundamental de conectarse de manera directa con los clientes. Pero también creo que el compromiso de la compañía con la estructuración de la apertura –mientras se mantenía abierta a los cambios rápidos y las iteraciones– fue una clave para avanzar tan agresivamente. Cabe destacar que, si bien Dell ha logrado mucho, también hay una gran humildad en la organización, y el reconocimiento de que ellos todavía tienen mucho que aprender. Después de pasar algún tiempo con Lionel Menchaca y sus colegas, o de leer sus blogs y mensajes en Twitter, usted comprende que Dell ha sido exitosa en su transformación porque estos líderes abiertos han establecido una compañía que aprende y está dispuesta a continuar el proceso de cambio.

Departamento de Estado (EE.UU.): transformación de la diplomacia

Nuestro último ejemplo es un estudio en progreso, donde la transformación está dirigida a cambiar la relación general entre la organización y sus contribuyentes. El Departamento de Estado de los Estados Unidos está usando la apertura para cumplir su misión de Diplomacia Pública: mejorar las relaciones diplomáticas con el resto del mundo. Cuando la secretaria Hillary Clinton se hizo cargo de sus funciones, ella tenía el apoyo del presidente Barack Obama para hacer al gobierno más transparente, colaborador y participativo. Lovisa Williams, subdirectora de la Oficina de Compromiso Innovador en el Programa de Información Internacional del Departamento, recordó: "Cuando la secretaria ingresó en el Departamento, desde el primer día dijo que los medios sociales eran importantes, y que ella estaba dispuesta a promoverlos en nuestro nombre".

Aunque Williams afrontó una difícil batalla, ya que la burocracia del gobierno pocas veces emprende la reorganización o reingeniería de sus procesos. A esto sume los protocolos de seguridad del Departamento, los problemas de privacidad y un entorno internacional que no siempre es receptivo a la interacción con los Estados Unidos, y usted tendrá una mentalidad que impide la experimentación y la aceptación del riesgo. Williams recordó que en los primeros días intentó encontrar apoyo en el Departamento: "Me presentaba en las oficinas y decía: '¡Por favor, prueben mi medio social Kool-Aid, y les gustará!'. E inevitablemente me daban con la puerta en las narices, casi todos los días. Las personas que me rodeaban decían: 'No, no estoy interesado, ¡esto es absurdo!'". Pero ella insistió y fue capaz de encontrar a algunas personas, en diferentes áreas, que estaban dispuestas a probar algo nuevo.

En particular, obtuvo un firme apoyo en el cuerpo diplomático acreditado en el extranjero, los funcionarios del Servicio Diplomático y Asuntos Públicos y los de Recursos de Información. Estas personas estaban tratando de llegar a la gente común a la que nunca habían tenido acceso, para extender las relaciones existentes más allá del compromiso frente a frente, hacia el desarrollo de comunidades en torno a temas e intereses comunes. El reto para ellas era: ¿cómo llegar a más personas con menos recursos? Pero, además, ¿cómo obtener una respuesta de las personas, para demostrar no solo transparencia, sino también una influencia real?

El equipo de Williams fue capaz de desarrollar una Guía de los Medios Sociales para las páginas en Facebook, que facilitaba a las embajadas crear sus propios perfiles y cumplir con todas las políticas y requisitos legales[14]. Una de las páginas más activas es la de la Embajada de los Estados Unidos en Yakarta, Indonesia, que está escrita en el idioma local y tiene casi veinte mil seguidores[15]. La guía publicada por Williams detalla los pros y los contras de comprometerse con las personas, y está escrita en el lenguaje y la sensibilidad cultural apropiadas para sus situaciones y ubicación geográfica. La seguridad de la información es una cuestión irrelevante una vez que llega a ser claro que el personal solamente está publicando información destinada al conocimiento público. Además, el coste de desarrollar y mantener esta información es marginal.

El principal riesgo que afrontaba la organización era la pérdida de prestigio. Williams explicó: "A veces, las re-

---

14. El muro en Facebook del Departamento de Estado de EE.UU. se encuentra en: facebook.com/usdos, con enlaces a más de cuarenta embajadas y temas.

15. La página en Facebook de la Embajada de los Estados Unidos en Yakarta se puede encontrar en: http://www.facebook.com/jakarta.usembassy.

laciones internacionales cambian muy rápidamente, de modo que siempre tenemos que reflexionar acerca de las situaciones. Lo positivo es que todos en el Departamento, desde la secretaria de Estado hasta los conserjes, están formados para ser diplomáticos. Se espera que usted tenga una cierta presencia, y que sea muy diplomático acerca de todo lo que hace. Esto es parte de nuestra 'cultura organizacional', y es especialmente válido para los funcionarios de Asuntos Públicos, que están muy acostumbrados a trabajar con el público y tener poco o ningún control sobre un evento. Un ejemplo sería una conferencia de prensa en la plaza mayor de un pueblo local. Nosotros no podemos controlar quiénes asisten, ni su reacción, o qué dirán. Lo mismo se aplica a las relaciones en línea". El hecho de extender la cultura diplomática al espacio digital ayudó a muchos empleados a superar su temor de ser abiertos, ya que fueron capaces de relacionarse en un medio con el que ya estaban familiarizados.

Sin embargo, lo que más me impactó dentro del Departamento de Estado fue que empezó a usar las tecnologías sociales como una nueva manera de conectarse con la gente. Cuando el presidente Barack Obama visitó Ghana como el primer presidente norteamericano de color, el Departamento condujo un programa en el que invitaba a los africanos a usar sus teléfonos móviles para enviar mensajes con preguntas al presidente Obama, a las que este respondió en un programa de radio[16]. Esas respuestas se grabaron en formato de vídeo y audio, y se distribuyeron a través de las emisoras radiales de toda Ghana y los

---

16. Los detalles sobre las "Conversaciones globales" de Obama se pueden ver en: http://www.america.gov/st/africa-english/2009/july/200907081 45523SztiwomoD0.258053.html.

países vecinos[17]. También se creó un mapa que incluía las localidades de los mensajes enviados, para mostrar la diversidad geográfica de las miles de preguntas formuladas.

Comparado con algunos de los otros ejemplos dados en el libro y en este capítulo, el Departamento de Estado puede parecer como si solo estuviera empezando el proceso de apertura. Pero lo más interesante es que, en realidad, ha ido mucho más lejos en su objetivo de ser abierto y usar las tecnologías sociales. Aun cuando su personal sea parte de un organismo del gobierno, afronta muchas restricciones y corre más riesgos con el compromiso internacional. Esto es así porque los miembros del Departamento, especialmente los que ocupan puestos en el extranjero, ya tienen una enorme libertad para actuar de manera independiente y de acuerdo con las circunstancias que afrontan en el lugar. Con las directrices y la formación adecuadas, ellos son capaces de desarrollar las relaciones que consideran más apropiadas para lograr sus objetivos diplomáticos. Pero lo más importante es que ellos están cambiando las relaciones con la población local, al crear mayor confianza y transparencia a través del desarrollo de comunidades de larga duración.

El tema en común de todos estos ejemplos es que se están formando relaciones fundamentalmente nuevas, a menudo con la ayuda y el apoyo de las tecnologías sociales, pero siempre con la intención de ser más abiertos. Este tipo de relaciones fiables forman las bases de la cultura y la transformación, y, sin ellas, todos sus esfuerzos de lograr metas audaces serán en vano.

---

17. Se puede ver una transcripción de las respuestas de Obama en: http://www.america.gov/st/texttrans-english/2009/July/20090713000019ptell ivremos0.3191645.html.

PLAN DE ACCIÓN: EMPEZAR LA TRASFORMACIÓN

Se han escrito muchos libros sobre cómo manejar el cambio organizacional y cultural, y yo me uno a ese coro al ofrecer un consejo sobre cómo empezar una transformación[18]. De los casos aquí discutidos, he extraído las siguientes recomendaciones:

- *Cree un sentido de la urgencia con la información compartida.* Desde el Banco del Estado de la India (SBI) hasta el Departamento de Estado de EE.UU., un tema común ha sido comunicar la *necesidad* de cambio. La oportunidad que ofrecen las tecnologías digitales es que usted puede compartir los datos y la información necesarios para plantear su argumento de un modo no solo vívido sino también personal. En lugar de oír la necesidad de urgencia desde la cúpula de la compañía, usted también puede oírla de sus colegas y pares, y unirse a la discusión. Por lo tanto, cuando empiece a plantear su argumento para la transformación, procure amplificar el impacto de su mensaje con las voces de otros en la empresa.

- *Identifique los valores que le guiarán a través del cambio.* En su esencia, las transformaciones más exitosas fueron aquellas que tenían visiones y misiones basadas en los valores fundamentales existentes. Cada organización tiene un conjunto de valores fundamentales, aun cuando no sean explícitos, que usted como líder será capaz de utilizar. Decida cuáles formarán la base de la nueva cultura y, mediante el uso de las tecnologías sociales, demuestre abiertamente su compromiso y conexión con esos valores. Por todos los medios, pida a las personas que se unan a usted en la difusión de esos valores fundamentales.

- *Lidere con el ejemplo.* Desde Chambers hasta Lafley y desde Best Buy hasta el Departamento de Estado, los propios líderes ejemplifican la apertura. Para tener credibilidad en la nueva cultura, los líderes deben demostrar las actitudes y conductas que serán positivamente recibidas y premiadas. Si a usted le resulta difícil ser abierto y compartir, para el resto de la organización será casi imposible asumir esa responsabilidad.

---

18. Uno de mis libros favoritos en el género de la gestión del cambio es *Leading Change* de John P. Kotter, Harvard Business Press, 1996.

- *Aliente y premie la exposición al riesgo.* Las transformaciones requieren hacer las cosas de un modo diferente. Un nuevo modo incómodo y desconocido. Es importante alentar la experimentación y, más importante, premiar los riesgos que se asumen pero terminan en fracaso; de lo contrario, nadie estará dispuesto a arriesgarse y hacer la transición.

- *Empiece por dar pequeños pasos.* Estos son más fáciles que los saltos; los pequeños riesgos y fracasos se superan con mayor rapidez que los grandes. Por lo tanto, desarrolle confianza en la transformación y la nueva cultura con pequeñas medidas que acelerarán la transición.

- *Institucionalice los sistemas y las estructuras.* Las transformaciones requieren tiempo y se experimentan de diferente manera a medida que cambia el estilo de gestión. Los procesos, los procedimientos y las directrices ayudan a institucionalizar el cambio para que llegue a ser no solo más fácil, sino también cotidiano.

- *Sea paciente.* Esto es algo contrario a la primera acción de crear urgencia. La realidad es que, si bien usted necesita crear urgencia para estimular la acción, también necesita paciencia para guiar el cambio a través de sus primeras etapas dolorosamente lentas.

Le deseo lo mejor para cuando usted emprenda su proceso de transformación. Seguramente, cometerá muchos errores; estos son indicadores de que está trabajando hacia un cambio real. A veces, se sentirá solo en este proceso. Cuando eso ocurra, sepa que, en realidad, nunca está solo, porque hay muchas otras personas que han pasado por la misma transición. Averigüe y consulte con sus colegas quiénes han seguido este camino. Converse con los clientes y empleados que desean que usted logre su objetivo. La ventaja de aplicar una estrategia abierta es que usted lo hará en una organización donde las personas le desean lo mejor, lo apoyarán en el proceso y serán las beneficiarias de su éxito.

AGRADECIMIENTOS

Cada libro es un esfuerzo de colaboración, y ninguno más que un ensayo sobre la apertura. Por lo tanto, si bien mi nombre es el único que aparece en este trabajo, hay muchas otras personas a quienes debo reconocer su contribución. Ante todo, agradezco a mi esposo, Côme Laguë, quien me dio el aliento para escribir el libro y cuidó de mí y de nuestra familia durante las incontables noches, fines de semana y vacaciones familiares que pasé investigando y escribiendo. A nuestros hijos, gracias por su paciencia y sus abrazos estimulantes, ¡fueron muy apreciados!

Wally Wood, mi asesor literario e investigador, actuó como la caja de resonancia para mis excéntricas ideas y me proporcionó la calma y cordura necesarias frente a los apremiantes plazos. Nuestras reuniones periódicas fueron un alivio bienvenido para el aislamiento de escribir. Larry Weber me presentó a Wally y siempre ha sido un excelente amigo y consejero. Mary Maki transcribió cada entrevista que hice para el libro, y reflejó en estas páginas las ideas y opiniones de los líderes abiertos.

Mis socios en Altimeter Group –Deb Schultz, Jeremiah Owyang y Ray Wang– proporcionaron ideas, contactos, revisiones, y, lo más importante, su amistad y apoyo. Cada día, me ayudaron a aprender cómo ser una mejor líder abierta.

Su aparentemente interminable fuente de información y otros "alimentos para el cerebro" también me ayudaron considerablemente. Denise Aday, mi secretaria virtual, no solo me mantuvo informada y organizada durante todo el proceso, sino que también me proporcionó la tranquilidad de que todo sería correcto.

Agradezco especialmente a Susan William por haber creído en el libro y a Mark Karmendy, Kristi Hein y el resto del extraordinario equipo de Jossey-Bass, que no solo se ajustaron a un programa de edición imposible, sino que lo hicieron con una asombrosa buena voluntad. También estoy en deuda con Byron Schneider por editar el original y sostener mi mano (y ego) durante todo el proceso: sus sugerencias acertadas y su atención al detalle hicieron este libro mucho mejor.

Mi agente literario, Kevin Small, me proporcionó la orientación que hizo posible la publicación de este libro. Desde nuestras conversaciones iniciales para trabajar con los editores, ha estado a mi lado ofreciéndome su sabio consejo. Junto a Carolyn Monaco y el resto del equipo de ResultSource, Kevin también manejó la publicidad y el marketing del libro en coordinación con Jossey-Bass.

Todas las personas que fueron entrevistadas y mencionadas en este libro no solo me dedicaron generosamente su tiempo, sino también sus consejos y juicios acertados. Les agradezco por haber sido abiertos acerca de sus experiencias y, especialmente, sobre sus fracasos.

Hubo muchas otras personas que me ayudaron a lo largo del proceso, desde los comentarios casuales hasta las conversaciones puntuales. Debo expresar mi gratitud a Steve Farber y Stephen Caldwell por sugerir ideas sobre los conceptos originales del libro, y a Mel Blake y Chris Meyer (Monitor), Allen Morgan (Mayfield Fund), Giovanni Rodriguez (The Conversation Group), y Larry Weber (Racepoint Group) por leer la propuesta. Susan

Etlinger (Horn Group) y muchos otros me dieron su opinión sobre el libro digital que publiqué en mi blog, al principio del proceso. Y Caroline Ogawa contribuyó sustancialmente en la investigación original sobre las políticas de los medios sociales.

Mis amigos y colegas autores –Guy Kawasaki, Chris Anderson, Adam Metz, Tara Hunt, Shel Israel, Beth Kanter, Brian Solis, Peter Simms, y especialmente mi coautor de *Groundswell*, Josh Bernoff– me dieron consejos y aliento a lo largo del proceso. Por haber experimentado los placeres y desafíos de haber escrito un libro, ellos sabían exactamente qué decir para brindarme apoyo en los momentos apropiados.

Ben Elowitz y Kevin Flaherty de Wetpaint fueron mis socios en la investigación sobre el informe Engagementdb. Sin su iniciativa y discernimiento, ese revolucionario informe nunca habría salido a la luz. Rick Murray (Edelman), Jack Holt (Ministerio de Defensa), Ravishankar Gundlapalli (Turningpoint), Tracy Sjogreen (Jive Software), Diane Hessan (Communispace) y el equipo de Sanjay Dohlakia en Lithium Technologies tuvieron la gentileza de presentarme a muchas personas y compañías importantes a las que entrevisté para este libro. Estoy agradecida con Scott Cook (Intuit), Soumitra Dutta (INSEAD), Jeff Gaus (Prolifiq) y Sangeeth Varghese (Leadcap) por haber hecho las primeras contribuciones a mi idea de las organizaciones abiertas.

Por último, no puedo dejar de expresar mi gratitud a las numerosas personas que se comunicaron conmigo a través de mi blog o de mi cuenta en Twitter, así como personalmente en eventos y conferencias. Sus preguntas e inquietudes resuenan en mi mente, y fueron el parámetro constante frente al cual he medido la calidad del trabajo.

Charlene Li, San Mateo, California

NOTA SOBRE LA AUTORA

Charlene Li es una de las principales pensadoras independientes en el mundo empresarial actual, especializada en el uso estratégico de las tecnologías emergentes.

Su pericia abarca las áreas más críticas que generan éxito sostenible: liderazgo, estrategia, innovación, medios interactivos y marketing. Como líder del pensamiento, Charlene es citada frecuentemente en estas especialidades por diversos medios de comunicación como *The Wall Street Journal*, *The New York Times*, *USA Today*, Reuters y Associated Press. Ha aparecido en los programas de noticias 60 Minutes, de PBS NewsHour, ABC News, CNN y CNBC. Destacada tecnóloga social, Charlene ha atraído a una gran cantidad de seguidores a través de Twitter, su sitio web, sus blogs, sus artículos y disertaciones.

Charlene Li ha sido ampliamente reconocida por la comunidad empresarial como una fuerza impulsora de la innovación. Fue calificada como una de las "Mujeres más influyentes en la tecnología", en 2009, y una de las "12 mentes más creativas", en 2008, por la revista *Fast Company*; también fue señalada como una de las "Primeras 40 mujeres para prestarles atención", en 2008, por Ad Age; y como una de las "50 personas más influyentes en Silicon Valley", en 2008, por NowPublic. Ese mismo año, fue designada "Visionaria del año" (junto a Josh Bernoff) por la Society for New Communications.

Es coautora de *Groundwell: Winning in a World Transformed by Social Technologies*, citado por Amazon y la revista *Strategy+Business* como uno de los mejores libros de empresa en 2008. Una obra de gran influencia en la evolución de las ideas, *Groundwell* fue calificada como uno de los "Mejores libros de innovación y diseño de 2008" por la revista *Business Week*, que también lo consideró un bestseller. En 2009, la obra fue galardonada con el prestigioso Premio Berry-AMA para el mejor libro de marketing.

Charlene Li es fundadora del Altimeter Group (altimetergroup.com), una firma consultora de estrategia con un enfoque pragmático sobre el uso de las tecnologías emergentes para la ventaja competitiva. Sus clientes de las 1.000 compañías *Fortune* pertenecen a una amplia gama de industrias que incluye el comercio minorista, los servicios financieros, las agencias de viajes, la tecnología y los bienes envasados para el consumidor.

Con anterioridad, fue vicepresidenta y analista principal de Forrester Research, donde ingresó en 1999, después de haber pasado cinco años en los periódicos y las ediciones en línea de *San Jose Mercury News* y *Community Newspaper Company*. También fue consultora del Monitor Group en Boston y Amsterdam. Charlene Li es graduada de la Harvard Business School, así como del Harvard College.

Para seguir a la autora y recibir una serie de recursos gratuitos que le ayudarán a iniciar la transformación de su empresa, visite open-leadership.com.

ÍNDICE DE NOMBRES

A

Abreu, Maryellen, 115
Abuelita Annie, 133-134
Allen, Chuck, 135
Anderson, Brad, 355
Azar, Michele, 266, 286-287, 353-356

B

Beckstrom, Rod A., 286
Bennis, Warren, 270
Bernier, John, 356
Bhatt, Om, 343-348
Binhammer, Richard, 366
Brafman, Ori, 286

C

Carroll, Dave, 29-31
Case, John, 56
Cervone, Tony, 31
Chambers, John, 23, 86-88, 252-253,
    266, 281-285, 299, 308, 349-352
Charan, Ram, 284
Chronister, Susan, 322
Churchill, Winston, 306
Clinton, Hilary, 369
Collins, Jim, 144, 247

Conde, Cristóbal, 251
Cornell, James, 244

D

Deal, T. E., 339
Decker, Sam, 188-189
Delgado, Luis, 53-54
Dell, Michael, 226, 245-246, 365, 367
DiBona, Chris, 309-310
Drotter, Stephen, 284
Drucker, Peter, 44
Dunn, Brian, 243-244, 353

E

Eliason, Frank, 65, 133, 150-151, 208
Elop, Stephen, 294, 331-332
Emerson, Ralph Waldo, 340
Estruth, Nathan, 360

G

Goler, Lori, 59-60, 288, 314
Gore, W. L., 81-82
Green, Harriet, 276-277
Greenleaf, Robert, 44
Grove, Andy, 5
Gurowitz, Margaret, 196

H

Halper, Robert, 197
Hamel, Gary, 82
Harman, Wendy, 13-16, 223, 255-256, 266
Hayes, John, 127
Hayzlett, Jeffrey, 248, 315-316
Heath, Ralph, 335
Hedrington, Ben, 356
Heiferman, Scott, 82-83
Herbert, Dave, 71-72
Herbert, Joe, 71-72
Himelstein, Bruce, 114
Hirshberg, Peter, 354
Holland, Dave, 212-213
Hsieh, Tony, 291-292
Huntington, Samuel, 42

J

Jarvis, Jeff, 362, 367
Judge, Barry, 249-250, 266, 274, 329-331, 355-356

K

Kaipa, Dr. Prasa, 348
Kennedy, A. A., 339
Koelling, Gary, 353
Kouzes, James, 37

L

Laaker, Micah, 69
Lafley, A. G., 119, 358-362
Levy, Paul, 62-64
Lusk, Brian, 113

M

Manazir, Michael, 51-53
Marco Aurelio, 270
Marriott, Bill, 278-279
Matthews, Greg, 217

M

May, Anna, 133
Mehta, Manish, 364, 367-368
Menchaca, Lionel, 266, 364-366
Michael, David, 231-232, 293-294
Monseau, Marc, 196-197, 325-326
Monty, Scott, 144-146, 222, 227, 264, 266, 328
Morra, Dante, 118
Morrow, Chris, 70-71
Moynihan, Brian, 275
Mullen, Jim, 57-58

N

Nelson, Stephanie, 139-140
Noel, James, 284
Noone, Kerry, 290

O

Oaks, Jim, 144-146
Obama, Barack, 21, 40-42, 281, 369-371
Owen, Bill, 112
Owyang, Jeremiah, 333-334, 375

P

Page, Larry, 309
Perez, Antonio, 315
Peters, Tom, 44
Plouffe, David, 40
Posner, Barry, 37
Pratley, Chris, 191, 273-274

R

Ricci, Ron, 282, 319, 350
Roberts, Brian, 133
Robins, Brian, 64

S

Sandberg, Sheryl, 309
Schultz, Howard, 220, 245-246

Semler, Ricardo, 82
Singh, Sateen, 228
Slaby, Michael, 40-41
Spector, Alfred, 310

T
Terpening, Ed, 189, 227-229
Thoen, Chris, 360
Trippi, Joe, 250

V
Van Zant, Kenney, 67

W
Weedman, Jeff, 119-120, 358, 361-362

Westrum, Barry, 67-68
Wheeler, Alexandra, 118, 220-221, 246
Widmer, Kathy, 326
Williams, Lovisa, 369-370
will.i.am's, 41
Wolff, Lew, 212-213

Y
Yamame, Marcus, 228

Z
Zuckerberg, Mark, 59, 312-313

Este libro se terminó de imprimir en el mes de febrero de 2014
en Talleres Gráficos Color Efe, Paso 192, Avellaneda,
Buenos Aires, Argentina

www.ingramcontent.com/pod-product-compliance
Lightning Source LLC
Chambersburg PA
CBHW060317200326

41519CB00011BA/1758